Elogios a
REINVENTANDO O CAPITALISMO NUM MUNDO EM CHAMAS

"Este livro poderoso e de fácil leitura é uma palavra de ordem para a reinvenção e a reconstrução do capitalismo. A economia de mercado, que costumava gerar um rápido crescimento e uma prosperidade compartilhada, logrou muito menos que isso ao longo das últimas quatro décadas. A constante mudança no equilíbrio do poder em favor das grandes empresas e dos lobbies, a extirpação de regulações básicas, a crescente habilidade das corporações e dos muito ricos para conseguirem o que querem em todos os domínios da vida, e a indisposição do governo em tomar posição e proteger seus cidadãos mais fracos são possivelmente responsáveis pelo baixo crescimento produtivo e pela explosão da desigualdade na economia dos EUA. Rebecca Henderson argumenta que o sistema do mercado pode ser reformado e que isso pode ser feito sem prejudicar indevidamente as corporações. Podemos ter um capitalismo mais moral e mais inovador. Há esperança!"

— Daron Acemoglu, coautor de
Por que as Nações Fracassam

"Caso esteja insatisfeito com os argumentos econômicos atuais — que vezes demais parecem apresentar uma escolha nada atraente entre mercados desenfreados e o coletivismo antiquado —, você precisa ler o livro de Rebecca Henderson, *Reinventando o Capitalismo Num Mundo em Chamas*. Henderson oferece um sistema que recompensa a iniciativa e respeita o poder do empreendimento livre, mas que também reconhece que precisamos de um propósito maior na vida do que a pura maximização dos lucros. Este é um livro para os realistas que têm coração."

— Arthur C. Brooks, presidente emérito da American Enterprise Institute; professor da Harvard Kennedy School; membro destacado da Harvard Business School; e autor de *Love Your Enemies*

"Rebecca Henderson possui maestria tanto na articulação elegante de um dos maiores desafios da sociedade como na clareza de visão ao apresentar um guia para a mudança prática e essencial. *Reinventando o Capitalismo* é uma ótima leitura, repleta de insights e com uma perspectiva reconfortante que é nova, prática e inovadora; oferecendo passos claros para a transição rumo a um capitalismo que é tanto lucrativo quanto justo e sustentável."

— Mindy Lubber, CEO e presidente da CERES

"Rebecca Henderson é uma pensadora provocativa sobre o propósito das empresas na sociedade. Em seu novo livro, ela avança o diálogo sobre o papel das empresas em lidar com os grandes desafios sociais e ambientais de nossos dias. Sua voz é importante em uma conversa essencial."

— Doug McMillon, presidente e CEO do Walmart

"Num mundo em chamas, o status quo não é a melhor opção. Rebecca Henderson argumenta corretamente em prol de uma refundação das empresas e do capitalismo, oferecendo ideias provocativas sobre o que precisa ser feito para lidarmos com alguns dos principais desafios do mundo."

— Hubert Joly, ex-presidente do conselho
administrativo e CEO da Best Buy

"Uma leitura obrigatória para todos que têm participação em nosso sistema econômico, visto que mudar ou morrer é a realidade inescapável que confronta o capitalismo. A pergunta é como. Rebecca Henderson disponibiliza a investidores e executivos de corporações a liderança de pensamento, bem como exemplos convincentes para entenderem como entregar um crescimento econômico sustentável e inclusivo."

— Hiro Mizuno, diretor executivo de gestão e
chief investment officer da GPIF

"O capitalismo como o conhecemos nos trouxe até aqui, mas para dar o próximo passo à frente como sociedade e espécie precisamos de novas maneiras de entender e atuar em nosso mundo. É exatamente isso que o livro de Rebecca Henderson nos ajuda a fazer. É uma reinvenção inteligente, oportuna e muito necessária sobre o que o capitalismo pode ser."

— Yancey Strickler, cofundador e ex-CEO da Kickstarter, e autor de *Um Novo Jeito de Pensar o Futuro: Como Enxergar Além da Maximização Financeira e Buscar um Mundo Mais Generoso*

"Um livro revolucionário, lindamente escrito, combinando uma profunda humanidade, um intelecto afiado e um conhecimento pormenorizado das empresas. Ele desmonta rigorosamente velhos argumentos sobre por que o capitalismo não pode ser transformado e alcançará as pessoas que ainda não se conectaram com a necessidade de uma mudança profunda."

— Lindsay Levin, sócia-fundadora da Leaders' Quest e da Future Stewards

"Com enorme clareza e paixão, Rebecca Henderson apresenta uma estrela-guia para a criação de organizações orientadas a um propósito, o caminho mais seguro para o sucesso em um momento de temperaturas cada vez mais altas e de confiança em declínio."

— Andrew McAfee, autor de *Mais com Menos* e coautor de *A Segunda Era das Máquinas* e *Novas Tecnologias versus Empregabilidade*

"Rebecca Henderson entrelaça pesquisa e experiências pessoais com clareza e visão, ilustrando o potencial para as empresas beneficiarem a si mesmas e a sociedade, liderando as questões mais desafiadoras atuais. Leia e sinta-se esperançoso."

— Judith Samuelson, vice-presidente do Aspen Institute

"*Reinventando o Capitalismo* é um fôlego novo. Escrito em prosa vivaz, de fácil acesso a leitores leigos e repleto de estudos de caso, é uma pesquisa exaustiva de Henderson sobre o que precisamos para garantir um futuro viável. Alguns leitores podem considerar que ela exagera em alguns pontos, outros podem achar que ela não vai longe o bastante, mas todos vão querer pensar sobre a economia que ela nos insta a criar."

— Larry Kramer, presidente da Hewlett Foundation

"Os mares das empresas estão prestes a mudar. Rebecca Henderson capta com brilhantismo tal momento, quando a maré está revertendo seu fluxo, do valor de curto prazo para o acionista até a expectativa por um propósito comum. Será um guia essencial para que a estratégia empresarial navegue essas águas turbulentas."

— Paul Collier, Universidade de Oxford,
autor de *O Futuro do Capitalismo*

"Um chamado estridente para que os líderes empresariais sejam deliberados — e rápidos — quanto ao propósito além do lucro, e para usarem as empresas como uma força do bem. De fácil leitura, *Reinventando o Capitalismo Num Mundo em Chamas* é um caso de negócio para aqueles que precisam ser convincentes enquanto proporcionam uma dose de inspiração para aqueles de nós que já estão na jornada."

— Bob Chapman, CEO da Barry-Wehmiller,
autor de *Todos São Importantes: O Extraordinário Poder das Empresas que Cuidam das PESSOAS Como GENTE, e Não Como Ativos*

REINVENTANDO O CAPITALISMO NUM MUNDO EM CHAMAS

REBECCA HENDERSON
Professora de Harvard

REINVENTANDO O CAPITALISMO NUM MUNDO EM CHAMAS

"*Uma leitura poderosa e agradável.*"
— Daron Acemoglu, coautor de *Por que as Nações Fracassam*

ALTA BOOKS
GRUPO EDITORIAL
Rio de Janeiro, 2023

Reinventando o Capitalismo num Mundo em Chamas

Copyright © 2023 da Starlin Alta Editora e Consultoria Eireli.
ISBN: 978-65-5520-625-8

Translated from original Reimagining Capitalism in a World On Fire. Copyright © 2020 by Rebecca Henderson. ISBN 9781541730151. This translation is published and sold by permission of Hachette Book Group, Inc, the owner of all rights to publish and sell the same. PORTUGUESE language edition published by Starlin Alta Editora e Consultoria Eireli, Copyright © 2023 by Starlin Alta Editora e Consultoria Eireli.

Impresso no Brasil — 1ª Edição, 2023 — Edição revisada conforme o Acordo Ortográfico da Língua Portuguesa de 2009.

Todos os direitos estão reservados e protegidos por Lei. Nenhuma parte deste livro, sem autorização prévia por escrito da editora, poderá ser reproduzida ou transmitida. A violação dos Direitos Autorais é crime estabelecido na Lei nº 9.610/98 e com punição de acordo com o artigo 184 do Código Penal.

A editora não se responsabiliza pelo conteúdo da obra, formulada exclusivamente pelo(s) autor(es).

Marcas Registradas: Todos os termos mencionados e reconhecidos como Marca Registrada e/ou Comercial são de responsabilidade de seus proprietários. A editora informa não estar associada a nenhum produto e/ou fornecedor apresentado no livro.

Erratas e arquivos de apoio: No site da editora relatamos, com a devida correção, qualquer erro encontrado em nossos livros, bem como disponibilizamos arquivos de apoio se aplicáveis à obra em questão.

Acesse o site **www.altabooks.com.br** e procure pelo título do livro desejado para ter acesso às erratas, aos arquivos de apoio e/ou a outros conteúdos aplicáveis à obra.

Suporte Técnico: A obra é comercializada na forma em que está, sem direito a suporte técnico ou orientação pessoal/exclusiva ao leitor.

A editora não se responsabiliza pela manutenção, atualização e idioma dos sites referidos pelos autores nesta obra.

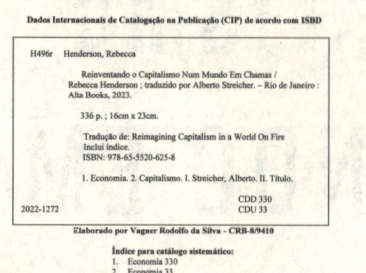

Dados Internacionais de Catalogação na Publicação (CIP) de acordo com ISBD

H496r   Henderson, Rebecca
Reinventando o Capitalismo Num Mundo Em Chamas / Rebecca Henderson ; traduzido por Alberto Streicher. – Rio de Janeiro : Alta Books, 2023.
336 p. ; 16cm x 23cm.

Tradução de: Reimagining Capitalism in a World On Fire.
Inclui índice.
ISBN: 978-65-5520-625-8

1. Economia. 2. Capitalismo. I. Streicher, Alberto. II. Título.

CDD 330
CDU 33

2022-1272

Elaborado por Vagner Rodolfo da Silva - CRB-8/9410

Índice para catálogo sistemático:
1. Economia 330
2. Economia 33

Produção Editorial
Editora Alta Books

Diretor Editorial
Anderson Vieira
anderson.vieira@altabooks.com.br

Editor
José Ruggeri
j.ruggeri@altabooks.com.br

Gerência Comercial
Claudio Lima
claudio@altabooks.com.br

Gerência Marketing
Andréa Guatiello
andrea@altabooks.com.br

Coordenação Comercial
Thiago Biaggi

Coordenação de Eventos
Viviane Paiva
comercial@altabooks.com.br

Coordenação ADM/Finc.
Solange Souza

Direitos Autorais
Raquel Porto
rights@altabooks.com.br

Produtor Editorial
Thiê Alves

Produtores Editoriais
Illysabelle Trajano
Maria de Lourdes Borges
Paulo Gomes
Thales Silva

Equipe Comercial
Adenir Gomes
Ana Carolina Marinho
Daiana Costa
Everson Rodrigo
Fillipe Amorim
Heber Garcia
Kaique Luiz
Luana dos Santos
Maira Conceição

Equipe Editorial
Andreza Moraes
Beatriz de Assis
Betânia Santos
Brenda Rodrigues
Caroline David
Gabriela Paiva
Henrique Waldez
Kelry Oliveira
Marcelli Ferreira
Mariana Portugal
Matheus Mello
Milena Soares

Marketing Editorial
Amanda Mucci
Guilherme Nunes
Livia Carvalho
Pedro Guimarães
Talissa Araújo
Thiago Brito

Atuaram na edição desta obra:

Tradução
Alberto Streicher

Copidesque
Diego Franco

Revisão Gramatical
Fernanda Lutfi
Maíra Meyer

Diagramação
Lucia Quaresma

Capa
Paulo Gomes

Editora afiliada à: ASSOCIADO

ALTA BOOKS
GRUPO EDITORIAL

Rua Viúva Cláudio, 291 – Bairro Industrial do Jacaré
CEP: 20.970-031 – Rio de Janeiro (RJ)
Tels.: (21) 3278-8069 / 3278-8419
www.altabooks.com.br — altabooks@altabooks.com.br
Ouvidoria: ouvidoria@altabooks.com.br

Para Jim e Harry

AGRADECIMENTOS

Este livro está há mais de dez anos no forno, e devo agradecimentos a muitas pessoas. No MIT, John Sterman foi o primeiro a me persuadir que as empresas poderiam mudar o mundo; Bob Gibbons me forçou a pensar claramente sobre o que faz as organizações serem o que são; e Nelson Repenning me ensinou que é tudo questão de escolhas. Na HBS, Karthik Ramanna e Clayton Rose foram parceiros extraordinários de pensamento na estruturação das ideias centrais que tornaram-se *Reinventando o Capitalismo*.

Joe Lassiter, Mike Toffel, Forest Reinhardt, Jennifer Nash, John Macomber e Dick Vietor me fizeram continuar com os pés no chão quanto às realidades da mudança climática e das empresas, enquanto Paul Healy e Nien-he Hsieh me ajudaram a considerar as interseções entre a liderança e a moralidade, Mike Beer e Russ Eisenhardt me mostraram que a empresa guiada por um propósito é uma realidade presente, e Jane Nelson e John Ruggie me explicaram a importância das parcerias públicas e privadas e das instituições globais.

Além da HBS, David Moss, Richard Locke e Luigi Zingales continuam sendo inspirações duradouras de como acadêmicos podem moldar a prática. Bruce Kogut foi meu guia em uma visita inestimável à Columbia Business School. Marshall Ganz me ensinou sobre narrativa e organização, sempre me lembrando de que reinventar o governo é tão importante quanto reinventar as empresas. Ioannis Ioannou me ajudou a pensar sistematicamente sobre o propósito e o desempenho financeiro. Sarah Kaplan me concedeu a coragem de dizer o que realmente penso. Joshua Gans nunca deixou de acreditar que a inovação arquitetônica é importante. Rajendra Sisodia, Carol Sanford, Katrin Kaufer e Otto Scharmer sempre me recordam que o coração é tão importante quanto a cabeça.

Mariana Osequera Rodriguez e Tony He me deram um auxílio inestimável na pesquisa. Tony, você fez muito mais do que achava ser possível. Mariana, você tem a paciência de um santo e a ética de trabalho de Thomas Edison. Obrigada por ajudar a levar o livro para além da linha de chegada. Jessica Gover, Kate Isaacs, Carin Knoop, Amram Migdal, Aldo Sesia, Jim Weber e HannShuin Yew foram parcerias maravilhosas na junção dos casos. Elliott Stoller e Chris Eaglin me ajudaram a ver o mundo sob as diferentes óticas dos millennials.

Meus alunos me mostraram que quase tudo é possível. Meu agradecimento especial a Ryan Allis, Chelsea Banks, Ruzwana Bashir, Lukas Baumgartner, Oriel Carew, Howard Fisher, Diogo Freire, Casey Gerald, Patrick Hidalgo, Aman Kumar, Sam Lazarus, Craig Matthews, Smriti Mishra, Alison Omens, Paulina Ponce de Leon, Robert Poor, Anne Pratt, Prem Ramaswami, Carmichael Roberts, Adam Siegel, Dorjee Sun, Henry Tsai e Brian Tomlinson.

Este livro repousa sobre os ombros de todos os empresários que me mostraram que o capitalismo pode ser reinventado. Sinto não poder mencioná-los todos aqui. Os protagonistas dos meus casos foram de infinita ajuda e sempre inspiradores. Meu obrigada — agora e sempre — a Peter Bloom, Karen Colberg, Ralf Carlton, Suzanne McDowell, Mark Bertolini, Stan Bergman, Erik Osmundsen, Reynir Indhal, Michiel Leijnse, Feike Sijbesma e Hiro Mizuno.

Paul Polman me mostrou que é possível ser comprometido de forma apaixonada com a resolução de problemas do mundo, além de ser um líder altamente bem-sucedido, obcecado com detalhes de uma empresa multibilionária. Permita-me observá-los tentarem realizar o impossível. Doug McMillan e Kathleen McLaughlin me deram esperança. Jon Ayers mostrou-me que mesmo um fervoroso defensor do valor acionário pode vir a abraçar a importância dos valores compartilhados. Lauren Booker-Allen, Bob Chapman, Catherine Connolly, Sue Garrard, Dick Gochenaur, Diane Propper de Callejon, Kevin Rabinovitch, Jonathan Rose, Arthur Siegel, Carter Williams, Andrew Winston e Hugh Welsh me mostraram como o comprometimento apaixonado pode guiar as mudanças nas bases. Fui enormemente beneficiada por meus amigos do mundo sem fins lucrativos que compartilham dessa agenda, incluindo Craig Altemose, Heather Boushey, Mindy Lubber, Lindsay Levin, Michael Peck, Bill Sharpe, Mark Tercek, Nigel Topping e Judy Samuelson.

Meu agente, Daniel Stern, teve um trabalhão para encontrar a editora certa para este livro. Uma equipe fantástica me ajudou a produzi-lo e posicioná-lo. Meu agradecimento a Mel Blake, Andrew DeSio, Theresa Diederich, Lindsay Fradkoff, Mark Fortier, Jaime Leifer, Dan Masi, Claire Street e Brynn Warriner. Shazia Amin foi um editor de copidesque maravilhoso.

Duas das pessoas a quem mais gostaria de agradecer não estão mais entre nós. Meu pai, Mungo Henderson, faleceu menos de um ano antes de o livro estar pronto. O reitor John McArthur, de quem minha cadeira em Harvard leva o nome, faleceu alguns meses depois. Ambos ficaram levemente intrigados com este projeto, mas não havia como serem mais apoiadores ou afetuosos. Sinto muito a falta deles, e queria que estivessem vivos para ver o projeto terminado.

Minha família e meus amigos foram infinitamente pacientes com a energia e o esforço que investi neste livro à custa deles. Agradeço a Stephanie Connor, que me alertou que qualquer leitor poderia deixar o livro de lado e ir assistir à Netflix, e a Sarah Slaughter, Linda Ugelow, Endre Jobbagy, Sarah Robson, Tamlyn Nall, minha mãe, Marina Henderson, meu irmão, Caspar Henderson, e meu filho, Harry Huchra. Steven Holzman e Andrew Schulert leram os primeiros rascunhos e proporcionaram comentários de enorme ajuda. A gentil pressão de Jim Stone foi exatamente o que eu precisava.

Há três pessoas sem as quais este livro não existiria. John Mahaney, meu editor, que acreditou na obra desde o princípio e passou incontáveis horas me ajudando na luta para deixá-lo em boa forma. George Serafeim, meu parceiro de crime no ensino do Reinventando o Capitalismo pelos últimos cinco anos, que me pressionou a ir com mais força e produtividade do que qualquer pessoa que já conheci, e que é um parceiro em muitas dessas ideias. George, se alguém pode mudar o mundo sozinho, é você. E Jim Morone, meu marido, que me mostrou que era possível realizar o projeto, me encorajou quando parecia impossível e, em todas as coisas, me relembrou para deleitar-me na pura beleza do mundo e no prazer de estar viva.

Sumário

PRÓLOGO, 1

1

"QUANDO OS FATOS MUDAM, EU MUDO DE OPINIÃO.
E O SENHOR, O QUE FAZ?"

Valor para o Acionista como uma Ideia de Ontem, 7

2

REINVENTANDO O CAPITALISMO NA PRÁTICA

*Bem-vindo à Conversa Mais
Importante do Mundo, 29*

3

O CASE PARA A REINVENÇÃO DO CAPITALISMO

*Reduzir o Risco, Aumentar a
Demanda e Cortar os Custos, 47*

4
VALORES COMUNS PROFUNDAMENTE ARRAIGADOS
Revolucionando o Propósito da Empresa, 83

5
REESTRUTURANDO AS FINANÇAS
Aprendendo a Amar o Longo Prazo, 119

6
ENTRE A CRUZ E A ESPADA
Aprendendo a Cooperar, 159

7
PROTEGENDO O QUE NOS FEZ RICOS E LIVRES
*Mercados, Política e o Futuro do
Sistema Capitalista*, 195

8
PEDRINHAS NUMA AVALANCHE DE MUDANÇA
*Encontrando Seu Próprio Caminho
Rumo à Mudança do Mundo*, 243

NOTAS, 261

ÍNDICE, 311

PRÓLOGO

Cresci na Grã-Bretanha e essa experiência me deixou (pelo menos) duas marcas duradouras. A primeira é um amor profundo pelas árvores. Minha vida familiar era tumultuada, e passei muitos anos de minha adolescência deitada em um grande galho baixo de uma enorme faia de cobre, lendo ou observando o céu através dos galhos. A árvore era alta como uma torre — pelo menos tão alta quanto a mansão inglesa de três andares ao lado da qual existia —, e o sol descia em cascata entre suas folhas em tons verdes, azuis e dourados. O ar tinha cheiro de grama cortada, da luz fresca do sol e da árvore de 201 anos de idade. Sentia-me segura, cuidada e conectada com algo infinitamente maior do que eu mesma.

A segunda é uma obsessão profissional pela mudança. Meu primeiro emprego fora da faculdade foi em uma grande empresa de consultoria, fechando fábricas ao norte da Inglaterra. Passei meses trabalhando com empresas cujas raízes remontavam a centenas de anos, e que outrora dominavam o mundo, mas que, então, estavam — desastrosamente — fracassando em enfrentar o desafio da concorrência estrangeira.

Por muitos anos, mantive meus dois lados bem separados. Desenvolvi uma carreira tentando entender por que a negação é tão difusa e a mudança, tão difícil. Era uma boa vida. Tornei-me professora titular no MIT e especialista em estratégia de tecnologia e mudança organizacional, trabalhando com organizações de todos os formatos e tamanhos, conforme buscavam se transformar. Passava minhas férias fazendo trilhas nas montanhas, observando os bordos crestarem e os álamos dançarem com o vento.

Porém, mantinha meu trabalho e minhas paixões em caixas separadas. O trabalho era lucrativo e divertido, em geral imensamente interessante, mas era algo que fazia antes de voltar à vida real. Vida real era ficar aconchegada no sofá com nosso filho. Vida real era deitar sob um cobertor embaixo das árvores, apresentando-o ao mundo que eu amava. Eu presumia que as árvores eram imortais: uma corrente de vida em constante renovação que existira há milhões de anos e que existiria por outros milhões.

Então, meu irmão — jornalista ambiental freelancer e autor de *The Book of Barely Imagined Beings* [O Livro dos Seres Quase Nunca Imaginados, em tradução livre], um livro maravilhoso sobre criaturas que não deveriam existir, mas que existem, e de *A New Map of Wonders* [Um Novo Mapa das Maravilhas, em tradução livre], uma meditação intricada sobre a física do ser humano — me persuadiu a ler sobre a ciência por trás da mudança climática. Agora, fico pensando se ele tinha esperanças de me despertar às implicações do meu trabalho. Se sim, conseguiu.

O fato é que as árvores não são imortais. Deixar a mudança climática sem qualquer controle terá muitas consequências, mas uma delas será a morte de milhões de árvores. Os baobás do sul da África, algumas das árvores mais antigas do mundo, estão morrendo. Assim como os cedros do Líbano. No oeste dos EUA, as florestas estão morrendo mais rapidamente do que crescem. A confortável premissa sobre a qual baseara minha vida — de que sempre haveriam os troncos pairando e a doce fragrância das folhas — acabou se tornando algo pelo qual lutar, e não uma realidade imutável. Certamente, minha vida confortável era um dos motivos pelos quais as florestas estavam em perigo.

E não eram apenas as árvores. A mudança climática ameaçava não apenas o futuro do meu próprio filho, mas de todas as crianças. De igual modo o faziam a galopante desigualdade e a maré cada vez mais forte de ódio, polarização e desconfiança. Cheguei a acreditar que nosso foco singular no lucro a qualquer preço estava colocando em risco o futuro do planeta e de todo mundo.

Estive prestes a pedir demissão e a passar meus dias lecionando em MBAs, escrevendo artigos acadêmicos e orientando empresas sobre como ganhar ainda mais dinheiro parecia não ser pertinente. Queria *fazer* algo. Mas o quê?

Levei alguns anos para descobrir que já estava no lugar e no momento certos. Comecei a trabalhar com pessoas que tinham a excêntrica ideia de que as empresas poderiam ajudar a salvar o mundo. Algumas delas geriam companhias multibilionárias. Porém, a maioria tinha empresas muito menores ou estava em posições de muito menos destaque. Eram empreendedores, consultores, analistas financeiros, vice-presidentes de divisões e gerentes de compras. Uma delas estava convencida de que poderia usar sua pequena empresa de tapetes para oferecer bons trabalhos a imigrantes qualificados em uma das cidades mais depressivas da Nova Inglaterra. Muitas delas estavam tentando resolver a crise climática comprando empresas de geração de energia solar ou eólica. Uma estava dando tudo de si para acelerar a preservação da energia. Outra, pressionando sua empresa a instruir e contratar adolescentes em risco. Havia uma que estava contratando criminosos condenados. Outra, ainda, estava fazendo tudo que podia para corrigir as práticas trabalhistas nas fábricas que sua empresa tinha ao redor do mundo. Muitas estavam tentando, com bastante esmero, direcionar capital financiado precisamente para esses tipos de pessoas: líderes de empresas tentando resolver os grandes problemas de nossa atualidade.

Todos esses eram empresários qualificados, muito cientes de que a única forma pela qual poderiam causar um impacto em escala era garantir que fazer a coisa certa era uma proposição "tanto isso como aquilo" — um meio de tanto criar empresas prósperas e lucrativas como fazer uma diferença no mundo. Todos eram orientados apaixonadamente a um propósito, convencidos de que aproveitar o poder da iniciativa privada era uma ferramenta altamente poderosa para enfrentar problemas como a mudança climática e — talvez — levar a mudanças sistêmicas mais amplas.

Adorava trabalhar com eles. Ainda adoro. Eles se esforçam para viver vidas totalmente integradas, recusando-se a blindar o trabalho de suas crenças profundas. Eles lutam para criar o que um líder orientado pelo propósito que conheço denomina de organizações "verdadeiramente humanas" — empresas onde as pessoas são tratadas com dignidade e respeito, motivadas tanto pelo propósito compartilhado e pelos valores comuns como pela busca por mais dinheiro e poder. Eles tentam garantir que a empresa esteja a serviço da saúde dos sistemas natural e social da qual todos dependemos.

Mas estava preocupada. Minha preocupação era de que tal abordagem de gestão nunca seria a tendência predominante: que eram apenas indivíduos excepcionais que conseguiam dominar a criação de propósito e lucro. Estava convencida de que, em longo prazo, a única forma de consertar os problemas que enfrentávamos era mudar as regras do jogo — regulamentar as emissões de gases do efeito estufa e outras fontes de poluição para que cada empresa tivesse fortes incentivos para fazer a coisa certa, aumentar o salário mínio, investir em educação e saúde e reconstruir nossas instituições para que nossas democracias sejam genuinamente democráticas, e que nossas conversas públicas sejam caracterizadas pelo respeito mútuo e por um compromisso compartilhado pelo bem-estar do todo.

Não conseguia entender como algumas poucas empresas orientadas pelo propósito poderiam ajudar a conduzir o tipo de mudança sistêmica da qual precisaríamos para aplicar políticas como essas. Meus alunos — nessa altura eu estava lecionando um curso sobre empresas sustentáveis — compartilhavam das minhas preocupações. Eles tinham duas perguntas: consigo realmente ganhar dinheiro fazendo a coisa certa? Faria alguma diferença se, no fim das contas, conseguisse?

O livro que está em suas mãos é minha tentativa de responder a essas perguntas — resultado de uma exploração de 15 anos de por que e como podemos criar um capitalismo lucrativo, igualitário e sustentável ao mudar nosso pensamento quanto ao propósito das empresas, seus papéis na sociedade e seus relacionamentos com o governo e o Estado.

Não estou sugerindo que reinventar o capitalismo será fácil ou barato. Minha carreira me proporcionou uma experiência vasta de primeira mão exatamente sobre como é difícil fazer isso de novas formas. Durante muitos anos, trabalhei com empresas que lutavam para mudar. Trabalhei com a GM quando tentava reagir à Toyota. Com a Kodak, conforme as empresas convencionais de filme entravam em colapso perante as fotos digitais. Com a Nokia — que em seu auge vendeu mais da metade dos celulares do mundo — quando a Apple revolucionava o setor.[1] Será difícil transformar as empresas do mundo. Será ainda mais difícil transformar os sistemas sociais e políticos mundiais. Mas é eminentemente possível, e, se você olhar ao redor, poderá ver isso acontecendo.

Recordo-me de um momento anos atrás quando estava na Finlândia, facilitando um retiro empresarial. Foi a primeira e última vez que minha agenda incluía "17h — Sauna". Seguindo instruções, apareci na sauna, tirei toda a roupa e desfrutei do calor. "E agora", disse minha guia, "é hora de pular no lago". Corri devidamente pela neve (todos estavam cuidadosamente desviando os olhares — os finlandeses são muito educados com essas coisas) e desci cuidadosamente uma escada de metal, através de um buraco cortado no gelo, e em direção ao lago. Houve uma pausa. Minha guia chegou ao topo da escada e olhou para mim, lá em baixo. "Sabe", disse ela, "não estou no clima para nadar hoje".

Atualmente, passo uma boa parte do meu tempo trabalhando com empresários que estão considerando fazer as coisas de forma diferente. Eles conseguem ver a necessidade da mudança. Podem enxergar até um caminho adiante. Mas hesitam. Estão ocupados. Não se sentem no clima para fazer isso hoje. Às vezes, parece que ainda estou lá em baixo naquela escada, olhando para cima, esperando que os outros se arrisquem a agir de formas novas e às vezes desconfortáveis. Mas tenho esperança. Sei de três coisas.

Primeiro, sei que é assim que nos sentimos com a mudança. Desafiar o status quo é difícil — e, geralmente, frio e solitário. Não deveríamos nos surpreender que os interesses que pressionaram o negacionismo climático por muitos anos estão agora pressionando a ideia de que não há nada que podemos fazer. É assim que os poderosos incumbentes sempre reagem à possibilidade de mudança.

Segundo, sei que isso pode ser feito. Temos a tecnologia e os recursos para resolvermos os problemas que enfrentamos. Os humanos são infinitamente engenhosos. Se decidirmos recriar nossas instituições, criar uma economia completamente circular e interromper os danos que estamos causando ao mundo natural, conseguiremos. No curso da Segunda Guerra Mundial, os russos levaram toda sua economia para mais de 1,6 mil km ao leste — em menos de um ano. Cem anos atrás, a ideia de que as mulheres e as pessoas de pele preta ou parda tinham o mesmo valor que os homens brancos teria sido um absurdo. Ainda estamos lutando essa batalha, mas é possível ver que vamos vencer.

Por fim, estou convencida de que temos uma arma secreta. Passei 20 anos de minha vida trabalhando com empresas que estavam tentando se transformar. Aprendi que ter a estratégia certa era importante, e que reprojetar a organização também era crucial. Porém, o que mais aprendi é que essas eram condições necessárias, mas não suficientes. As empresas que dominaram a mudança foram aquelas que tinham um motivo para fazê-lo: aquelas que tinham um propósito maior do que apenas maximizar os lucros. As pessoas que acreditam que seu trabalho tem um significado além de si mesmas conseguem realizar coisas incríveis, e temos a oportunidade de mobilizar um propósito compartilhado em escala global.

Não é um trabalho fácil. Às vezes dá a sensação de ser exatamente como descer uma escada de metal, passando por dentro de um buraco cortado no gelo com 30cm de espessura. Mas olhe só: embora seja difícil dar o salto, também é emocionante. Fazer algo diferente nos faz sentir vivos. Estarmos circundados por amigos e aliados, lutando para protegermos as coisas que amamos, faz com que a vida seja preciosa e bastante esperançosa. Vale a pena enfrentar o frio.

Junte-se a mim. Temos um mundo a salvar.

1

"QUANDO OS FATOS MUDAM, EU MUDO DE OPINIÃO. E O SENHOR, O QUE FAZ?"*

Valor para o Acionista como uma Ideia de Ontem

> O verdadeiro problema da humanidade é o seguinte: temos emoções paleolíticas, instituições medievais e tecnologia divina.
>
> — E. O. WILSON

O que é o capitalismo?

Uma das maiores invenções da humanidade, e a maior fonte de prosperidade que o mundo já viu?

Uma ameaça prestes a destruir o planeta e desestabilizar a sociedade?

Ou uma combinação que precisa ser reinventada?

---

* O título deste capítulo é de Paul Samuelson, que posteriormente o atribuiu a Keynes. "When the Facts Change, I Change My Mind. What Do You Do, Sir?" *Quote Investigator*, 19 de maio de 2019, https://quoteinvestigator.com/2011/07/22/keynes-change-mind.

Precisamos de uma forma sistêmica para pensarmos nessas questões. O melhor ponto de partida é considerarmos os três grandes problemas da atualidade — problemas que crescem em importância a cada dia: a enorme degradação ambiental, a desigualdade econômica e o colapso institucional.

O mundo está em chamas. A queima de combustíveis fósseis — a força motriz da industrialização moderna — está matando centenas de milhares de pessoas, enquanto ao mesmo tempo desestabiliza o clima da Terra, acidica os oceanos e aumenta os níveis dos mares.[1] Uma grande parte da camada superior do solo está degradada, e a demanda por água potável está superando o fornecimento.[2] Caso nada seja feito, a mudança climática reduzirá substancialmente o PIB, inundará as grandes cidades litorâneas e forçará milhões de pessoas a migrarem em busca de alimento.[3] As populações de insetos estão em queda e ninguém sabe o porquê — ou quais serão as consequências.[4] Estamos correndo o risco de destruir a viabilidade dos sistemas naturais dos quais todos dependemos.[5]

A riqueza está fluindo para o topo. As cinquenta pessoas mais ricas possuem, entre si, mais do que a metade mais pobre da humanidade, enquanto mais de 6 milhões vivem com menos de US$16 por dia.[6] Bilhões de pessoas não têm acesso à educação e a serviços de saúde adequados, além da chance de um trabalho decente, enquanto avanços em robótica e inteligência artificial (IA) ameaçam lançar milhões ao desemprego.[7]

As instituições que historicamente mantiveram o mercado em equilíbrio — famílias, comunidades locais, as grandes tradições de fé, o governo e até nosso senso compartilhado de nós mesmos como uma comunidade humana — estão ruindo, ou até mesmo sendo caluniadas. Em muitos países, a crença cada vez mais presente de que não há garantias de que os filhos terão um futuro melhor que seus pais ajudou a alimentar ondas violentas de um sentimento antiminorias e anti-imigrantes, que ameaça desestabilizar os governos globalmente. As instituições em todos os lugares estão sob pressão. Uma nova geração de populistas autoritários está aproveitando uma mistura tóxica de ódio e alienação para consolidar o poder.[8]

Talvez você se pergunte o que esses problemas têm a ver com o capitalismo. Afinal, o PIB mundial não quintuplicou nos últimos 50 anos, mesmo tendo a população dobrado de tamanho? A média do PIB per capita não está agora em mais de US$10 mil — o suficiente para garantir comida, abrigo, eletricidade e educação a todas as pessoas do planeta?[9] E, mesmo se você considerar que as empresas devem desempenhar um papel ativo na tentativa de resolver tais problemas, não parece, em um primeiro olhar, uma ideia improvável? Na maioria das salas de diretorias e de MBAs, a primeira missão da empresa é maximizar os lucros. Isso é considerado algo obviamente verdadeiro. Muitos gestores estão persuadidos de que professar qualquer outro objetivo é arriscar não apenas trair seu dever fiduciário, mas também perder seus empregos. Eles enxergam questões como mudança climática, desigualdade e colapso institucional como "externalidades" melhor deixadas aos governos e à sociedade civil. Consequentemente, criamos um sistema no qual muitas das companhias do mundo acreditam que é seu dever moral não fazer nada pelo bem público.

Mas essa mentalidade está mudando, e muito rápido. Em parte, isso se dá porque os millennials estão insistindo que as empresas nas quais trabalham devem abraçar a sustentabilidade e a inclusão. Quando lancei o curso de MBA que veio a se tornar "Reinventando o Capitalismo", havia 28 alunos na sala. Agora, há quase 300, um pouco menos de um terço do que no curso da Harvard Business School. Milhares de empresas se comprometeram com um propósito maior do que a lucratividade, e quase um terço dos ativos financeiros do mundo são geridos com algum tipo de critério de sustentabilidade. Mesmo aqueles bem no topo da pirâmide estão começando a insistir que as coisas precisam mudar. Em janeiro de 2018, por exemplo, Larry Fink, CEO da BlackRock, a maior gestora de ativos financeiros do mundo, enviou uma carta aos CEOs de todas as empresas em seu portfólio que dizia o seguinte: "A sociedade está exigindo que as empresas, tanto de capital aberto como fechado, sirvam a um propósito social. Para prosperar com o passar do tempo, todas as companhias devem não apenas entregar um desempenho financeiro, mas também demonstrar que dão uma contribuição positiva para a sociedade. As empresas devem beneficiar todos os seus stakeholders, incluindo os acionistas, os funcionários, os clientes e as comunidades nas quais operam."[10]

A BlackRock possui quase US$7 trilhões em ativos sob gestão, tornando-a uma das maiores acionistas em cada grande empresa de capital aberto negociada no planeta. Ela tem 4,6% da Exxon, 4,3% da Apple e quase 7% das ações do

JPMorgan Chase, o segundo maior banco do mundo.[11] O fato de Fink sugerir que "as empresas devem servir a um propósito social" é praticamente o equivalente a Martinho Lutero pregar suas 95 teses na porta da igreja do Castelo de Wittenberg.[12] Uma semana após sua carta ser enviada, um amigo CEO entrou em contato comigo para confirmar: "Será que ele — realmente — quis dizer isso?" Meu amigo estava em choque. Sua carreira longa e bem-sucedida estava baseada em dar duro e maximizar o valor para o acionista, e, para ele, a sugestão de Fink parecia ridícula. Ele não conseguia imaginar tirar os olhos dos lucros no implacável mundo competitivo de hoje em dia.

Em agosto de 2019, a Business Roundtable (BRT) — uma organização composta de CEOs de muitas das maiores e mais poderosas organizações dos EUA — publicou um documento redefinindo o propósito da corporação: "Promover uma economia que sirva a todos os norte-americanos." Cento e oitenta e um CEOs se comprometeram a liderar suas empresas para "o benefício de todos os stakeholders: clientes, funcionários, fornecedores, comunidades e acionistas".[13] O Conselho de Investidores Institucionais (Council of Institutional Investors — CII), uma organização de donos de ativos ou emissores que inclui mais de 135 fundos de pensão do setor público e outros fundos com mais de US$4 trilhões em ativos combinados sob gestão, não gostou nada disso, respondendo com uma declaração que dizia, em parte:

> O CII acredita que os conselhos de administração e os administradores precisam suster um foco no valor para o acionista em longo prazo. Para isso, é crucial respeitar os stakeholders, mas também ter uma *accountability* clara aos donos das empresas. Uma *accountability* para todos significa uma *accountability* para ninguém. A BRT articulou seu novo comprometimento com a governança para os stakeholders... enquanto (1) trabalha para diminuir os direitos dos acionistas; e (2) não propõe novos mecanismos para criar *accountability* dos conselhos de administração e dos administradores para qualquer outro grupo de stakeholders.[14]

Um dos maiores gestores financeiros do planeta insiste que "o mundo precisa de sua liderança", e alguns dos CEOs mais poderosos do mundo comprometeram-se publicamente a "uma gestão para o stakeholder", enquanto muitos empresários — como meu amigo CEO (com um sucesso gigantesco) e muitos grandes investidores — acreditam que estão pedindo algo impossível. Quem está certo? Será que as empresas realmente — e reforço o "realmente" — podem resgatar um mundo em chamas?

Passei os últimos 15 anos da minha vida trabalhando com empresas que estão tentando resolver nossos problemas ambientais e sociais em escala — em grande parte como um meio de garantir sua própria sobrevivência — e passei a acreditar que as empresas têm não apenas o poder e o dever de desempenhar um papel gigantesco na transformação do mundo, mas também fortes incentivos econômicos para fazê-lo. O mundo está mudando. As empresas que mudam com ele colhem ricos retornos — e, se não reinventarmos o capitalismo, todos ficaremos significativamente mais pobres.

Comecei essa jornada com um apropriado grau britânico de ceticismo, mas agora estou surpreendentemente otimista — no sentido de "se trabalharmos realmente o bastante, podemos conseguir". Temos a tecnologia e os recursos para desenvolver um mundo justo e sustentável, e fazer isso está inequivocamente nos interesses do setor privado. Será difícil ganhar dinheiro se as principais cidades costeiras estiverem embaixo d'água, se metade da população estiver desempregada ou trabalhando em empregos que pagam menos que um salário digno e se o governo democrático for substituído por oligarquias populistas que dirigem o mundo para seus próprios benefícios. Ademais, abraçar um propósito pró-social além da maximização dos lucros e assumir responsabilidade pela saúde dos sistemas naturais e neutros dos quais todos dependemos não apenas faz sentido para as empresas, mas também é algo moralmente demandado pelos mesmos comprometimentos com a liberdade e a prosperidade que conduziram nossa adesão inicial ao valor para o acionista.

Apenas uma década atrás, a ideia de que as empresas poderiam ajudar a salvar o mundo parecia totalmente maluca. Agora, é não apenas plausível, mas também absolutamente necessária. Não estou falando sobre alguma utopia distante. É possível ver os elementos de um capitalismo reinventado neste exato momento, da mesma forma que podemos enxergar como tais elementos poderiam contribuir com uma mudança profunda — que não apenas preservaria o capitalismo, mas que também deixaria o mundo todo em melhores circunstâncias. Certamente, este livro é uma tentativa de persuadir você a dar sua vida em prol dessa mesma tentativa.

Como Chegamos Aqui

Uma causa central dos problemas que enfrentamos é a profunda crença de que o único dever de uma empresa é maximizar o "valor para o acionista". Milton Friedman, talvez a força intelectual mais influente na popularização dessa ideia, afirmou certa vez que "há apenas uma única responsabilidade social da empresa: usar seus recursos e engajar-se em atividades projetadas para aumentar seus lucros". Desse ponto de partida, não fica longe a ideia de que focar o longo prazo ou o bem público não é apenas imoral e possivelmente ilegal, mas também (e de forma mais crucial) decididamente inviável. É verdade que os mercados de capital e de produto são lugares implacáveis. Mas, em sua encarnação corrente, nosso foco na maximização do valor acionário é uma ideia excessivamente perigosa, não apenas para a sociedade e para o planeta, mas também à saúde da empresa em si. A experiência da Turing Pharmaceuticals com o Daraprim ilustra os custos de ir atrás dos lucros em detrimento de todo o restante.

Em setembro de 2015, a Turing, uma pequena startup com apenas dois produtos, anunciou que aumentaria o preço do remédio genérico Daraprim de US$13,50 para US$750 por comprimido — um aumento de cerca de 5 mil por cento. O Daraprim era bastante usado para tratar complicações da AIDS. Seu custo de produção era de aproximadamente US$1 por comprimido e ele não tinha concorrentes.[15] Qualquer pessoa que quisesse comprar o medicamento teria que comprá-lo da Turing. O fato desencadeou uma tempestade na mídia. Martin Shkreli, CEO da Turing, foi atacado na imprensa e acossado em público. Mas ele não tinha remorsos. Ao ser questionado se faria algo diferente, respondeu:

Provavelmente teria aumentado ainda mais os preços... Poderia ter feito isso e ganhado mais lucros para nossos acionistas. O que é nosso dever principal... Ninguém quer dizer isso, ninguém tem orgulho disso, mas estamos em uma sociedade capitalista, em um sistema capitalista e sob regras capitalistas, e meus investidores esperam que eu maximize os lucros, e não o contrário, ou que fique na metade, ou que vá para 70%, mas que atinja 100% da curva de lucros que todos aprendemos nas aulas de MBA.[16]

É tentador acreditar que Shkreli é um ponto fora da curva. Ele é uma pessoa profundamente excêntrica e está atualmente na cadeia por fraudar seus investidores.[17] Porém, ele expressou, com os termos mais flagrantes, as implicações do imperativo para ganhar o máximo de dinheiro possível, e o Daraprim não foi o único remédio genérico que teve o preço elevado às alturas. Em 2014, a Lannet, outra produtora farmacêutica de genéricos, aumentou o preço da Flufenazina — um remédio usado para tratar a esquizofrenia e que está na lista da Organização Mundial da Saúde dos medicamentos mais essenciais — de US$43,50 para US$870 — um aumento de 2.000%.[18] A Valeant aumentou os preços do Nitropress e do Isuprel — dois remédios importantes para o coração — em mais de 500%, deixando a empresa, segundo algumas fontes, com uma margem bruta de mais de 99%.[19]

Sem dúvida, isso não pode estar certo. Será que os administradores realmente têm um dever moral de explorar desesperadamente os doentes? A decisão da Purdue Pharma em promover agressivamente a prescrição do OxyContin foi — pelo menos no curto prazo — enormemente lucrativa.[20] Isso significa que é uma empresa correta ou até mesmo boa? Será que as companhias têm um dever de buscar o lucro máximo possível, mesmo quando sabem que fazer isso quase certamente terá consequências significativamente negativas para seus clientes, funcionários ou para a sociedade como um todo?

Desde dezembro de 2015, quando o Acordo de Paris foi assinado, por exemplo, as empresas mundiais de combustível fóssil gastaram mais de US$1 bilhão em lobbies contra os controles de gases de efeitos estufa (GEE; ou GHG — *grennhouse gas*).[21] O lobby em favor do aquecimento do planeta pode ter maximizado o valor para o acionista no curto prazo, mas será que foi uma boa ideia para o longo prazo?

Caso seja entendida literalmente, uma ênfase determinada na maximização dos lucros pareceria exigir que as empresas não apenas elevem os preços dos medicamentos, mas também que acabem com os peixes dos oceanos, desestabilizem o clima, lutem contra qualquer coisa que possa aumentar os custos trabalhistas — incluindo o financiamento público de educação e saúde, e (minha favorita) tentem fraudar o processo político em seu próprio favor. Nas palavras do cartum: "Sim, o planeta foi destruído, mas durante um lindo período de tempo criamos muito valor para os acionistas."

"Sim, o planeta foi destruído, mas durante um lindo período de tempo criamos muito valor para os acionistas."

As empresas nem sempre tiveram essa natureza. Nossa obsessão com o valor para o acionista é relativamente recente. Edwin Gay, o primeiro reitor da Harvard Business School, sugeriu que o propósito da instituição era educar líderes que "ganhariam lucros decentes, de forma decente", e em 1981, a Business Roundtable emitiu uma declaração que dizia, em parte: "As empresas e a sociedade têm uma relação simbiótica: a viabilidade de longo prazo da corporação depende de sua responsabilidade para com a sociedade da qual faz parte. E o bem-estar da sociedade depende de empreendimentos comerciais que sejam lucrativos e responsáveis."

Uma Linda Ideia

A crença de que o único dever da administração é maximizar o valor para o acionista é produto de uma transformação do pensamento econômico iniciada por Friedman e seus colegas na Universidade de Chicago após a Segunda Guerra Mundial. Muitos de seus argumentos eram altamente técnicos, mas a lógica subjacente ao seu trabalho é simples.

Primeiro, eles argumentavam que o livre mercado é perfeitamente eficiente, e que isso o torna uma força motriz espetacular da prosperidade econômica. Logicamente, se todas as empresas em um setor estiverem implacavelmente focadas nos resultados, a concorrência as levará a serem tanto eficientes como inovadoras, enquanto também impedirá qualquer empresa em particular de dominar o mercado. Além disso, os mercados totalmente competitivos usam preços para alinhar a produção com a demanda, o que possibilita a coordenação para que milhões de empresas atendam aos gostos de bilhões de pessoas. O próprio Friedman deu vida a essa ideia usando um exemplo muito comum:

> Veja este lápis de grafite. Não há uma única pessoa no mundo que poderia fazê-lo. É uma declaração impressionante? De jeito nenhum. A madeira da qual ele é feito... vem de uma árvore que foi cortada no estado de Washington, EUA. Para cortar essa árvore, foi necessária uma serra. Para fazer a serra, precisou-se de aço. Para fazer o aço, precisou-se de minério de ferro. Este centro escuro, que chamamos de grafite... vem de algumas minas da América do Sul. A pontinha vermelha aqui, este pedacinho de borracha, provavelmente vem da Malásia, onde a seringueira nem mesmo é nativa! Foi importada da

> América do Sul por alguns empresários com a ajuda do governo britânico. Esta virola de latão? Não faço a mínima ideia de onde veio. Ou a tinta amarela! Ou a tinta que fez estas linhas pretas. Ou mesmo a cola que junta tudo. Literalmente milhares de pessoas cooperaram para fazer este lápis. Pessoas que não falam o mesmo idioma, que praticam religiões diferentes e que poderiam até se odiar, caso se conhecessem![22]

Se Friedman tentasse passar a mesma ideia atualmente, talvez usaria um celular — composto por centenas de componentes fabricados no mundo todo.[23] Mas a questão principal é que os mercados verdadeiramente competitivos alocam recursos de forma muito mais eficaz e eficiente do que qualquer outra coisa que já tentamos. Certamente, o trabalho inovador nos anos 1950 e 1960 estabeleceu que, sob um número de condições bem definidas — incluindo a livre concorrência, a ausência de conluios e de informações privadas, e a precificação apropriada das externalidades —, a maximização dos retornos aos acionistas maximiza o bem-estar público.[24]

O segundo argumento subjacente ao preceito de focar os retornos aos acionistas baseia-se na primazia normativa das liberdades individuais, ou na ideia de que a liberdade pessoal e individual é — ou deveria ser — o objetivo principal da sociedade e que a habilidade de uma pessoa para tomar decisões sobre a disposição de seus recursos e tempo deve ser um de seus objetivos mais importantes. Tal ideia está profundamente arraigada na tradição do liberalismo clássico pós-Iluminismo dos séculos XVIII e XIX. Milton Friedman e Friedrich Hayek fizeram uso dessa tradição como uma forma de articular um contraponto intelectual à filosofia da União Soviética de um controle econômico centralizado.

A liberdade nesse contexto é uma "imunidade de intromissão" ou a "liberdade *sem*" — a habilidade de tomar decisões sem a interferência dos outros. Friedman e seus colegas sugeriram que o livre mercado cria a liberdade individual, pois, em contraste com as economias planejadas, permite que as pessoas escolham o que e como fazer, e lhes dá os recursos para definirem suas próprias políticas. É difícil ser verdadeiramente livre quando o Estado — ou um pequeno grupo de oligarquias — controla para quem você trabalha e quanto deve receber.

Terceiro, Friedman e seus colegas argumentaram que os administradores são agentes de seus investidores. Agir como um agente confiável é um comprometimento moral em seu próprio direito, arraigado na ideia vastamente compartilhada de que a pessoa deve manter sua palavra e não usar indevidamente os fundos que lhe foram confiados. Visto que os administradores são agentes, argumentaram eles, possuem um dever de gerir a empresa como seus investidores desejarem — o que Friedman presumiu que seria, na maioria dos casos, "ganhar o máximo de dinheiro possível".

Juntos, esses três argumentos compõem um caso poderoso em prol da maximização do valor para o acionista e são a força moral subjacente à crença de muitos empresários de que maximizar os lucros é cumprir profundos comprometimentos normativos. Sob tal perspectiva, deixar de maximizar o retorno aos acionistas não apenas constitui uma traição de sua responsabilidade perante os investidores, mas também ameaça reduzir a prosperidade ao comprometer a eficiência do sistema e reduzir a liberdade econômica e política de todos. Fazer qualquer outra coisa além de maximizar os retornos — pagar aos funcionários mais do que o salário compatível com a função sem benefícios óbvios, por exemplo, ou instalar painéis solares no telhado quando a geração de energia com queima de carvão é barata e abundante — significa não apenas deixar a sociedade mais pobre e menos livre, mas também trair seus deveres com seus investidores.

Contudo, essas ideias são o produto de uma época e de um lugar específicos, e de um conjunto especial de condições institucionais. Considerando as realidades do mundo atual, elas estão perigosamente enganadas. Friedman e seus colegas as formularam logo após a Segunda Guerra Mundial. Na época, parecia haver o sério risco de que a dependência do mercado seria substituída por um planejamento centralizado. Os governos — após vencerem a depressão econômica e a guerra — eram populares e poderosos. O capitalismo, não. Memórias duradouras da Grande Depressão que precedera a guerra — em seu auge, o PIB dos EUA caiu 30%, enquanto a produção industrial caiu quase 50%, e 25% da população trabalhadora estava desempregada[25] — significavam que, pelos 20 anos seguintes, o capitalismo desregulado e irrestrito seria considerado com suspeição em praticamente todos os lugares.

Tal era a visão predominante na Europa e na Ásia. No Japão, por exemplo, a comunidade empresarial abraçou explicitamente um modelo de capitalismo que enfatizava o bem-estar dos funcionários e um compromisso com o longo prazo, enquanto na Alemanha empresas, bancos e sindicatos cooperaram para criar um sistema de "codeterminação" que buscava rotineiramente equilibrar o bem-estar da empresa com o bem-estar dos funcionários e da comunidade.

Isso significava que por cerca de 30 anos após a guerra o Estado poderia ser confiado no mundo desenvolvido para garantir que os mercados fossem sensatamente competitivos, que as "externalidades", como a poluição, fossem adequadamente precificadas ou reguladas, e que (praticamente) todos tinham as habilidades para participar do mercado. Além do mais, a experiência da luta na guerra criou uma imensa coesão social. Investir na educação e na saúde, "fazer a coisa decente" e celebrar a democracia pareciam algo natural.

As ideias de Friedman não ganharam muita tração até o início da década de 1970, quando a agitação do primeiro embargo ao petróleo inaugurou uma década de estagflação e intensa concorrência global, e a economia dos EUA passou a estar sob pressão significativa. Sob tais condições, não era algo insano acreditar que "desenfrear" o mercado ao dizer para os administradores que seu único trabalho era enfatizar os retornos aos acionistas maximizaria tanto o crescimento econômico como a liberdade individual.

Os economistas treinados em Chicago jogaram a culpa do desempenho medíocre da economia sobre o fato de que muitos administradores estavam colocando seu próprio bem-estar antes de seu dever para com os investidores. A solução que sugeriram — atrelar a compensação executiva com o valor acionário — foi avidamente abraçada pelos investidores. Aos administradores, disseram que tinham um dever moral para maximizar os lucros — e que fazer qualquer outra coisa era certa e ativamente imoral — e que o pagamento dos CEOs estava ligado fortemente ao valor das ações da empresa. O PIB decolou como um foguete e levou consigo o valor para o acionista e os pagamentos dos CEOs.[26]

Mas... enquanto isso, os custos ambientais desse crescimento — trilhões de toneladas de GEE na atmosfera, um oceano envenenado e a destruição disseminada dos sistemas naturais da Terra — permaneceram em grande parte invisíveis. A desigualdade mundial caiu conforme diversas das economias em desenvolvimento — mais notadamente a China — começaram a alcançar os níveis de renda do Ocidente. Porém, no mundo desenvolvido, a desigualdade de renda aumentou enormemente. A vasta maioria dos frutos que fluem do crescimento produtivo dos últimos 20 anos direcionaram-se aos 10% do topo da distribuição de renda, especialmente nos EUA e no Reino Unido.[27] As rendas reais na base estagnaram-se.[28] A fúria populista que emergiu como resultado está ameaçando a viabilidade de nossas sociedades — e de nossas economias. O que deu errado?

Resumidamente, o mercado precisa de supervisão adulta. Ele só leva à prosperidade e à liberdade quando é genuinamente livre e justo, e nos últimos 70 anos o mundo mudou radicalmente. O capitalismo global se parece cada vez menos com o modelo dos livros sobre os mercados livres e justos no qual a ordem para uma ênfase única na maximização do lucro se baseia. A mágica do livre mercado apenas funciona quando os preços refletem todas as informações disponíveis, quando há uma liberdade genuína de oportunidades e quando as regras do jogo apoiam a verdadeira concorrência. No mundo atual, muitos preços estão extremamente fora de controle, a liberdade de oportunidades está cada vez mais confinada àqueles com bons contatos e as empresas estão reescrevendo as regras do jogo de maneiras que maximizam seus próprios lucros, enquanto ao mesmo tempo distorcem o mercado. Se as empresas podem jogar lixo tóxico nos rios, controlar o processo político e juntar-se para fixar preços, o livre mercado não aumentará nem agregará riqueza ou liberdade individual. Pelo contrário, arruinará as instituições das quais as próprias empresas dependem.

Por que os Mercados Estão nos Deixando na Mão

O exemplo da Turing Pharmaceuticals ilustra a natureza do problema, mas podemos ser ainda mais precisos. Os mercados saíram dos trilhos por três motivos: as externalidades não são precificadas adequadamente, muitas pessoas não têm mais as habilidades necessárias para dar aos mercados a genuína liberdade de oportunidades e as empresas estão cada vez mais aptas a mudar as regras do jogo em seu próprio favor.

A energia é barata porque não pagamos seus custos totais. Os consumidores norte-americanos pagam aproximadamente US$0,05 por quilowatt-hora (kWh) da eletricidade produzida a partir de usinas de queima de carvão. Porém, essa queima emite quantidades enormes de CO_2 (o carvão é essencialmente carbono fossilizado) — uma das principais causas do aquecimento global. A produção de um quilowatt-hora de eletricidade proveniente da queima do carvão causa pelo menos outros quatro centavos de danos relacionados ao clima. Além disso, a queima de carvão mata milhares de pessoas anualmente e destrói a saúde de muitas outras. A extração, o transporte, o processamento e a combustão do carvão nos Estados Unidos causam a perda de 24 mil vidas todos os anos por doenças pulmonares e cardíacas (a um custo de, talvez, US$187,5 bilhões por ano); outras 11 mil vidas são perdidas anualmente devido a problemas de saúde encontrados nas regiões das minas de carvão (um custo anual de, talvez, US$74,6 bilhões).[29] Calcular a soma total, um resultado global dos custos de saúde associados à queima de combustíveis fósseis, é extremamente difícil, visto que os custos diferem de forma significativa, dependendo de uma vasta gama de fatores, como o tipo de combustível e como e onde está sendo queimado. Uma estimativa sugere que cada tonelada de CO_2 emitida está associada com custos atuais de saúde na casa dos US$40, o que implicaria um custo por kWh de cerca de quatro centavos, mas meus colegas que trabalham nessa área me recordam que tais custos podem variar enormemente e em geral são muito mais altos.[30] Quando os adicionamos, o custo real de um quilowatt-hora de eletricidade produzida pela queima de carvão não é de US$0,05, mas algo em torno de US$0,13. Isso quer dizer que estamos pagando apenas 40% dos custos reais da queima de carvão. A energia proveniente de combustíveis fósseis parece barata — mas apenas porque não contamos os custos que estamos impondo sobre o próximo e sobre nosso futuro.

Cada usina de queima de carvão no planeta está destruindo valor ativamente, no sentido de que os custos que estão impondo à sociedade são maiores do que suas receitas totais, sem falar nos lucros. Por exemplo, a Peabody Energy, a maior empresa de carvão nos EUA, forneceu 186,7 milhões de toneladas de carvão em 2018 por uma receita total de US$5,6 bilhões.[31] Os custos combinados do clima e da saúde vindos da queima de 186,7 milhões de toneladas de carvão são de cerca de US$30 bilhões, então, pegando a receita total como uma medida (conservadora) da criação total de valor, a Peabody está destruindo pelo menos cinco vezes o valor que está criando.

Sempre que você usa combustíveis fósseis — seja para dirigir seu carro ou para pegar um voo —, está criando um dano duradouro pelo qual não está pagando. A produção de cada tonelada de aço, de cada tonelada de cimento e até mesmo de cada hambúrguer (só para nos concentrarmos em alguns produtos que exigem muita energia para serem produzidos) cria danos significativos que não estão inclusos no preço. A produção de cada hambúrguer gera aproximadamente as mesmas emissões que 1,8 litro de gasolina, e só o consumo de carne bovina é responsável por cerca de 10% das emissões de GEE (e apenas cerca de 2% das calorias consumidas).[32]

Quando acrescentamos esses custos aos resultados, o fato é que praticamente todas as empresas estão causando danos significativos. Em 2018, por exemplo, a CEMEX, uma das maiores empresas de cimento do mundo, emitiu mais de 48 milhões de toneladas de CO_2 — apesar do fato de que, em 2018, cerca de 25% da eletricidade usada em suas operações de produção de cimento foi gerada por fontes renováveis.[33] Isso representa pelo menos US$4 bilhões em danos.[34] Seus lucros antes dos juros, impostos, depreciação e amortização (EBITDA) naquele ano foi de US$2,6 bilhões.[35] No ano fiscal de 2019, as emissões totais da rede varejista do Reino Unido, Marks & Spencer — uma empresa que vem há anos trabalhando bastante para reduzir emissões — foram equivalentes a 360 mil toneladas de CO_2.[36] Isso representa cerca de US$32 milhões em danos. Os lucros antes dos impostos no mesmo ano foram de £670 milhões.[37]

A distorção causada pelo fracasso na precificação das emissões de GEE é enorme. Os preços em toda a economia estão completamente fora de controle. Se a mágica do livre mercado funciona por meio do fato de que os preços captam todas as informações necessárias, nesse caso, não há muita mágica em evidência.

Os mercados apenas criam uma genuína liberdade de oportunidade se todos tiverem a chance de participar. Quando os mercados descontrolados deixam muitas pessoas para trás, eles destroem a liberdade de oportunidade fundamental para sua própria legitimidade. O mundo é imensuravelmente mais rico do que era há 50 anos, e a desigualdade entre os países caiu de modo significativo. Na década de 1950, metade da população mundial vivia com menos de US$2 por dia. Agora, apenas 13% vivem em tal nível, e a maioria das pessoas tem uma subsistência digna.[38] Mas internamente, nos países, a desigualdade saltou a níveis nunca antes vistos desde a década de 1920. Nos EUA e no Reino Unido, por exemplo, os benefícios do crescimento produtivo foram em grande parte para os 10% do topo, enquanto as rendas reais estagnaram-se.[39]

Nos Estados Unidos, a mobilidade social agora está signicativamente menor que no Canadá e no norte da Europa, mas caiu praticamente em todos os lugares.[40] Aqueles que venceram com o boom econômico vêm encontrando cada vez mais maneiras de passar seu sucesso adiante para os filhos, de modo que o sucesso de uma criança é cada vez mais uma função de onde ela nasceu e da renda dos pais. Apenas entre 2% a 4% dos alunos das turmas de 2013 das 8 universidades da Ivy League vinham dos 20% da base da distribuição de renda, enquanto entre 10% e 19% da turma havia nascido em famílias do 1% do topo. Um aluno nascido nos 5% do topo da distribuição de renda tem cerca de 60% a mais de chances de juntar-se ao 1% do que aqueles alunos cujos pais têm renda nos 5% da base, mesmo que ambos tenham frequentado uma das universidades mais altamente respeitadas dos EUA.[41] Sua saúde é cada vez mais determinada por seu endereço de nascimento. Para pegar apenas um exemplo: em 2017, a expectativa de vida dos residentes das áreas mais pobres de New Bedford, Massachusetts, era um pouquinho menor do que a expectativa de vida em Botsuana e no Camboja.[42]

Ficou significativamente mais difícil para as iniciativas empresariais terem sucesso. Entre 1997 e 2012, as 4 maiores empresas de cada setor aumentaram sua fatia nas receitas de seu setor, de 26% para 32%.[43] As empresas jovens compunham 15% da economia em 1980, mas apenas 8% em 2015.[44] Esse aumento na concentração também está reduzindo o poder de barganha dos trabalhadores — e, com isso, os benefícios e a compensação — enquanto aumenta os lucros e os preços.[45]

Os mercados são livres e justos apenas quando os players não podem determinar as regras em seu favor. Em 2014, por exemplo, dois cientistas políticos publicaram um estudo explorando a relação entre o apoio popular a uma política e as chances de que virasse lei. As opiniões do "cidadão médio" nos EUA, descobriram eles, não importam nada. As propostas apoiadas por 90% da população geral não têm chances maiores de serem aprovadas do que aquelas apoiadas pelos 10%.[46] Porém, se os ricos quisessem que algo fosse feito, acontecia.

Gastar dinheiro para mudar as regras do jogo em seu favor pode ser uma forma excepcionalmente eficaz de ganhar dinheiro — mesmo com o fato de isso impor custos significativos para todos os demais. Em 1997, por exemplo, a Walt Disney Company fez um lobby pesado em apoio de um projeto obscuro de lei chamado Copyright Term Extension Act (CTEA) [Lei de Extensão da Vigência dos Direitos Autorais].[47]

Conceder aos artistas e autores (e cineastas) os direitos autorais de suas criações lhes permite lucrar com suas ideias — dando-lhes o incentivo para criarem mais. Mas os direitos autorais são limitados, então, após um período razoável de tempo, outros artistas e autores podem desenvolver algo usando as ideias dos que vieram antes deles. No caso da Disney, por exemplo, o filme *Branca de Neve* baseia-se em um antigo conto folclórico europeu. O mesmo se dá com *A Bela e a Fera*. A CTEA prometeu estender os direitos autorais nos EUA para enquanto o autor viver, mais 70 anos, e também estender os direitos autorais corporativos para 95 anos. Para a Disney, que está correndo o risco de que seus personagens mais amados — e lucrativos — comecem a perder a vigência dos direitos autorais em 2023, o projeto de lei oferecia 20 anos a mais de proteção.

A Disney gastou um pouco mais de US$2 milhões[48] fazendo lobby em prol do projeto — pressionando tão agressivamente por sua aprovação que ele passou a ser comicamente conhecido como "Lei de Proteção do Mickey Mouse".

O projeto por fim chegou ao Congresso e foi aprovado como lei no dia 27 de outubro de 1988. Minhas estimativas aproximadas sugerem que, na época da aprovação, pode ter representado US$1,6 bilhão de lucros adicionais para a Disney — um retorno sobre um investimento de pouco mais de US$2 milhões, nada mal.[49] Não há evidências, no entanto, de que ele aumentou o bem-estar geral. Pelo contrário. A Disney argumentara que atrasar o momento até que os concorrentes pudessem copiar seus filmes aumentaria os incentivos da empresa para criar novos conteúdos. Mas um grupo de economistas proeminentes — incluindo cinco laureados com o Nobel — argumentaram que a extensão não tivera basicamente nenhum efeito nos incentivos para a inovação.[50] Nas palavras deles: "No caso da extensão da vigência para trabalhos existentes, o aumento considerável no custo não é contrabalanceado em qualquer nível significativo por uma melhoria nos incentivos para a criação de novos trabalhos."[51]

Falando de forma simples, a Disney — uma empresa que se orgulha por sua imagem familiar sadia e cujos parques temáticos são praticamente uma parada obrigatória para todas as famílias dos EUA — tinha essencialmente lançado as bases para cobrar dessas mesmas famílias algo em torno de US$1 bilhão para enriquecer seus próprios investidores sem gerar nada além, como um benefício social comparável.

Ainda assim, é apenas dinheiro. As empresas de combustíveis fósseis vêm buscando uma estratégia semelhante com consequências muito mais graves para o mundo. Entre 2000 e 2017, o setor de combustíveis fósseis como um todo gastou pelo menos US$3 bilhões em lobbies contra a legislação de mudança climática, e outros milhões a mais apoiando grupos e campanhas que negavam a realidade da mudança climática.[52]

Até o momento da redação deste capítulo, a Marathon Oil, maior refinaria de petróleo dos Estados Unidos, reconhece publicamente a realidade da mudança climática e afirma que tem "investido bilhões de dólares para tornar nossas operações mais energeticamente eficientes". Mas a empresa tem sido uma forte apoiadora das tentativas da administração atual de reverter regulações existentes quanto às emissões de automóveis, sugerindo em uma reunião com investidores que a reversão poderia aumentar as vendas do setor entre 350 mil a 400 mil barris de gasolina por dia.[53] Tal aumento imporia custos entre US$4,3 bilhões e US$4,9 bilhões sobre o resto do mundo, mas um preço de aproximadamente US$56/barril aumentaria as vendas do setor entre US$6,9 bilhões e US$7,9 bilhões.[54] No estado norte-americano de Washington, os interesses petrolíferos gastaram a mais que seus oponentes em uma escala de dois para um a fim de derrotar uma medida designada para impor o primeiro imposto sobre o carbono nos EUA, tendo só a BP contribuído com US$13 milhões no esforço.[55]

Não é apenas o dinheiro que permite às empresas comprarem regras favoráveis. Em muitas situações, as questões são tão técnicas, restritas ou vagarosas que nem a mídia ou o público geral se importam muito com elas. Por exemplo, as mudanças nos padrões contabilísticos são difíceis de entender e raramente suscitam muito interesse público. Porém, mudanças aparentemente menores nas regras de contabilidade foram uma das causas do Grande Crash de 2008.[56]

A maximização dos lucros apenas aumenta a prosperidade e a liberdade quando os mercados são genuinamente livres e justos. O capitalismo moderno não é nem um nem outro. Caso as enormes externalidades não sejam precificadas ou controladas, caso a verdadeira liberdade de oportunidades seja mais um sonho do que a realidade, e caso as empresas possam mudar as regras do jogo ao seu bel-prazer à custa do bem público, a maximização do valor ao acionista nos levará à ruína. Sob tais condições, as empresas têm um dever moral de ajudar a criar um sistema que apoie os mercados genuinamente competitivos e devidamente precificados, e de instituições fortes. Elas também têm argumentos econômicos convincentes para fazê-lo. Um mundo em chamas ameaça a viabilidade de todas as empresas.

O Perigo à Frente

Durante anos, os proponentes do livre mercado descontrolado têm atacado o governo. Mas a alternativa a um governo forte e democraticamente controlado não é o triunfo do livre mercado. A alternativa é o capitalismo de compadres, ou o que os economistas desenvolvimentistas chamam de "extração", um sistema político no qual os ricos e poderosos se juntam para controlar o Estado — e o mercado — em seu próprio benefício. As elites extrativas monopolizam a atividade econômica e subinvestem sistematicamente (se é que chegam a investir) em bens públicos como estradas, hospitais e escolas.

Sempre há implicações. Um foco exagerado no bem público sufoca a dinâmica empresarial, que é a força vital dos mercados com um bom funcionamento. Um foco exagerado na liberdade econômica leva à destruição do mundo social e natural, e à degradação constante das instituições que mantêm o mercado em equilíbrio.

A experiência da Rússia ilustra tal dinâmica. A economia soviética sob o comunismo cresceu muito mais lentamente do que as economias ocidentais, enquanto também restringia enormemente as liberdades pessoal e política. Após a queda do Muro de Berlim e o colapso do império soviético, a Rússia foi agressiva para abraçar um mercado completamente irrestrito — a economia da Escola de Chicago em sua forma mais pura. Por um momento de ouro, parecia que a Rússia se tornaria uma economia de mercado desenvolvido. Mas ninguém parou para precificar as externalidades, criar as instituições que fariam cumprir o Estado de direito, fornecer educação e saúde decentes ou garantir que as empresas não pudessem estabelecer suas próprias regras. Por trás dos sorrisos, os homens com armas ainda estavam no controle. O Estado russo vendeu suas holdings — a grande maioria da economia — para um pequeno grupo de compadres, criando uma forma particularmente nefasta do capitalismo de compadres. Os Estados Unidos têm uma população de 327 milhões e um PIB de US$21 trilhões.[57] A Rússia tem aproximadamente metade da população e um PIB de apenas US$$1,6 trilhões.[58] O livre mercado precisa de políticas livres: instituições que funcionam são ótimas para as empresas.

Quando dissemos aos líderes das empresas que seu único dever era focar o valor para o acionista, demos-lhes a permissão para virar as costas à saúde das instituições que historicamente equilibravam o poder econômico concentrado. Dissemos a eles que, desde que aumentassem os lucros, era seu dever moral derrubar as instituições que os restringiam — fazer lobby contra a proteção ao consumidor, distorcer a ciência climática, quebrar os sindicatos e injetar dinheiro em esforços para reverter impostos e regulações. Empurramos os empresários rumo a alianças com movimentos populistas que realizam ativamente campanhas contra o governo, e que rejeitaram os valores democráticos fundamentais. Em curto prazo, tais alianças produziram retornos sedutores, mas, em longo prazo, elas ameaçam os pilares fundamentais de nossas sociedades e economias. O Brexit não será bom para as empresas. Tampouco uma guerra comercial global ou o fim da imigração. O problema não são os livres mercados. O problema são os livres mercados *descontrolados*, ou a ideia de que não precisamos de um governo nem de compromissos sociais e morais compartilhados com a saúde de toda a sociedade da qual um governo efetivo depende.

Sabemos o que precisa ser feito. Os 17 Objetivos de Desenvolvimento Sustentável da ONU estabelecem um guia coerente — vastamente aceito pela comunidade empresarial — para o estabelecimento de um mundo justo e sustentável.[59] Temos a tecnologia e a inteligência para lidar com nossos problemas ambientais, e também os recursos para reduzir a desigualdade. A questão não é *o que* deve ser feito. A questão é *como*.

As empresas devem se apresentar. Elas são imensamente poderosas. Têm os recursos, as habilidades e o alcance global para fazer uma diferença enorme. Elas também têm motivos *econômicos* para agir. Caso nada seja feito, o aquecimento global provavelmente encolherá a economia norte-americana em cerca de 10% até o fim do século[60] e criará um sofrimento quase inimaginável. Nas palavras de David Wallace-Wells, ao escrever no livro *A Terra Inabitável*, sobre os efeitos de diferentes níveis de aumento das temperaturas médias em longo prazo:

> Visto que esses números são tão pequenos, tendemos a trivializar as diferenças entre eles — um, dois, quatro, cinco... A experiência e a memória humanas não oferecem uma boa analogia para como deveríamos pensar sobre tais limites, mas, assim como nas guerras mundiais, ou nas recorrências do câncer, não queremos ver nem mesmo um. Com dois graus, as calotas polares começarão a colapsar. Outras 400 milhões de pessoas sofrerão com a escassez de água, as grandes cidades na faixa equatorial do planeta se tornarão inabitáveis e até nas latitudes mais ao Norte as ondas de calor matarão milhares a cada verão. Haveria 32 ondas de calor extremas na Índia, e cada uma duraria 5 vezes mais, expondo 93 vezes mais pessoas. Esse é nosso melhor cenário. Com três graus, o Sul da Europa ficaria numa seca permanente e a seca média na América Central duraria 19 meses a mais. No Caribe, 21 meses a mais. A área queimada anualmente por incêndios florestais dobraria.

Em 2050, cerca de 1 bilhão de pessoas poderiam estar desabrigadas.[61] Esse não é um mundo no qual vamos querer viver — sendo também um mundo que ameaça as raízes de nosso sistema econômico. Nas palavras de Ray Dalio, fundador da Bridgewater Associates, um dos maiores fundos de hedge do mundo:

> Acredito que a maioria dos capitalistas não sabe dividir o bolo econômico bem, e a maioria dos socialistas não sabe como fazê-lo crescer bem, contudo, estamos agora em uma conjuntura na qual a) pessoas de diferentes inclinações ideológicas trabalharão juntas para reprojetar habilmente o sistema de modo que o bolo seja bem dividido e cresça bem; ou b) teremos grandes conflitos e alguma forma de revolução que prejudicará quase todo mundo e diminuirá o bolo.

Como Ray sugere, esse não é um problema que as empresas podem resolver por conta própria. Apenas conseguiremos derrubar problemas como a mudança climática e a desigualdade com a ajuda do Estado — e isso demandará a recriação de nossas instituições e o reequilíbrio dos mercados e dos governos. As empresas podem fazer uma diferença enorme, mas apenas se trabalharem juntas com outros para criar governos saudáveis e bem administrados, democracias vibrantes e sociedades civis fortes que serão essenciais para fazer um progresso real.

Um capitalismo reinventado — um sistema econômico e político reformado — tem cinco partes essenciais, nenhuma suciente sozinha, mas cada uma construindo sobre a outra e sendo uma parte vital de um todo reforçado. Podemos começar a ver como é isso na prática por meio da história de transformação de uma única empresa.

2
REINVENTANDO O CAPITALISMO NA PRÁTICA

*Bem-vindo à Conversa
Mais Importante do Mundo*

> **Neo:** Sei que você está aí. Consigo sentir sua presença agora. Sei que está com medo... medo de nós. Está com medo da mudança. Não conheço o futuro. Não vim aqui lhe dizer como tudo isso acaba. Vim aqui lhe dizer como vai começar. Vou desligar este telefone e mostrar a estas pessoas o que você não quer que elas vejam. Vou mostrar a elas um mundo sem você. Um mundo sem regras, controles, fronteiras ou limites. Um mundo onde tudo é possível. Aonde iremos a partir de lá é uma escolha que deixo em suas mãos.
>
> — *MATRIX*, LANÇADO EM MARÇO DE 1999

A Primeira Peça do Quebra-cabeça: Criar Valor Compartilhado

Em 2012, Erik Osmundsen tornou-se o CEO da Norsk Gjenvinning (NG), a maior empresa de manejo de resíduos da Noruega.[1] O negócio de resíduos era um pedaço nada popular da economia, mas Erik acreditava que o setor estava no limiar de uma transformação significativa. Historicamente, o negócio era em grande parte uma questão de transportar resíduos para os lixões locais. Porém, Erik acreditava que o futuro do setor estava na reciclagem, que tinha o potencial de ser um negócio high-tech de vendas para um mercado global com significativas economias de escala. Ele também acreditava que o negócio de resíduos tinha o segredo para lidar com dois dos grandes desafios globais: a mudança climática e a falta crescente de matérias-primas. Em suas palavras:

> Questionei a mim mesmo: quais outros setores temos onde é possível realmente mudar muito para melhor? Assim, foi a oportunidade que me agarrou. Vi o potencial de fazer algo realmente bom. O setor de resíduos na Noruega reduz o CO_2 norueguês em 7%, o que considero desconcertante. Seria possível? Nós, na NG, coletamos 25% de todos os resíduos da Noruega e devolvemos 85% para a indústria na forma de matéria-prima e resíduos para energia. O que considero... incrível... Percebi que nosso setor tem o segredo de realizar a economia circular — resolvendo dois problemas globais ao mesmo tempo: os resíduos globais em rápido crescimento e a diminuição dos suprimentos futuros de recursos naturais devido ao aumento projetado dos consumidores da classe média ao redor do mundo.

Ele estava atuando como CEO interino da NG e entrevistando candidatos para a vaga permanente quando tomou a decisão de candidatar-se para o trabalho. Disse:

> Lembro-me como se fosse ontem. Era um dia antes da Páscoa e estava entrevistando um candidato muito bom, que me disse: "Veja, tenho uma pergunta, você é um dos candidatos para esta vaga?" Fui para

casa e fiquei pensando, meu Deus, não estava tão engajado assim há décadas. Conversando com minha esposa, disse-lhe, não sei se é uma boa ideia e nunca fiz isso antes em escala. Mas acordo todos os dias e sinto que estou fazendo algo que realmente vale a pena, e que realmente poderíamos causar impacto. Assim, depois da Páscoa, liguei para Reynir [sócio de private equity que estava atuando como diretor do conselho administrativo da NG] e perguntei-lhe se poderia colocar meu nome na lista, e o resto é história.

Erik começou andando nos caminhões de lixo e passando tempo nos depósitos. Ficou claro rapidamente que, embora a maioria dos funcionários fosse de gente honesta, tanto a NG como o setor estavam envolvidos em diversas práticas corruptas. A NG e suas concorrentes estavam jogando os resíduos fora de modo ilegal, seja marcando deliberadamente os materiais perigosos como normais ou conscientemente despejando-os na rede municipal. Era dez vezes mais barato exportar resíduos eletrônicos para a Ásia ilegalmente do que processá-los na Noruega, enquanto as regulações quanto ao despejo de resíduos eram insuficientemente aplicadas por uma multitude de autoridades diferentes, e as multas por violações eram irrisórias. Um estudo sugeriu que mais de 85% de todos os resíduos transportados no país estavam violando as regulações.

Dentro da NG, alguns gestores estavam falsificando dados financeiros para atingir objetivos de curto prazo, além de adulterar a qualidade dos materiais reciclados que estavam vendendo. Quando Erik os pressionou para que dessem explicações, recebeu variações perplexas de "mas sempre foi assim aqui". Nas palavras dele: "A história era sempre a de que é assim que sempre fizeram as coisas. Todo mundo estava fazendo o mesmo. É sempre algum cara idiota de Oslo que acha que as coisas podem ser diferentes, mas sabemos que não dá para fazê-las de forma diferente porque não vai dar certo financeiramente, ou não funcionará de forma alguma."

Algumas pessoas talvez abandonassem o barco. Mas Erik voltou ao conselho administrativo a fim de pedir o dinheiro e o tempo necessários para fazer uma limpa no negócio. Começou instaurando uma política de compliance que tinha de ser assinada por todos os funcionários. Após um curto período de regularização, passou para um regime de tolerância zero sob o qual infringir as normas resultaria em demissão imediata. Não foi uma jogada totalmente popular. No primeiro ano, 30 dos 70 principais gerentes de linha saíram da empresa, juntamente com metade dos funcionários seniores. Muitos levaram a carteira de clientes consigo.

Então, Erik e sua equipe formularam uma nova visão para a companhia. Em vez de ser meramente uma empresa que transportava resíduos, a NG passaria a ser uma vendedora global de matérias-primas industriais recicladas — uma potência global de reciclagem. Nas palavras dele: "Tudo é coletado. Tudo é reciclado. Tudo é dotado de recursos. E tudo é usado novamente como um novo recurso, em oposição às coisas que são cavadas das minas ou derrubadas e cortadas das florestas."

Ele foi a público com o que descobrira, usando a publicidade como uma das diversas alavancas para mudar a cultura da NG. Posteriormente, explicou:

> Lavar nossa roupa suja do lado de fora foi uma declaração muito pública não apenas para o setor, mas também para nossos funcionários, de que não estávamos brincando. Não estávamos falando da boca para fora. Não era um tipo de discurso a ser dado para uma associação industrial. Estávamos colocando nossa cabeça em jogo na mídia nacional ao dizermos que faríamos uma limpa nas coisas. E estávamos sendo honestos. Uma das coisas essenciais que colocamos em prática desde o primeiro dia foi essa política brutal de transparência.

Isso também lhe deu a oportunidade de aproximar-se de clientes em potencial — principalmente aqueles com marcas globais destacadas — que pudessem estar dispostos a pagar um valor superior em troca da paz de espírito. Alguns — não tantos quanto ele esperava — responderam, contratando a NG porque era a coisa certa a ser feita e para evitar a possibilidade de um escândalo. Erik começou a contratar agressivamente funcionários vindos de empresas além do setor de manejo de resíduos, buscando talentos natos, novas habilidades e alinhamentos com a nova proposta da NG. Ele trouxe executivos de empresas como Coca-Cola, Norsk Hydro e NorgesGruppen, a maior rede de supermercados na Noruega.

Foi uma transformação custosa. No primeiro ano, apenas o programa de compliance custou 40% dos lucros da NG antes de juros e impostos. Foram necessários vários anos para colocar no ritmo os novos funcionários. Enquanto isso, a associação setorial local ameaçou expulsar a NG por colocar o setor em descrédito e, visto que a agenda de Erik ameaçava os interesses do crime organizado, ele mesmo virou alvo de ameaças.

No entanto, a nova estratégia também trouxe oportunidades inesperadas. Os gerentes que tinham visto a corrupção em primeira mão, sentindo-se impotentes para fazer qualquer coisa a respeito, aceitaram o desafio de remodelar a empresa, e o fato de fecharem as portas às práticas ilegais e negligentes abriu espaço para a inovação real. Devagar e sempre, a NG começou a industrializar a cadeia de valor do setor de resíduos ao adotar uma reciclagem cada vez mais high-tech. Foi a primeira empresa norueguesa a adquirir uma máquina de ponta com tecnologia ótica para separar os metais. Dava para colocar um carro inteiro em uma ponta e reciclar entre 95% e 96% de suas partes. Calculava-se inicialmente que a máquina tinha a capacidade para 120 mil toneladas por ano, mas em 12 meses a equipe de Erik conseguiu quase dobrar esse número. Isso levou, por sua vez, a uma busca por mais resíduos a serem processados, o que levou a uma reestruturação completa da logística da coleta de resíduos e a uma expansão do alcance da NG para toda a Escandinávia. Enquanto a NG acelerava sua produção de metais de alta qualidade, a empresa conseguiu diversificar sua base de clientes, aumentando significativamente as economias de escala, diminuindo os custos, aumentando as margens e permitindo que a NG fosse melhor que suas concorrentes, ampliando ainda mais os volumes. Em 2018, a NG era uma das maiores e mais lucrativas empresas de resíduos da Escandinávia.

Em resumo, Erik conseguiu traduzir sua visão de melhorar a sustentabilidade do setor de resíduos em uma empresa nova, altamente disruptiva e lucrativa. A conversa sobre reinventar o capitalismo às vezes estrutura-se em termos de uma tensão entre lucros e propósito. O caso da NG ilustra por que essa conversa está perdendo o foco.

As empresas habituais não são uma opção viável. Precisamos encontrar uma forma diferente de operarmos para garantir a sobrevivência do nosso planeta — e, com ele, o capitalismo. Temos que mudar de um mundo no qual o capital ambiental e o social são basicamente livres — ou, pelo menos, problema de outra pessoa — para um mundo no qual a necessidade de operarmos dentro de limites ambientais em uma sociedade próspera não seja menosprezada. A transição será enormemente disruptiva, mas, como todas as transições, também será uma fonte de grande oportunidade.

Todos devem respirar para viver, mas o propósito da vida não é respirar.[2] No mundo de hoje em dia, reinventar o capitalismo exige abraçar a ideia de que, embora as empresas devam ser lucrativas para prosperar, seu propósito não deve ser apenas ganhar dinheiro, mas também criar prosperidade e liberdade no contexto de um planeta habitável e de uma sociedade saudável. A experiência de Erik ilustra o poder enorme desse tipo de visão pró-social. Isso lhe permitiu criar um "valor compartilhado", ou desenvolver uma empresa lucrativa, fazendo a coisa certa enquanto, ao mesmo tempo, reduziu o risco, cortando custos e aumentando a demanda.

Contrário à crença de muitos, abraçar objetivos pró-sociais para a empresa — um propósito pró-social — é eminentemente dentro da lei. Em nenhum lugar do mundo as empresas são legalmente obrigadas a maximizar os retornos aos investidores. Sob a lei dos EUA, por exemplo, é provavelmente ilegal tomar uma decisão empresarial que certamente destruirá o valor ao acionista em longo prazo, mas com a exceção de algumas situações minuciosamente definidas, como, quando se comprometem a vender a empresa, os diretores têm ampla liberdade.[3] Nas leis de Delaware, por exemplo, onde a maioria das empresas dos EUA é de sociedade anônima, os diretores têm deveres fiduciários de diligência, lealdade e boa fé tanto com a corporação *como* com seus acionistas. Isso significa que às vezes os diretores podem — e devem — tomar decisões que não maximizam o valor para o acionista em curto prazo para buscar o sucesso em longo prazo. Os diretores norte-americanos que enfrentam ofertas hostis de compra da empresa fazem isso rotineiramente, recusando ofertas que avaliam a empresa significativamente acima do seu atual preço acionário na crença de que a aquisição reduzirá o valor da empresa em longo prazo. Eles são protegidos pela business judgment rule [regra de julgamento dos negócios], que presume que, ao tomarem uma decisão, os diretores de uma corporação agem a partir de uma base informada, de boa fé e na crença honesta de que a ação tomada está nos melhores interesses da companhia.

Porém, criar valor compartilhado não é suficiente para reinventar o capitalismo. Não é suficiente adotar uma visão pró-social para a empresa. Também precisamos mudar a forma com que as organizações são geridas.

A Segunda Peça:
Criando a Organização Orientada por Propósitos

Basicamente, há duas maneiras para gerir uma organização. As empresas "low road"* presumem que as pessoas são engrenagens de uma máquina e as tratam como coisas, enquanto as empresas "high road" tratam as pessoas com dignidade e respeito, como cocriadoras autônomas e empoderadas na construção de uma comunidade dedicada a um propósito comum. Gerir uma empresa high road pode parecer caro, mas não precisa ser assim. Há bastante evidência sugerindo que em muitas circunstâncias essas empresas são significativamente mais inovadoras e produtivas do que suas concorrentes low road. Fazer a mudança de low road para high road é crucial na reinvenção do capitalismo por dois motivos.

O primeiro é que não será fácil reinventar o capitalismo. Em geral, decidir criar valor compartilhado é arriscado. Desenvolver uma economia justa e sustentável será disruptivo, e as dinâmicas da disrupção são sempre difíceis. As empresas high road inspiradas por um propósito estão muito mais bem equipadas para administrar a transição — como sugere o exemplo da NG — e provavelmente serão catalisadoras na condução dos tipos de mudanças necessárias.

---

* O termo "low road" significa uma ação ou um comportamento inescrupuloso, enquanto "high road" implica uma maneira moralmente superior. [N. do T.]

O segundo é que desenvolver empresas high road é por si só uma peça crucial no desenvolvimento de uma sociedade justa e sustentável. Nem todas as empresas desse tipo podem bancar o pagamento de salários mais altos, mas muitas podem, e isso por si só será uma contribuição crucial para reduzir a desigualdade. Além disso, bons empregos — aqueles com significado, no qual as pessoas são tratadas com respeito e encorajadas a crescer e contribuir com o melhor de suas habilidades — são, em si, cruciais ao desenvolvimento de uma sociedade saudável.

A criação de valor compartilhado e o desenvolvimento de organizações high road serão passos enormemente importantes para a reinvenção do capitalismo, mas não serão o suficiente. As empresas orientadas por um propósito que estão buscando criar valores compartilhados podem ter impactos muito positivos no mundo. A NG, por exemplo, está desempenhando um papel significativo na transformação do negócio de resíduos. Quando as concorrentes virem que há dinheiro a ser ganho com a atuação de formas novas, elas mesmas abraçarão a mudança em geral. Melhorar a eficiência energética costumava ser uma esfera de indivíduos inspirados. Agora que todos podem ver que em geral isso é altamente lucrativo, os empreendimentos com consciência ecológica estão se tornando padrão em todas as indústrias. Mas muitas empresas que gostariam de fazer mais encontram-se restringidas pela visão de curto prazo dos mercados de capitais. Transformar o comportamento dos investidores é tão importante quanto transformar o comportamento das empresas.

A Terceira Peça: Reprogramando as Finanças

As finanças tradicionais podem ser a única pedra no caminho da reinvenção do capitalismo. Enquanto os investidores se preocuparem apenas com a maximização de seus próprios retornos e focarem apenas o curto prazo e o que pode ser mensurado facilmente, as empresas ficarão relutantes em assumir os riscos inerentes à busca da exploração de valores compartilhados e da adoção de práticas trabalhistas high road. Pode ser permitido pela lei — e até mesmo moralmente exigido — buscar resolver os grandes problemas de nossa época, mas se ao fazer isso será demitido por seus investidores, você deixará os grandes problemas para que outra pessoa os resolva. É essencial dar uma nova natureza ao sistema financeiro se quisermos reinventar o capitalismo.

Felizmente, esse processo já está acontecendo. Se resolver os grandes problemas de nosso tempo estiver nos interesses dos investidores — e em muitos casos está —, o segredo para persuadi-los a apoiar as empresas que estão buscando fazer a coisa certa é desenvolver medidas que demonstrem que isso também é lucrativo. Precisamos de métricas auditáveis e replicáveis para captar os custos e os benefícios de enfrentarmos os problemas ambientais e sociais de modo que os investidores também possam entender os benefícios da criação de valor compartilhado (e, assim, que possam responsabilizar as empresas). A métrica denominada ESG (Environmental, Social and Governance — ou ASG: Ambiental, Social e Governança) é uma resposta a esse desafio. Levamos 100 anos para desenvolvermos sistemas rigorosos de contabilidade financeira, e as métricas ESG ainda estão em desenvolvimento, mas já estão mudando o comportamento dos investidores. Em 2018, mais de US$19 trilhões — 20% de todos os ativos financeiros sob gestão — foram investidos usando informações baseadas em ESG.[4]

Ainda assim, nem mesmo as melhores métricas serão suficientes para nos levar aonde precisamos chegar. Há algumas coisas que são simplesmente difíceis demais para serem mensuradas — e há problemas que as empresas poderiam resolver de forma lucrativa, mas que reduziriam os retornos para os investidores se os resolvessem. Um segundo passo rumo à reprogramação das finanças é buscar fontes alternativas de capital com os chamados investidores de impacto, que se importam tanto em fazer uma diferença quanto em maximizar os retornos, e com consumidores e funcionários. Empresas de propriedade de consumidores e funcionários têm muito mais chances de ficarem confortáveis em aumentar o bem-estar de seus donos às custas dos retornos de capital do que os investidores convencionais. Aprender a mobilizar tais fontes alternativas de capital em escala poderia ter efeitos catalisadores poderosos.

Outra opção é reduzir o poder dos investidores — dar aos administradores um abrigo das incessantes demandas dos mercados de capitais ao mudar a governança corporativa, ou as regras que especificam quem controla a empresa.

É um caminho delicado, mas animador, para investigação. A adoção difundida de formas corporativas, como a B Corp, poderia ter efeitos profundamente benéficos, mas também poderia ter consequências imprevistas e provavelmente enfrentaria resistência de investidores atuais.

A reprogramação das finanças seguindo essas linhas será um passo crucial rumo à reinvenção do capitalismo. Mas não será o suficiente. Se pudermos mudar o capital para empresas de vanguarda e orientadas por propósitos, e usar um foco em ESG para garantir que todas as empresas sejam forçadas a manter um padrão mais alto de comportamento, faria uma enorme diferença. Mas muitos dos problemas que enfrentamos são genuinamente de bens públicos, e nenhuma empresa tem os incentivos para consertá-los sozinha. Precisamos aprender a cooperar.

A Quarta Peça: Desenvolvendo a Cooperação

Quando a Nike procurou livrar-se do trabalho infantil em sua cadeia de suprimentos, a empresa começou tentando fazer uma limpa em suas próprias operações, dando a todos os seus fornecedores um código de conduta e aditando-os regularmente. Tal abordagem teve sucesso na melhoria de algumas práticas em certas fábricas, mas ficou claro ser impossível resolver totalmente o problema. Acontece que a maioria dos grandes fornecedores presta serviços para praticamente todas as empresas do setor, e algumas das concorrentes da Nike não tinham interesse em melhorar as condições trabalhistas, ou tinham ideias diferentes sobre como fazê-lo. As auditorias provaram-se uma ferramenta muito imperfeita para a mudança de comportamento, e muitos dos maiores fornecedores terceirizavam rotineiramente o trabalho para empresas muito menores, que eram difíceis de serem monitoradas. A Nike ficou com um sério problema empresarial — o risco de que as condições em sua cadeia de suprimentos pudessem causar um dano significativo à marca — e sem saída para resolvê-lo.[5]

Em resposta, a Nike tentou persuadir todas as outras grandes empresas do setor para que se juntassem a ela de modo a fazerem uma limpa em toda a cadeia de suprimentos. Juntamente com diversas outras companhias, a Nike iniciou a Sustainable Apparel Coalition [Coalizão de Roupas Sustentáveis], uma organização dedicada a uma resposta colaborada à crise na cadeia de suprimento. A ideia central subjacente a esses tipos de organizações cooperativas é simples: se todos fizerem sua parte, todos saem ganhando. No ramo de chocolate, por exemplo, os maiores compradores de cacau (o ingrediente principal do chocolate) passaram a perceber que a única forma de garantir o fornecimento do cacau em longo prazo é unirem-se para compartilhar os custos da criação de uma cadeia de suprimentos justa e sustentável.[6] Na mineração, as maiores mineradoras do mundo estão tentando dar um jeito em seus problemas de direitos humanos ao concordar coletivamente em implementar as diretrizes da ONU sobre os direitos humanos.[7]

O problema da cooperação para criar bens públicos, obviamente, é que muito embora todos nos beneficiemos de suas existências, somos geralmente tentados a "pegar carona" ao deixar que os outros façam o trabalho pesado de criar ou manter tais bens. Felizmente, os humanos são muito bons na resolução de problemas dos bens comuns. Por exemplo, quando meu filho estava crescendo, eu fazia uma grande e elaborada caça aos ovos de Páscoa. Nas primeiras vezes, tentei incluir todos no almoço, mas depois de um tempo minhas amigas começaram a trazer pratos e o encontro aos poucos se tornou um compromisso sério. Em geral, o almoço era delicioso, destacando lasanhas elaboradas, saladas saborosas e maravilhosos cookies e bolos caseiros.

Porém, esse tipo de festa só funciona se todos participarem. Dar-se ao trabalho de fazer uma lasanha elaborada é o mesmo que se dar ao trabalho de garantir que seus fornecedores estejam cuidando do ambiente e seguindo boas práticas trabalhistas. Sempre há a tentação de pegar carona — de chegar com um pacote velho de cookies. Se todos acham que ninguém vai cozinhar, ninguém se dará ao trabalho e não haverá almoço. Mas — particularmente quando todos conhecem os demais, e quando todos esperam continuar trabalhando juntos — isso raramente acontece. Enchemos de elogios quem fez a lasanha, e punimos aqueles que levam um pacote velho de bolachas ao caçoarmos impiedosamente deles ou ao nos "esquecermos" de convidá-los novamente. Às vezes, como ocorrem em muitas famílias, exércitos, grupos de motociclistas, igrejas, fãs de esportes, universidades e em milhares de outros clubes, ficamos tão identificados com o grupo que contribuímos alegremente com todo o necessário a fim de garantir seu sucesso. De fato, a psicologia moderna sugere que somos tão naturalmente "grupocêntricos" como somos "egocêntricos", ou seja, que os humanos evoluíram em grupos e que as emoções como vergonha e orgulho e que as ideias tais quais dever e honra garantem que gostemos de fazer parte de uma equipe e pensar mal daqueles que trapaceiam ou tiram vantagem.

Uma maneira de entendermos a história da raça humana é observá-la como a história de nossa habilidade crescente de cooperarmos em escalas cada vez maiores.[8] Desenvolvemos a cooperação primeiramente dentro da família, depois, dentro do grupo da família estendida, e, então, dentro do bairro e da cidade. As nações bem-sucedidas cultivam desdém pelos "outros" e orgulho pela pátria, persuadindo as pessoas a pagarem seus impostos e a participarem pacificamente do processo político. Na melhor das hipóteses, as grandes corporações são comunidades cooperativas, persuadindo centenas de milhares de pessoas a trabalharem juntas rumo a um objetivo compartilhado. Reinventar o capitalismo exige pegar essa habilidade para cooperar e mobilizá-la para resolver os problemas de bens públicos em escalas cada vez maiores.

O termo técnico para esse tipo de atividade é "autorregulação", e pode ser imensamente poderosa. Ela engaja as empresas umas com as outras e com o terceiro setor e os parceiros do governo na busca de soluções para problemas comuns, em geral fazendo protótipos de soluções que demonstram ser um modelo para a prática subsequente. Mas ela também é inerentemente frágil. Muitos argumentos colaborativos não conseguirão alcançar seu objetivo. No caso da Nike e das empresas têxteis, por exemplo, continua havendo empresas — especialmente as menores, ou aquelas de países onde os custos de reputação pelo mau comportamento não são tão grandes — que são tentadas a "trair" ou a comprar as propostas mais baratas e a tolerar práticas questionáveis. O fato é que fica geralmente muito difícil sustentar tal tipo de cooperação sem a ajuda do Estado, e esses estão fracassando em todos os lugares. Se queremos reinventar o capitalismo, precisamos que o setor privado seja parte do esforço na reconstrução de nossas instituições e no conserto dos governos.

A Quinta Peça: Recriando Nossas Instituições e Consertando Nossos Governos

Criar valor compartilhado, aprender a cooperar e mobilizar o poder das finanças conduzirão o progresso. Mas há muitos problemas que não conseguimos resolver sem o poder do governo. Mesmo se uma fração significativa das empresas adotasse uma estratégia trabalhista high road, parece muito improvável que seu comprometimento poderia reduzir significativamente a desigualdade. Há empresas demais com incentivos de curto prazo para pegar a low road e correr para o abismo.[9] Muitas empresas acreditam que simplesmente não podem bancar o custo do aumento de salários.

Além do mais, é improvável que aumentar os salários unilateralmente seja viável sem as ações que abordam uma gama completa de fatores que levam à desigualdade, para começar, desde mudanças no código tributário ao declínio da representação do trabalho organizado, ao aumento da dominância de pouquíssimas empresas e o fracasso do sistema educacional para manter o ritmo com as demandas do ambiente moderno de trabalho. Todas essas são questões que só podem ser abordadas por meio da ação política. E o governo só sancionará tais medidas de pudermos ir além do populismo e dos impasses. A única maneira pela qual resolveremos os problemas que enfrentamos é se pudermos encontrar um caminho para equilibrar o poder do mercado com o poder das instituições inclusivas, e as empresas orientadas a um propósito comprometidas à saúde da sociedade poderiam desempenhar um papel importante para fazer isso acontecer.

As empresas já desempenharam papéis cruciais no desenvolvimento de instituições inclusivas no passado e poderiam fazê-lo novamente. Por exemplo, no século XVII, foi uma coalizão de comerciantes e outros empresários da Inglaterra que depôs o rei e escreveu as primeiras regras da democracia parlamentar.[10] Os puritanos da Nova Inglaterra pegaram o estatuto de uma corporação e o usaram para criar o governo democrático.[11]

As empresas atuais têm um poder enorme para influenciar os governos se decidirem usá-lo. Em 2015, por exemplo, o governador do estado norte-americano de Indiana transformou um projeto em lei que legitimava a discriminação contra pessoas gays. Visto que os funcionários atualmente não tolerarão a discriminação LGBTQ, a resposta da comunidade empresarial foi rápida e agressiva — e, uma semana depois, a legislatura de Indiana recuou. As empresas precisam tomar ações igualmente focadas no apoio de nossas instituições e sociedade.

A reconstrução de nossas instituições, obviamente, é um problema de ação coletiva, mas as empresas que estão buscando criar um valor compartilhado, que estão tentando pegar a high road com respeito aos seus funcionários e que estão aprendendo a agir de forma cooperada estão idealmente posicionadas para resolver tal problema. Elas se comprometeram a fazer uma diferença, e estão descobrindo que, em muitos casos, apenas podem alcançar seus objetivos com o apoio dos governos firmemente comprometidos com o bem público.

Reconstruir nossas instituições exige o desenvolvimento de novas formas de comportamento e de crença, assim como também demanda o desenvolvimento de novas leis e regulações.

Não reinventaremos o capitalismo a menos que redescubramos os valores sobre os quais ele sempre se baseou, e que tenhamos a coragem e a habilidade de integrá-los no tecido cotidiano de nossas empresas. Fingir que esse não é o caso significa crucialmente representar mal a verdade de nossa situação atual. Estamos destruindo o mundo e o tecido social a serviço do dinheiro rápido, e precisamos ir além da simples maximização do valor para o acionista antes de fazer o sistema inteiro desmoronar sobre nossas cabeças.

Não raro, fico tentada a minimizar o papel que a coragem de expressar os valores pessoais desempenhará na condução das mudanças necessárias. Às vezes, quando estou em um palco usando minhas melhores roupas (uma jaqueta preta estilosa, echarpe colorida e os saltos mais altos que consigo usar) perante uma sala repleta de pessoas poderosas, fico tentada a dizer-lhes que deveriam tentar resolver os problemas do mundo simplesmente porque todos vão ganhar mais dinheiro. Isso tem a grande virtude de ser verdadeiro, e sei que adorarão. Às vezes, fico preocupada que, se começar a falar sobre "valores" e "propósito", eles vão me descartar, achando que sou uma mulher simplória que não entende as duras realidades da vida no mundo dos negócios. Mas a mudança é difícil. Passei meus primeiros 25 anos de carreira tentando persuadir empresas como Kodak e Nokia a mudarem seus caminhos, e sei que sempre há milhares de motivos para baixar a cabeça, ignorar o que está por vir e se concentrar nos resultados do trimestre seguinte.

Nunca me esquecerei de uma conversa que tive certa vez com a divisão de pagers da Motorola. Era um dia quente na Flórida, e estava em uma sala de reuniões sem janelas, segurando um protótipo grosseiro de algo que se parecia muito com um smartphone, muitos anos antes de qualquer um ter ouvido falar em um Blackberry — muito menos um iPhone. Eu vinha divulgando os benefícios de fazer investimentos significativos na nova tecnologia, mas o gerente da divisão me olhou ceticamente — lembro-me até hoje da curva em sua sobrancelha — e disse:

> Entendo. Você está sugerindo que façamos um investimento de milhões de dólares em um mercado que pode ou não existir, mas que certamente é menor que nosso mercado existente, para desenvolver um produto que os clientes podem ou não querer, usando um modelo de negócio que certamente nos dará margens menores do que nossas linhas existentes de produtos. Você está nos alertando que teremos sérios problemas organizacionais conforme fazemos tal investimento, e que nosso negócio atual está clamando por recursos. Diga-me, de novo, por que exatamente deveríamos fazer isso?

Novas maneiras de fazer as coisas quase sempre parecem profundamente incertas e menos lucrativas do que as maneiras existentes de comportamento. Porém, adotá-las geralmente produz ricas recompensas, enquanto negá-las — como a Motorola o fez — geralmente leva ao desastre. Vinte anos de pesquisas me ensinaram que as empresas que conseguiram mudar foram aquelas que tinham um motivo para fazê-lo. O propósito é o combustível que fornece a visão e a coragem necessárias para reinventar o capitalismo.

Gerir uma companhia que está tentando fazer uma diferença no mundo não é para os fracos de coração. Os líderes de sucesso orientados a um propósito que conheço são quase esquizofrênicos em sua habilidade de mudar de um foco implacável nos resultados para uma defesa apaixonada pelo bem maior. Hamdi Ulukaya, fundador e CEO da Chobani, e um dos líderes mais autenticamente orientados a um propósito que conheço, é efetivamente duas pessoas: um empresário com propósitos e um humanitário compassivo. "Sou um pastor de ovelhas e um guerreiro", diz ele, ao ser questionado. "Fico alternando entre esses dois. Sou um nômade, e os nômades são as pessoas mais verdadeiras. Não dá para fingir."

Durante vários anos, tive a honra de facilitar os retiros estratégicos de Paul Polman. Paul era o CEO da Unilever na época, e estava no epicentro das tentativas de persuadir sua equipe sênior de que comprometer a organização com a solução dos problemas mundiais não era apenas a coisa certa a ser feita, mas também a via mestra para a liderança industrial. Ele transitava suavemente entre discutir de forma apaixonada as milhares de maneiras pelas quais a Unilever poderia fazer do mundo um lugar melhor enquanto interrogava implacavelmente uma de suas presidentes divisionais sobre por que ela não tinha alcançado as metas de vendas trimestrais e o que exatamente ela faria a respeito disso, tudo sem perder o ritmo.

Gerir uma empresa comprometida em fazer a coisa certa é mais difícil do que gerir uma empresa convencional. A questão é conseguir ser um administrador magnífico *e* um líder visionário. Trata-se de estar implacavelmente focado nos números e, ao mesmo tempo, aberto ao mundo mais amplo. Mas é eminentemente possível — e muito mais divertido — gerir dessa forma. Líderes como Hamdi e Paul estão reinventando o capitalismo. Estão criando valor para seus investidores, enquanto nunca perdem de vista sua responsabilidade perante o mundo do qual dependem. Criar um mundo justo e sustentável não será fácil nem barato. Mas, em meu ponto de vista, não temos alternativas realistas. Devemos encontrar uma forma de fazer isso dar certo.

Um CEO com quem trabalho descreveu recentemente uma conversa que tivera com dois de seus maiores investidores:

> Tivemos aquele papo comum sobre como nossas margens operacionais estavam subindo e como os investimentos que vínhamos fazendo para o crescimento estavam valendo a pena, e eles me fizeram as perguntas de sempre. Então, perguntei-lhes se achavam que a mudança climática era real e, em caso afirmativo, se os governos mundiais consertariam isso. Sim, disseram — e não, os governos não resolveriam o problema. Houve uma pausa. Perguntei se tinham filhos. Tinham. Então, disse: "Se o governo não vai resolver isso, quem vai?" Houve outra pausa. A partir daí, começamos uma conversa de verdade.

Bem-vindo à conversa mais importante do mundo.

3
O CASE PARA A REINVENÇÃO DO CAPITALISMO

Reduzir o Risco, Aumentar a Demanda e Cortar os Custos

> O dinheiro é como o amor; ele mata lenta e dolorosamente quem o retém, e aviva aquele que o entrega para seu próximo.
>
> — KAHLIL GIBRAN, "ONTEM E HOJE, XII," DE SUA OBRA *O PEQUENO LIVRO DA VIDA*

> O dinheiro é, em alguns aspectos, como o fogo. É um servo excelente, mas um mestre terrível.
>
> — P. T. BARNUM, *A ARTE DE GANHAR DINHEIRO*, 1880

É claro que ter conversas sobre questões importantes é relevante. Mas será que há evidências de que temos um caso de negócio para criar valor compartilhado ou para tratar as pessoas bem e reduzir os danos ambientais? Sim, definitivamente.

Neste momento, milhares de empresas estão ganhando bilhões de dólares enquanto, ao mesmo tempo, resolvem problemas sociais e ambientais. Nos EUA, a energia solar é agora um setor de US$84 bilhões e emprega mais pessoas do que as energias nuclear, eólica e a carvão juntas.[1] A energia eólica fornece 7% da eletricidade dos EUA.[2] A Índia acabou de cancelar 14 grandes usinas de queima de carvão porque o preço da energia solar caiu drasticamente.[3] Dois milhões de veículos elétricos foram vendidos em 2019, e as vendas estão crescendo exponencialmente.[4] Há expectativas de que o mercado de carnes seja um setor de US$140 bilhões dentro dos próximos 10 anos.[5]

Porém, para reinventarmos o capitalismo temos que reinventar todas as empresas, e não apenas as atraentes. Em todos os lugares, as companhias estão afirmando fazer uma diferença porque os millennials não trabalhariam para elas de outro modo. Mas será que realmente há um modelo de negócio para uma mudança rumo ao ecologicamente sustentável? A Norsk Gjenvinning é uma ótima história — mas, bem, ela está no setor de resíduos, afinal de contas. Então, talvez não seja tão surpreendente assim descobrir que é possível ganhar dinheiro ao fazer um trabalho melhor de reciclagem. E Erik Osmundsen é o CEO, com a autoridade de impor sua agenda. Mas será que as pessoas que têm trabalhos comuns — que enfrentam as pressões diárias da concorrência e os olhares céticos de colegas e chefes — conseguem realmente encontrar uma forma de reinventar o capitalismo? Mesmo se vendem, digamos, chás em sachês? A resposta geralmente é sim, porém, fazer isso exige ter aliados, coragem e inteligência organizacional.

Caçando Motivos para Fazer a Coisa Certa

Michiel Leijnse iniciou na Unilever no verão norte-americano de 2006 como gerente de desenvolvimento de marca para o chá Lipton. Ele estava vindo da Ben & Jerry's, uma pequena empresa de sorvetes na qual uma marca forte combinada com um produto de altíssima qualidade lhe permitira desenvolver uma cadeia de suprimentos muito famosa por ser sustentável ecologicamente — e por cobrar por isso. Mas a Lipton, a maior marca de chás do mundo, era uma proposta diferente.[6]

O chá é a bebida mais popular do mundo, depois da água. Praticamente metade da humanidade bebe chá diariamente, e, em 2018, foram engolidos 273 bilhões de litros da coisa — ou cerca de 1 trilhão de xícaras.[7] A Unilever vende quase US$6 bilhões de chá anualmente, sendo a maior parte em saquinhos.[8] A venda de chás em sachês é um negócio altamente competitivo. Os sachês são baratos — no momento da redação deste capítulo, por exemplo, dá para comprar 100 sachês de chá Lipton no Walmart por US$3,48, ou pelo nobre preço de US$0,035 cada — e a maioria dos consumidores não vê diferença entre as grandes marcas.[9] Quando Michiel assumiu, parecia que o setor estava em uma espiral da morte. Um excesso crônico de oferta acoplado com a falta de qualquer diferenciação real entre os produtos estava levando as grandes marcas a cortarem preços, o que colocou mais pressão em todos para cortarem os preços ainda mais. Em 2006, o preço do chá era menor do que a metade do seu pico, ocorrido em meados de 1980. O que deveria ser feito?

Em resposta, Michiel — trabalhando de perto com colegas de todo o setor de chá — fez uma proposta surpreendentemente contraintuitiva. Eles recomendaram que a Unilever deveria se comprometer publicamente com a compra de chás produzidos de forma 100% sustentável. Isso seria um empreendimento gigantesco, que exigiria, entre outras coisas, o treinamento de mais de meio milhão de pequenos produtores, e aumentaria significativamente o preço que a empresa pagava pelo produto. Em outras palavras, Michiel estava propondo aumentar seus custos em um setor intensamente competitivo bem no meio de uma guerra contínua de preços. Dizer que isso não era uma atitude pregada nos livros didáticos é um eufemismo. Caso ele tivesse vindo ao meu escritório em busca de conselhos, poderia muito bem ter-lhe dito para deitar até a vontade de fazer aquilo passar. No evento, Michiel e seus colegas precisaram de cinco meses de conversas individuais para persuadir seus chefes de que não estavam loucos.

O que se passava na cabeça deles?

Michiel e seus colegas tinham diversos argumentos. O primeiro tratava de garantir a oferta. O cultivo de chás pode ser um negócio sujo. Para alguns produtores pequenos, a produção de chá significa a conversão de florestas tropicais em terras de plantio, o que pode levar a reduções na diversidade biológica e à degradação do solo.[10] A madeira para o fogo necessário na seca do chá pode levar ao desmatamento local que, por sua vez, pode levar a problemas de retenção de água. No entanto, para a maioria dos produtores, as práticas insustentáveis são o resultado de uma ênfase no aumento da produtividade, em vez de no aumento da área de cultivo. A produção convencional de chá acarreta a aplicação em grande escala de inseticidas, pesticidas e fertilizantes. Juntos, eles reduzem a qualidade do solo e aumentam a erosão. Anos de comoditização contribuíram para uma espiral decrescente no preço que coloca pressão nos trabalhadores e no ambiente, conforme os produtores tentam garantir sua renda. Os produtores de chá lutam para manter a produção em solos degradados e que sofreram erosão, usando cada vez mais químicos, acelerando ainda mais a erosão e a degradação do solo. A produção de chá também é especialmente vulnerável ao aquecimento global, conforme secas, temperaturas mais altas e enchentes têm muitas chances de tornar o cultivo mais caro e difícil.[11] A equipe sugeriu que as práticas correntes estavam colocando em risco toda a viabilidade da cadeia de suprimentos. Nas palavras de Michiel: "Se não fizermos algo para transformar o setor, em algum momento simplesmente não conseguiríamos obter a qualidade e a quantidade de chá de que precisamos." Visto que a Unilever compra uma fração significativa dos suprimentos globais de chás de marca, isso se traduzia em um risco relevante à empresa. No caso do cacau, por exemplo, o ingrediente essencial do chocolate, as crescentes práticas insustentáveis e o impacto da mudança climática significaram que as ofertas ficaram consideravelmente para trás da demanda mundial, e os preços do cacau ficaram cada vez mais voláteis como resultado.[12]

O segundo argumento concentrava-se na necessidade de proteger as marcas de chá da Unilever. As condições trabalhistas nas plantações convencionais de chá podem ser sinistras. A colheita de chá exige trabalho intenso, obrigando que os trabalhadores colham as duas ou três folhas do topo das plantas a cada 10 ou 12 dias. Mas, em geral, eles recebem menos de US$1 por dia, e muitos sofrem com condições sanitárias e moradias inadequadas, tendo um acesso mínimo ou nulo à saúde ou à educação para seus filhos. Em Bangladesh e na Índia, os trabalhadores do setor de chá sofrem rotineiramente de desnutrição aguda e estão entre os trabalhadores mais pobres.[13] A equipe argumentou que, se fracassassem em insistir por práticas melhores em sua cadeia de suprimentos, a Unilever corria o risco de ser atacada — e que, em uma era de mídia de massas, tais ataques poderiam ser imensamente custosos.

Os membros da equipe sugeriram ainda que seria possível persuadir os fornecedores de chá a abraçarem práticas mais sustentáveis. Os colegas de Michiel o levaram a Kericho — uma linda plantação no Quênia, com cerca de 8,5 mil hectares, que a Unilever possuía há muitos anos. A produção de chá em Kericho era significativamente mais sustentável do que no restante do setor. Por exemplo, as podas das plantas de chá eram deixadas no solo para apodrecer, em vez de serem removidas como resíduos, ou de serem usadas para queima ou como alimento do gado, uma prática que maximizava a fertilidade do solo e a retenção da água. Na propriedade, o uso de fertilizantes era cuidadosamente administrado. Uma fonte de energia hidroelétrica no local fornecia eletricidade confiável por um terço do custo da eletricidade comprada da rede queniana, e o chá era seco com fogo feito de madeiras provenientes de florestas de eucalipto de rápido crescimento plantadas no limite da propriedade. Kericho fazia um uso mínimo de agroquímicos e outros pesticidas, isso por causa do clima favorável e também por meio da administração adequada da terra circundante, que era um habitat aos predadores naturais de muitas pestes.

Ao mesmo tempo, Kericho estava obtendo um dos maiores rendimentos do mundo, com uma produção de chá de 3,5 a 4 toneladas por hectare, praticamente o dobro da maioria das plantações convencionais. Isso significava que eles poderiam bancar pagar a seus mais de 16 mil funcionários mais de duas vezes e meia o salário mínimo da agricultura local. Além disso, os funcionários tinham acesso livre a moradias e ao atendimento de saúde da empresa, e os filhos dos funcionários estudavam nas escolas de propriedade da empresa.[14] Caso a Unilever pudesse achar uma maneira de cobrir os custos de treinar seus fornecedores e de certificar o chá, parecia plausível que estes estariam dispostos a mudar — e que a empresa teria apenas que pagar um extra de 5% pelo chá.

O terceiro argumento — e o mais crucial — que Michiel e seus colegas levantaram era que abraçar a sustentabilidade aumentaria a demanda dos consumidores pelos chás da Unilever. Eles não achavam que tinham qualquer chance de persuadir os consumidores de chá da empresa a pagar mais pelo chá. Ao perguntarem para os consumidores, a maioria deles acaba falando uma coisa. Em um recente estudo global, por exemplo, quase 75% dos consumidores afirmaram que mudariam seus hábitos de consumo para reduzir o impacto no ambiente.[15] Praticamente metade deles disseram estar dispostos a deixar de usar uma marca popular em troca de um produto ambientalmente amigável.[16] Na América Latina, na África e no Oriente Médio, praticamente 90% dos participantes expressaram uma necessidade urgente para que as empresas abraçassem as questões ambientais.[17] Contudo, de um modo geral e na maioria do tempo, os consumidores não pagam mais por produtos sustentáveis. As mulheres de meia-idade da classe média pagam mais por produtos sustentáveis em alguns casos, e algumas pessoas pagam mais por produtos de alta qualidade, como café e chocolate, mas, para a maioria das pessoas, a sustentabilidade de um produto é — pelo menos atualmente — algo que é "bom ter", em vez de "indispensável".[18]

Um aumento de 5% no custo de sua matéria-prima mais importante é muito dinheiro em meio a uma guerra de preços, especialmente se não puder aumentá-los, mas, na Ben & Jerry's, Michiel tinha ajudado a lançar o primeiro sorvete Fair Trade [de Comércio Justo] do mundo, e ele passou a estar especialmente sintonizado com as formas pelas quais a preocupação com o ambiente e com as práticas trabalhistas estavam começando a moldar o comportamento dos consumidores. Era sua esperança que pelo menos alguns dos consumidores da marca Lipton estivessem suficientemente preocupados a ponto de estarem dispostos a mudar para uma marca sustentável.

A esta altura, você provavelmente consegue entender por que Michiel e sua equipe levaram quase seis meses para persuadir os administradores seniores a aprovarem a ideia. Mas foi o que fizeram. Minha sensação, com base nas entrevistas conduzidas vários anos depois, é que a equipe estava apaixonada porque era a coisa certa a ser feita, e estou razoavelmente convencida de que pelo menos um dos três modelos de negócios que defenderam pudesse valer a pena. A Unilever era há muito tempo uma empresa orientada a valores, e meu palpite é que foi a combinação de propósito e uma economia plausível que selou o negócio.

De qualquer modo, o fato é que havia um elemento de verdade em todos os três argumentos. As propriedades da Unilever no Quênia e na Tanzânia foram os primeiros locais a serem certificados como produtores sustentáveis de chá. A equipe, então, identificou uma lista de prioridade de seus maiores fornecedores na África, Argentina e Indonésia. Muitas dessas propriedades já eram administradas profissionalmente e também certificadas após ajustes nas práticas existentes, usando ferramentas disponíveis.[19] O passo seguinte foi a certificação dos 500 mil pequenos produtores quenianos dos quais a Unilever comprava o chá. Ao trabalhar com a Agência Queniana de Desenvolvimento de Chá (KTDA) e com a IDH, a Iniciativa de Comércio Sustentável holandesa, a Unilever projetou um programa que "treinava os treinadores" e levava a uma rápida difusão de práticas agrícolas sustentáveis em todo o país. Cada fábrica de chá elegeu entre 30 a 40 produtores líderes, cada um dos quais recebeu aproximadamente 3 dias de treinamento. Cada líder, por sua vez, deveria treinar cerca de 300 outros produtores por meio das escolas de campo, sendo o foco do treinamento as demonstrações práticas de rotinas agriculturais sustentáveis. A maioria das novas técnicas não exigia enormes mudanças na prática nem muito investimento. Por exemplo, fazer com que os produtores deixassem as podas no campo (para melhorar a qualidade do solo), em vez de removê-las para serem usadas como material de queima, exigiu a persuasão dos produtores para que plantassem árvores a fim de obter o combustível da queima. As sementes das árvores eram muito baratas, e a Unilever as subsidiou. Os produtores também foram encorajados a fazer compostagem a partir de resíduos orgânicos, no lugar de queimá-los, assim como fazer um uso melhor dos resíduos e da água.

Algumas mudanças foram caras. Por exemplo, os padrões de certificação exigiam o uso de equipamento de proteção individual para a aplicação de pesticidas (aprovados). Isso poderia chegar a US$30, o salário equivalente à metade de um mês de um pequeno produtor.[20] Em tais casos, a Rainforest Alliance — a ONG responsável pela certificação — trabalhava com organizações como a Root Capital e a International Finance Corporation para auxiliar na compra e, em alguns lugares, os pequenos produtores locais juntavam dinheiro entre si para comprar um único conjunto, que era compartilhado.[21] Um estudo sugeriu que os investimentos líquidos totais compunham menos de 1% das receitas totais de produção do primeiro ano.[22]

Muitas daquelas propriedades rurais tiveram ganhos de produtividade entre 5% e 15% a partir da implementação de práticas mais sustentáveis, assim como melhorias na qualidade do chá, reduções nos custos operacionais e a chance de praticar preços mais altos. A renda média aumentou em cerca de 10% a 15%.[23] Porém, de acordo com Richard Fairburn, o administrador da propriedade de Kericho, o benefício mais saliente aos produtores era mais intangível: "Os pequenos produtores quenianos estão essencialmente interessados em criar uma atividade rural com boas condições para que possa ser passada adiante a gerações futuras. Essa foi a 'sustentabilidade' que repercutiu com eles."

E os benefícios prometidos à Unilever?

Em 2010 todos os chás em sachês das marcas Lipton Yellow Label e PG Tips foram totalmente certificados na Europa Ocidental, na Austrália e no Japão, e, em 2015, todos os chás em sachê Lipton — aproximadamente um terço do volume de chá total da Unilever — vinham das propriedades certificadas pela Rainforest Alliance. O esforço mudara a vida de milhares de trabalhadores do chá e demonstrou que era possível aumentar significativamente a saúde e a resiliência da cadeia de suprimentos. Porém, como era previsto, os custos da Unilever cresceram significativamente. O fornecimento ainda estava forte, e nenhuma das marcas da empresa tinha sido atingida por publicidades negativas que não pudessem ser contornadas, mas um dos problemas com a prevenção de risco em um caso de negócio é a dificuldade de mensurá-lo.[24] Michiel precisava demonstrar um aumento na demanda.

Nada poderia ser realizado nessa frente a menos que seus colegas de campo em cada mercado pudessem ser persuadidos a exercer seu poder de marketing no projeto, e nenhum deles estava convencido de que a tentativa era uma boa ideia. Na época, o marketing na Unilever era uma atividade altamente descentralizada, sendo que cada país tinha sua própria equipe de marketing, e cada uma tomava suas próprias decisões quanto a inserir ou não, e com qual intensidade, a sustentabilidade como uma parte da identidade da Lipton. No primeiro ano da campanha, pelo menos uma grande região — os Estados Unidos — decidiu não usar o tema de sustentabilidade em suas campanhas de marketing, e outra — a França — estava muito cética de que isso teria qualquer efeito, e apenas sob pressão a introduziu. Mas nos mercados nos quais a organização local abraçou a ideia com entusiasmo, a participação da Unilever cresceu de modo significativo. O mercado do Reino Unido, por exemplo, representava aproximadamente 10% das vendas de chá da Unilever e era dominado por duas marcas grandes: a PG Tips, da Unilever, e sua rival, Tetley Tea. Cada uma tinha cerca de 25% do mercado.[25]

A marca PG Tips era voltada a um mercado de massa, para a classe trabalhadora, e suas campanhas publicitárias estavam infundidas de um humor britânico excêntrico.[26] A equipe de marketing tratava a iniciativa de sustentabilidade como uma grande inovação de marca, e dedicaram todo seu orçamento anual de €12 milhões (aproximadamente US$13 milhões/£10 milhões) para promover o esforço. O desafio era encontrar uma mensagem que repercutisse com seus consumidores, ao mesmo tempo que mantivesse a consistência com a proposta central da marca. "Era um desafio gigantesco", explicou um membro da campanha. "Tínhamos que conversar com os consumidores convencionais de forma que explicássemos um tema complexo sem ficar dando sermão, tudo em uma linguagem alinhada com a marca." A mensagem escolhida, "Faça sua parte: coloque a chaleira no fogo", enfatizava a ação positiva que os consumidores poderiam fazer ao tomar o chá da PG Tips. A campanha tentava manter o espírito leve das campanhas anteriores da marca e usava seus personagens bem conhecidos: um macaco falante chamado Monkey e um homem da classe trabalhadora chamado Al. Em um dos comerciais, por exemplo, Monkey, ao fazer uma apresentação de slides na cozinha, explicava a Al o que significava ser sustentável, e como era fácil que ele fizesse a mesma coisa.

Antes da campanha, a PG Tips e a Tetley Tea vinham batalhando duro pelo primeiro lugar no mercado britânico. Mas, após a campanha, a PG Tips teve um aumento de 1,8% em sua participação no mercado, enquanto a Tetley permaneceu relativamente estável. As taxas de compras repetidas aumentaram de 44% para 49%, e as vendas da PG Tips cresceram 6%. As pesquisas sugeriam que estava havendo um aumento constante na percepção da PG Tips como uma marca ética após o lançamento da campanha.

Na Austrália, a marca Lipton dominava praticamente 25% de um mercado de €260 milhões[27] (US$288 milhões/A$345 milhões). A equipe local escolheu a frase "Tome uma Decisão Melhor com Lipton, o primeiro chá do mundo com o selo Rainforest Alliance Certified", e lançou uma campanha de €1,1 milhão (US$1,2 milhão/A$1,4 milhão). As vendas aumentaram 11%, e a participação de mercado da Lipton subiu de 24,2% para 25,8%. Na Itália, onde a Unilever tinha uma participação de mercado de aproximadamente 12%,[28] a mensagem escolhida foi "sua xicrinha pode fazer uma enorme diferença", e as vendas aumentaram 10,5%.

No contexto de um negócio implacavelmente competitivo de bens de consumo como o chá, esses números são ótimos, e meus cálculos aproximados sugerem que a Unilever atingiu o ponto de equilíbrio em seu investimento dentro dos primeiros poucos anos, enquanto ao mesmo tempo fortaleceu muito suas marcas. Em 2010, foi uma das experiências que levou Paul Polman, o novo CEO, a envolver a empresa em um "Plano de Vida Sustentável", que estabelecia objetivos abrangentes para toda a companhia com vistas a melhorar a saúde e o bem-estar dos consumidores, reduzindo o impacto ambiental e, talvez de modo mais ambicioso, estabelecer o fornecimento de matérias-

-primas agriculturais 100% sustentáveis até 2020. Tal objetivo sugeria uma transformação imensa em uma cadeia de suprimentos que fornecia cerca de 8 milhões de toneladas de commodities a partir de 50 plantações diferentes, e a crença de Paul de que isso poderia ser uma fonte de vantagem competitiva estava arraigada — pelo menos em parte — na experiência da Unilever com chás. Michiel e seus colegas haviam demonstrado que um comprometimento com a sustentabilidade compensaria, ou que, pelo menos para a Unilever, seria possível criar um valor compartilhado na casa de US$1 bilhão.

O sucesso de Michiel destaca dois dos quatro caminhos disponíveis para a criação de valor compartilhado: a redução do risco e o aumento da demanda. Explorarei a redução do risco como um caminho que conduz à mudança a seguir. Usar a sustentabilidade para aumentar a demanda paralelamente é uma prática cada vez mais difundida. Em geral, os consumidores não pagarão mais pela sustentabilidade. Mas se encontrarem um produto do qual gostem — um que atenda a todas as suas exigências em termos de qualidade, preço e funcionalidade —, então muitos mudarão para o produto mais sustentável. Em junho de 2019, a Unilever anunciou que suas marcas orientadas por um propósito e de "vida sustentável" estavam crescendo 69% mais rapidamente do que o restante da empresa, e gerando 75% do crescimento da companhia.[29]

O sucesso de Michiel também demonstra os caminhos pelos quais a reinvenção do capitalismo não é apenas um jogo para os CEOs. Ele encontrou aliados na Lipton, especialmente entre os administradores na cadeia de suprimento que haviam passado anos em trabalho de campo na África e na Índia e que estavam comprometidos de forma apaixonada a mudarem a forma com que o negócio de chás era gerido. Juntos, descobriram um caminho para criar e implementar um caso de negócio que ajudou a desencadear a transformação de toda a empresa.

Usar a adoção do valor compartilhado para reduzir o risco e aumentar a demanda é uma forma poderosa de criar retornos econômicos. A experiência de mudança de cultura do Walmart com o furacão Katrina[30] levou a empresa à descoberta de outro grande motivo para abraçar a sustentabilidade: o fato de que há dinheiro — muito dinheiro — no solo. Limpar suas pegadas ambientais pode ser uma ótima forma de cortar custos.

Walmart e a Conta de US$20 Bilhões

Considerando o histórico de Lee Scott, não poderíamos imaginar que ele viria a ser um ambientalista apaixonado. Ele cresceu em Baxter Springs, Kansas, EUA, onde seu pai era dono de um posto de gasolina Phillip's 66 e sua mãe era professora de música na escola local de ensino fundamental. Após concluir o ensino médio, Scott foi trabalhar em uma empresa local que fabricava moldes de pneus. Quando completou 21 anos, trabalhava no turno da noite para pagar a faculdade e vivia com sua esposa e seu filho em um trailer minúsculo.[31]

Sete anos depois, estava morando em Springdale, Arkansas, EUA, trabalhando como gerente de terminal para uma empresa de caminhões chamada Yellow Freight. Lá, enquanto tentava cobrar uma dívida para a empresa, Scott conheceu David Glass, que uma década depois viria a ser o segundo CEO do Walmart. Glass se recusou a pagar a conta, acreditando estar errada, mas, impressionado pela sinceridade e motivação de Scott, ofereceu-lhe um trabalho. Scott recusou, observando posteriormente que disse a si mesmo, "Não vou sair da empresa de caminhões que cresce mais rapidamente nos EUA para trabalhar em uma empresa que não pode pagar uma conta de US$7 mil!" Porém, dois anos depois, Glass conseguiu persuadi-lo a iniciar no Walmart como diretor de logística e, 20 anos depois, Scott tornou-se o terceiro CEO da empresa.[32]

Foi uma época difícil para o Walmart. Scott viu-se em meio a uma tempestade da mídia. Segundo todas as métricas tradicionais, o Walmart era uma empresa destacadamente bem-sucedida — de fato, de muitas formas ela simbolizava tudo que havia de melhor sobre o capitalismo de livre mercado. A companhia exemplificava a forma pela qual os "outsiders" poderiam fazer sucesso: o Walmart foi fundado no estado rural de Arkansas, EUA, baseado na ideia radicalmente improvável de que oferecer um serviço de varejo para a América rural poderia ser um negócio lucrativo. Ao longo de 30 anos, a empresa reinventou o varejo, desenvolvendo habilidades em logística, compras e distribuição que a levaram a tornar-se uma das maiores companhias do mundo. Em 2000, quando Scott assumiu como CEO, o Walmart tinha aproximadamente US$180 bilhões em receitas e empregava mais de 1,1 milhão de pessoas.[33]

Enquanto quem estava de fora se concentrava nos deslumbrantes retornos financeiros, os internos, como Scott, estavam da mesma forma animados quanto ao impacto que o Walmart causava na vida das pessoas. Se trabalhasse lá, "economize dinheiro, viva melhor" não era um slogan corporativo vazio, mas uma afirmação convincente do profundo propósito da empresa. Um estudo independente descobriu que, entre 1985 e 2004, o Walmart fez com que cada família média norte-americana economizasse em média US$2.329, ou cerca de US$895 por pessoa.[34] Na equipe gerencial, 75% haviam começado de baixo, e Scott e seus colegas viam a empresa como um motor poderoso de avanços econômicos para aqueles que poderiam, de outro modo, ser excluídos da economia mainstream.

Porém, os críticos da empresa tinham uma opinião muito diferente de seu impacto, e, com o desenrolar da década de 2000, o Walmart viu-se sob ataques crescentes.[35] A empresa foi acusada de prejudicar áreas do centro das cidades ao causar a saída de lojas independentes que não conseguiam competir com seus preços. Os sindicatos afirmavam que o Walmart passara dos limites quando o assunto eram as atividades antissindicato, e que seus salários e práticas trabalhistas forçavam grandes números de seus trabalhadores a pedirem programas de auxílio do governo para suplementar o dinheiro para comida, aluguel e saúde. A empresa foi processada por discriminação de gênero e investigada por empregar funcionários que viviam e trabalhavam ilegalmente no país. Ela foi acusada de violar as leis de trabalho infantil e de comprar produtos de fornecedores que os fabricavam usando trabalho infantil. Os concorrentes e os fornecedores do Walmart sofreram acusações parecidas, mas a conduta do Walmart recebeu significativamente mais atenção na mídia. Uma consultoria relatou que 54% dos clientes do Walmart acreditavam que a companhia atuava "muito agressivamente", que 82% queriam que a empresa "agisse como um modelo para outras empresas" e, talvez, o mais condenatório, que entre 2% e 8% dos clientes tinham parado de comprar na loja por causa da "mídia negativa que tinham ouvido". Quando sugeri ao meu filho que o Walmart era uma das empresas mais sustentavelmente focadas que conhecia, ele me olhou ceticamente. "Acredito em você, mãe", disse ele, "porque você é minha mãe. Mas ninguém mais acreditaria".

Ao refletir posteriormente sobre essa tempestade de críticas, Scott sugeriu que demorou para reconhecê-la, pois acreditava que o feedback negativo estava vindo das "elites dos estados liberais", que não compravam no Walmart e, portanto, não entendiam quanto dinheiro a empresa economizara aos consumidores. Andy Ruben, chefe de sustentabilidade do Walmart, recorda que dentro da empresa "parecia que você estava em um tipo de bunker sob fogo inimigo toda vez que colocava a cabeça para fora. A dissonância era tão grande entre o que eu via acontecer — gente com ótimas intenções, quais eram suas aspirações e o que estavam fazendo — e a forma pela qual a empresa estava então sendo percebida fora de Bentonville".[36] (A sede do Walmart fica em Bentonville, Arkansas, EUA.) Um especialista que trabalhava próximo à empresa recordou posteriormente: "Eles estavam tão isolados em Bentonville na época que realmente não entendiam por que as pessoas simplesmente não os amavam. Pensavam, 'Fazemos tudo certo. Entregamos o menor preço diariamente aos nossos consumidores. Trabalhamos duro. Temos integridade.' Essa era a história deles."

Em setembro de 2004, Scott realizou um encontro offsite de dois dias focado no "estado do mundo do Walmart" e como a empresa poderia responder às críticas. Em uma reunião subsequente em dezembro, o grupo concordou que chegara a hora de a companhia tomar "uma posição forte quanto à responsabilidade corporativa". Oito meses depois, o furacão Katrina atingiu a Costa do Golfo dos EUA, dando a Scott uma oportunidade de lançar a nova estratégia de uma forma especialmente impactante.

O furacão Katrina foi um dos desastres mais devastadores na história dos EUA. Ele inundou Nova Orleans e suas comunidades circundantes, matou mais de 1 mil pessoas, criou mais de 1 milhão de refugiados e custou estimados US$135 bilhões.[37] As lojas individuais do Walmart em toda a região — sem esperar ordens da sede — começaram a fazer o que podiam pelos sobreviventes, doando alimentos, roupas e abrigo para socorrer os funcionários. A gerente de uma loja em Waveland, Mississippi, "pegou uma escavadeira e abriu caminho por meio da loja para encontrar todos os itens secos que pudesse doar para os vizinhos que precisavam de calçados, meias, alimentos e água". Em uma teleconferência com sua equipe sênior, Scott disse-lhes para agirem sem pensar no orçamento trimestral, e a instituição rapidamente apoiou os esforços locais, doando US$20 milhões em dinheiro, dez vezes a promessa inicial da empresa, juntamente com cem caminhões de produtos e 100 mil refeições.[38]

A imprensa elogiou a resposta do Walmart perante o desastre em um momento em que os esforços de assistência liderados pelo governo nos primeiros dias da crise tinham fracassado em grande parte. Um artigo do *Washington Post* intitulado "Walmart at Forefront of Hurricane Relief" [Walmart Lidera a Assistência por Danos do Furacão, em tradução livre] observou: "A mesma cadeia de suprimentos sofisticada que transformou a empresa em uma concorrente vastamente temida é agora vista como exatamente o que a Costa do Golfo alagada precisa." Aaron Broussard, presidente da paróquia de Jefferson Davis, Louisiana, ao participar do *Meet the Press*, um programa nacional de notícias na TV exibido nas manhãs de domingo, afirmou: "Se o governo estadunidense tivesse reagido como o Walmart, não estaríamos nesta crise."

No mês seguinte, em um discurso transmitido para todos os fornecedores do Walmart e também para todas as suas lojas, escritórios e centros de distribuição no mundo todo, Scott valeu-se da experiência da empresa durante o furacão para anunciar um grande compromisso com a sustentabilidade. Ele apresentou três objetivos-chave: serem fornecidos por energia 100% renovável, criar zero resíduos e "vender produtos que sustentam nossos recursos e ambiente", bem como vários outros compromissos, incluindo uma redução de 20% na emissão de gases de efeito estufa em 7 anos e a promessa de dobrar a eficiência da frota de transportes do Walmart. Ele também anunciou compromissos com ações relativas a planos de saúde, salários, comunidades e diversidade.

Scott estabeleceu tais objetivos em 2005. A sustentabilidade ainda era uma questão de nicho — algo com que apenas empresas como a Patagonia e a Ben & Jerry's se importavam. Na época, o compromisso do Walmart foi revolucionário. Lembre-se de que a Unilever só anunciou seu Plano de Vida Sustentável em 2010. Ele causou efeitos imediatos na percepção pública da empresa, como era seu propósito. Um relatório de 2008 sugeriu que, embora em 2007 o Walmart tivesse ficado em último lugar no ranking de melhor reputação ética incluindo 27 empresas de varejo, em 2008 a empresa chegou ao terceiro lugar (atrás da Marks & Spencer e da Home Depot).[39]

Mas, então, aconteceu algo inesperado. O Walmart descobriu que a economia de energia estava dando à empresa muito dinheiro. Em 2017, a companhia alcançou o objetivo de dobrar a eficiência da frota de transportes e estava economizando mais de US$1 bilhão em custos de transporte — cerca de 4% de sua receita líquida. O Walmart não divulga números detalhados de investimento, mas, em 2007 e 2009, sabemos que estava gastando cerca de US$500 milhões no aumento da eficiência energética e reduzindo as emissões de GEE. Caso continuasse gastando nessa proporção, e se os únicos benefícios de tais gastos fossem o aumento da eficiência no transporte, então meus cálculos aproximados sugerem que a empresa recebeu pelo menos uma taxa de 13% de retorno sobre o capital — em uma época em que muitas empresas de varejo lutavam para conseguir 5% ou 6%. Durante o mesmo período, o Walmart também aumentou a eficiência energética de suas lojas em 12%, o que, novamente de acordo com minhas conversões aproximadas, está economizando atualmente à empresa aproximadamente US$250 milhões por ano.

Poderia argumentar-se que isso não deveria ser uma surpresa. Os engenheiros e consultores vinham dizendo há anos que havia dinheiro a ser ganho na conservação energética. Em 2007, por exemplo, uma das principais empresas de consultoria do planeta publicou um estudo afirmando que o mundo poderia reduzir seu uso energético em 25% se simplesmente adotasse as medidas de economia de energia que eram lucrativas na época.[40] Ajustar os sistemas de aquecimento e resfriamento geralmente paga o investimento em um ano, visto que entre 30% a 40% da energia usada no aquecimento e resfriamento de prédios mais antigos é desperdiçada.[41] A KKR, uma das maiores empresas de private equity do mundo, afirma ter economizado mais de US$1,2 bilhão em custos de energia e agora exige rotineiramente que cada empresa que compra passe por uma auditoria de energia e água porque os retornos financeiros de tais auditorias são muito altos.[42] Atualmente, há um negócio de pelo menos US$1 bilhão para ajudar as empresas a economizarem dinheiro por meio da redução energética.[43]

Mas foi necessária uma visão estratégica para começar a revelar esses tipos de economias. Isso não é incomum. Na Lipton, criar um modelo de negócio sustentável significou visualizar mudanças fundamentais no comportamento do consumidor. A inovação do Walmart partiu de um foco nos detalhes operacionais cotidianos da empresa — a partir de uma perspectiva profundamente diferente. À sua própria maneira, o compromisso do Walmart foi tão transformador quanto o da Lipton.

Arriscando a Sorte com a Energia

Quero voltar ao conceito de redução de risco como um caso econômico para buscar o valor compartilhado. Vimos no caso do chá da Unilever que isso pode ser importante, mas que é difícil de ser quantificado. Quando os riscos são comuns, e quando há dados suficientes para gerar uma boa percepção de sua probabilidade — no caso dos incêndios domésticos ou dos acidentes automobilísticos, por exemplo —, os custos de qualquer risco em particular podem ser quantificados com bastante precisão. Esses são os cálculos que criaram o setor de seguros. Porém, quando os riscos são totalmente novos, fica muito mais difícil estimar quanto deveríamos pagar para evitá-los.

Talvez seja por isso que muitas empresas ainda precisam integrar o risco climático em sua linha de pensamento, apesar do fato de que claramente há algo acontecendo. Desde a década de 1980, por exemplo, a escala de perdas nos seguros relacionadas ao clima aumentou cinco vezes, para cerca de US$55 bilhões por ano. As perdas não cobertas são novamente duas vezes maiores.[44] Um exercício recente sugeriu que o setor de seguros pode ainda estar subestimando perdas potenciais por causa de climas extremos em cerca de 50%.[45] Os níveis do mar em Miami aumentaram cerca de 15cm nos últimos 30 anos. As projeções atuais sugerem que ainda aumentarão outros 15cm até 2035. Trinta centímetros de aumento do nível do mar em combinação com as marés ou os furacões da primavera têm o potencial de causar danos catastróficos às propriedades de frente para o mar.[46] Mesmo com todas essas informações prontamente disponíveis, sei que pelo menos um grande banco está concedendo financiamentos de casas de frente para o mar na Flórida sem incluir tal possibilidade em seus cálculos de valores de bens patrimoniais.

Em abril de 2019, Mark Carney, diretor do Bank of England, e François Villeroy de Galhua, diretor do Banque de France, emitiram uma declaração conjunta destacando que as perdas seguradas causadas por eventos de clima extremo tinham aumentado 5 vezes nos últimos 30 anos. Eles sugeriram que os mercados financeiros deveriam enfrentar o risco de um "momento Minsky" climático — uma referência ao trabalho do economista Hyman Minsky, cuja análise foi usada para mostrar como os bancos se excederam antes da crise financeira de 2008, e alertaram que as empresas e setores que não se ajustarem à mudança climática podem deixar de existir.[47]

Em outubro de 2019, Jerome Powell, presidente do Federal Reserve, escreveu ao senador Brian Schatz observando que a mudança climática estava sendo "considerada uma questão cada vez mais relevante para o banco central". No mesmo mês, o San Francisco Fed publicou uma compilação de 18 artigos explorando os riscos que a mudança climática representava ao sistema financeiro.[48]

Como cada empresa pode pensar sobre esses tipos de riscos e criar um caso de ação para enfrentá-los? Uma estratégia é pensar sobre um investimento em sustentabilidade não como um passo ao desconhecido, mas como uma proteção estratégica. Veja, por exemplo, o caso da CLP.

Em 2004, a CLP, uma das maiores empresas de energia da Ásia possuída por investidores, anunciou que até 2010, 5% de sua energia viria de fontes renováveis. Em 2007, ela dobrou tal compromisso ao prometer que 20% de seu portfólio de geração seria livre de carbono até 2020. Esses objetivos eram os mais ambiciosos de qualquer empresa energética da Ásia — e, seguindo muitas métricas convencionais, não faziam qualquer sentido.[49]

A maioria das centrais elétricas da CLP usava queima de carvão. Isso não era incomum na Ásia, onde o carvão é o combustível preferido para a geração elétrica, visto que é facilmente encontrado e relativamente barato. Em 2007, a geração elétrica a partir da queima de carvão era significativamente mais barata do que as provenientes de fontes solar, eólica ou nuclear. Em 2013 — após declínios significativos no custo da energia solar e eólica —, a CLP considerava que a energia eólica custaria 30% a mais do que a gerada pela queima de carvão, e a energia solar custaria 3 vezes mais.

O que eles tinham na cabeça?

Acredito que a CLP estava focada nos riscos de permanecer muito dependente da energia gerada pela queima de carvão. Continuar usando essa fonte apresentava um notório risco político. As usinas são irremovíveis, duradouras e muito caras. Leva-se normalmente de três a cinco anos para construir uma e gerar energia pelos próximos 26 a 60 anos. Visto que não podem ser movidas de lugar e geralmente são a única fornecedora de energia em uma área, seu sucesso depende crucialmente da manutenção de bons relacionamentos com a comunidade local, ou do que é frequentemente chamado de "licença para operar". A CLP acreditava que havia uma chance real de que, em algum momento, as comunidades locais começariam a culpar as usinas de queima de carvão da área pela poluição em seus bairros e pelas enchentes em suas cidades, e que isso poderia colocar sua licença para operar em sério risco. Eles temiam que os governos pudessem passar a penalizar as estações de queima de carvão — talvez, aumentando o preço do carvão por meio de algum tipo de custo ou imposto sobre o carbono, ou apenas fechando-as.

A continuidade com o carvão também criava riscos tecnológicos. A CLP acreditava que havia uma possibilidade real de que os custos da energia solar e eólica cairiam vertiginosamente. A maioria das novas tecnologias são caras em seu início. O primeiro telefone celular comercializado, por exemplo, custava aos consumidores US$3.995 na cotação de 1983 (considerando a cotação de 2018, seria mais de US$10 mil).[50] Porém, a maioria das tecnologias passam pelo que se chama de "curva de aprendizado". Conforme a demanda aumenta, as empresas investem em mais P&D e, conforme a tecnologia fica cada vez mais integrada nos produtos, as empresas ficam cada vez melhores em sua criação. Embora, em 2017, a energia solar e a eólica ainda estivessem muito mais caras do que o carvão, havia chances claras de que, mais cedo ou mais tarde, também poderiam ter seu preço barateado.

Não sei se a CLP chegou a alocar uma probabilidade precisa para qualquer risco. Mas, em 2018, quando perguntei a diversos executivos de empresas de energia quais chances colocariam sobre os riscos, recebi estimativas notadamente consistentes. A maioria dos executivos acreditava que havia cerca de 30% de chances de que as energias renováveis seriam competitivas em termos de custo com as fontes fósseis nos 20 anos seguintes, e cerca de 30% de chances de que a pressão pública forçaria os governos a colocar algum tipo de imposto sobre o carbono. Mapeamos essas duas incertezas em um quadro parecido com este:

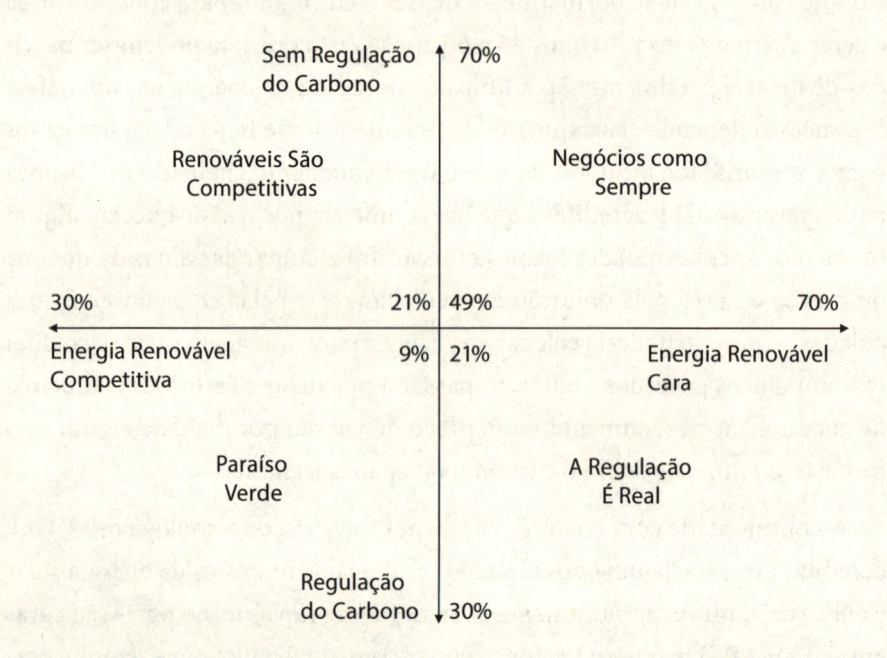

	Sem Regulação do Carbono 70%	
Renováveis São Competitivas		Negócios como Sempre
30% — Energia Renovável Competitiva	21% | 49% 9% | 21%	70% — Energia Renovável Cara
Paraíso Verde		A Regulação É Real
	Regulação do Carbono 30%	

O canto superior direito desse diagrama define "Negócios como Sempre", um mundo no qual não há regulação do carbono e a energia renovável continua cara em relação aos combustíveis fósseis. Às vezes, chamo isso de futuro "com os dedos cruzados", visto que várias empresas passam muito tempo na esperança de que estejamos indo de fato para esse cenário. De acordo com os executivos de energia, havia uma probabilidade ao redor de 40% (0,70 * 0,70) de que em 2030 o mundo se pareceria muito com o que é hoje. O canto inferior esquerdo define o "Paraíso Verde" — um mundo em que o carbono é precificado e a energia renovável é mais barata do que o carvão. Em 2008, muitos executivos de energia consideravam esse um futuro muito improvável, dando a ele uma probabilidade de apenas 9%. Mas as chances dos dois outros futuros — "As Renováveis São Competitivas com os Combustíveis Fósseis" e "A Regulação É Real" tinham cerca de 21% cada.

Há duas coisas interessantes quanto a esse diagrama. A primeira é que ele sugeria que as chances do futuro se parecer com o presente eram de menos de 50%. A segunda é que isso era quase sempre uma novidade para todos. Geralmente, o grupo começava ridicularizando os visionários que estavam convencidos de que o Paraíso Verde era iminente, e depois ficavam pensando em como proteger suas apostas. A liderança da CLP acreditava que as chances de que o mundo veria um futuro de Negócios como Sempre eram realmente muito baixas. Em 2013, Andrew Brandler, o CEO da CLP expressou a ideia desta forma:

> Vemos o carbono como uma ameaça em longo prazo para qualquer empresa. Em 2050, caso sua empresa seja intensiva em carbono, estará em grandes dificuldades; as chances são de que seu negócio não existirá mais. Nossa empresa tem mais de 100 anos, e queremos estar operantes em 2050, mas isso não significa que vamos começar a agir em 2049. Temos que iniciar nesse caminho e estar à frente da curva conforme o mundo caminha.

Esse é o segredo para compreender a estratégia da CLP. O outro lado da moeda do risco é a oportunidade. Se o setor de energia da Ásia começaria a se descarbonizar — e a CLP acreditava que isso aconteceria —, passar a usar energia sem carbono antes da concorrência era uma oportunidade de negócio potencial e sobremaneira atraente. Quinze anos depois, seus primeiros compromissos demonstram-se prescientes. Entre 2010 e 2018, por exemplo, a média ponderada do custo da eletricidade solar e da eólica caiu 35% e 77%, respectivamente.[51] Os custos de instalação despencaram 22% e 90%.[52]

Em alguns lugares, as energias solar e eólica estavam mais baratas que o carvão. São fontes "intermitentes" de energia — funcionam apenas quando o sol está brilhando e quando o vento está soprando —, então, usá-las para substituir os combustíveis fósseis em escala exige reduções adicionais no custo de armazenamento. Mas a proporção em que seus custos estão caindo é bem impressionante, e meus colegas que trabalham com energia renovável me disseram que as chances de que esse tipo de energia será competitiva com o carvão em termos de custo até 2030 são realmente muito altas.[53]

As energias renováveis compunham 38% da capacidade total de geração instalada na China no fim de 2018,[54] e as projeções atuais são de que a rede elétrica daquele país terá 60% de fontes renováveis até 2030,[55] e a Índia terá 67% de renováveis até 2050.[56] Novos investimentos de US$6 trilhões em energia irão para a região Ásia-Pacífico nos próximos 20 anos — a nova capacidade chinesa será maior do que a dos EUA e da Europa juntos, e a nova capacidade da Índia será maior do que a dos EUA ou da Europa.[57] A energia sem carbono é uma enorme oportunidade de mercado e, graças aos seus primeiros investimentos no setor, a CLP está especialmente bem posicionada para ter sucesso. Para a empresa, enfrentar o risco significou uma oportunidade gigantesca.

Se É Tão Bom Assim, Por que Todo Mundo Não Faz Isso?

A Lipton, o Walmart e a CLP colocam o caso econômico para a criação de valor compartilhado claramente na mesa. Reduzir os prejuízos ambientais e tratar bem as pessoas reduz o risco de reputação. Isso assegura a viabilidade em longo prazo da cadeia de suprimentos. Também persuade os consumidores a favorecerem seus produtos e serviços em vez dos da concorrência; pode reduzir os custos; pode criar empresas completamente novas — especialmente se, como a CLP, você for sofisticado o suficiente para observar antes dos outros como o mundo está mudando.

Robin Chase fundou a Zipcar — um serviço de compartilhamento de carros — em 2000, cerca de 20 anos atrás, anos antes que o restante de nós descobrisse a economia compartilhada. Ela enxergou a Zipcar como parte de uma visão muito mais ampla sobre como a economia pode ser transformada. Em uma entrevista, explicou:

A economia colaborativa é maior que a economia compartilhada. Esta me parece que trata de ativos. Aquela representa tudo. E, de forma clara e instintiva, está nos mostrando que se, eu puder ter acesso em tempo real não apenas a ativos tangíveis, mas a pessoas, redes de contatos e experiências, significa que o modo pelo qual levo minha própria vida pessoal é totalmente transformado. Não preciso ficar acumulando nada.

Não preciso me preocupar em ter e possuir coisas. Posso começar a depender do fato de que é possível entrar em contato e encontrar a pessoa certa no momento certo. Isso transforma drasticamente como vivemos. Em vez de carros sob demanda, é uma vida sob demanda, em uma completude muito mais ampla.[58]

A Zipcar cresceu e se tornou a maior empresa de compartilhamento de carros do mundo, tendo sido adquirida pela Avis em 2013 por US$500 milhões.[59] Desde que saiu da Zipcar, Chase fundou ou ajudou a fundar pelo menos outros três empreendimentos com objetivos similares: a Buzzcar, um serviço de compartilhamento de carros peer to peer [de pessoa para pessoa]; a GoLoco.org, uma empresa de compartilhamento de caronas; e a Veniam, uma empresa que usa carros e caminhões para cobrir uma cidade com Wi-Fi público.

Mas, sempre que leciono, as pessoas me perguntam se as empresas realmente conseguem ganhar dinheiro fazendo a coisa certa. "Conheço o caso da Tesla", dizem, "mas há outros exemplos?" Digo a elas que há centenas e indico o site de estudos de caso da Harvard Business School, indicando as palavras-chave certas. Mas com certeza o fato é que o valor compartilhado ainda precisa se popularizar totalmente. Por quê? Por que há tantos empresários relutantes em pensar que preocupar-se em como tratam seu pessoal ou o ambiente ao seu redor pode ser uma fonte poderosa de lucratividade?

A chave para esse enigma, acredito, é perceber que abraçar o valor compartilhado é, sobretudo, uma inovação — e, mais precisamente, uma inovação *arquitetural*. As inovações arquiteturais mudam os relacionamentos entre os componentes de um sistema — a arquitetura de um sistema — sem mudar os componentes em si. E, como a maioria das pessoas na maioria das organizações está concentrada nos componentes do sistema no qual está inserida, em vez de no relacionamento entre eles, é difícil de identificar as inovações arquiteturais, e difícil de reagir a elas. O conhecimento arquitetural — o conhecimento de como os componentes se encaixam — passa a se incorporar na estrutura, nos incentivos e na capacidade de processamento de informações da organização, onde se torna efetivamente invisível, tornado-o muito difícil de mudar.

Uma grande parte da conversa sobre inovação se concentra no potencial para que novas tecnologias legais causem disrupção nas indústrias existentes. Temos a tendência de pensar na maneira que a inteligência artificial provavelmente mudará o mundo, ou no potencial do cultivo de algas em tanques para substituir o petróleo. Mas Michiel, Scott, Andrew e Robin também são pioneiros arquiteturais — inventores de novas formas de pensar sobre a estrutura e o propósito da empresa. A ideia de que a maneira para fazer crescer o negócio de chá da Lipton era aumentar o preço que a empresa pagava pelo chá foi muito revolucionária, exigindo uma forma totalmente nova de pensar sobre toda a cadeia de valor. O Walmart ficou famoso por suas habilidades na redução de custos. Quem poderia ter imaginado que pensar sobre algo tão nebuloso quanto salvar o ambiente teria levado a oportunidades anteriormente desconhecidas de redução de custos valendo US$1 bilhão? A CLP se comprometeu a transformar a empresa toda — em um momento em que as alternativas disponíveis custavam significativamente mais e ainda apareceram enfeitadas com problemas técnicos não resolvidos. Robin inventou um novo negócio com base apenas em suas ideias, pois viu o propósito da economia de uma forma completamente diferente. Criar valor compartilhado é um ato de imaginação profunda. Se você está profundamente enraizado em maneiras antigas de fazer as coisas, fica difícil entender os benefícios de algo tão corajoso quanto reinventar o capitalismo.

Veja, por exemplo, o caso de Phil Knight, fundador da Nike, um dos empreendedores mais bem-sucedidos dos últimos 50 anos. Ele revolucionou completamente o setor de calçados e roupas. Mas ignorou resolutamente o risco de que o trabalho infantil em sua cadeia de suprimentos apresentava ao negócio da empresa, e, ao fazê-lo, colocou a marca da Nike — seu ativo mais valioso — em risco considerável. Ele tinha um caso de negócio forte para abraçar o valor compartilhado, e o deixou passar totalmente.

O que se passava em sua cabeça?

Phil conduziu o crescimento da Nike por meio de três insights centrais. O primeiro era de que a maneira de diminuir os custos era terceirizar a produção para locais mais baratos no exterior. Na década de 1970, isso era uma ideia revolucionária. O segundo era que sua inovação contínua era o segredo do sucesso. A Nike investiu pesadamente em pesquisas desde o começo. O terceiro foi o que turbinou o sucesso da empresa: o poder do marketing. Phil, que entendia tanto o poder simbólico como a atratividade dos esportes anos antes de quase todos os demais, canalizou a montanha de dinheiro economizado pela estratégia de produção da companhia para seu orçamento de marketing. Nas palavras de uma jornalista:

> A Nike é um ícone cultural porque Phil compreendeu e captou o espírito da época da cultura popular dos EUA e o uniu aos esportes. Ele descobriu uma nova forma de aproveitar o louvor que a sociedade dá aos heróis, uma obsessão por símbolos de status e uma predileção por figuras singulares e geralmente rebeldes. O marketing sedutor da Nike foca em cheio um atleta carismático ou uma imagem, raramente sequer mencionando ou mostrando os calçados. A logo da empresa está tão presente em todos os lugares que o nome Nike é com frequência omitido totalmente.[60]

Juntas, as três ideias acabaram se tornando uma dinamite comercial, e em 1992 a Nike tinha US$3,5 bilhões em vendas. Mas Phil não era um homem totalmente feliz. Seus investidores pareciam estar alheios ao poder de sua visão, não importava o quanto ele tentasse explicá-la para eles.

No Relatório Anual da Nike daquele ano, por exemplo, ele observou que a empresa tinha US$3,4 bilhões em vendas e era a maior companhia de calçados esportivos do mundo. E que ela "tinha criado todos os grandes avanços nos calçados esportivos dos últimos 20 anos" e "rompido a marca de US$1 bilhão no mercado em vendas internacionais pela primeira vez em um único ano fiscal". E, contudo, "com a exceção de apenas dois períodos brevíssimos, nossas ações sempre foram negociadas com um desconto substancial a partir do múltiplo P/L [preço/lucro] do Índice S&P's 500... Resumem-nos com o velho rótulo de 'empresa de tênis'... [e] nos agrupam na categoria de roupas".[61]

O múltiplo P/L de uma empresa é a proporção entre seu valor de mercado e seus lucros após impostos. Em geral, os investidores dão múltiplos mais altos às empresas que acreditam ter chances de crescer substancialmente. No fim da década de 1990 e início da de 2000, por exemplo, as empresas de saúde, de TI e de telecomunicações tinham múltiplos P/L muito mais altos do que o restante da economia. Para colocar o incômodo de Phil em perspectiva, o P/L da Amazon nunca esteve abaixo de 56, e, em 2020, estava acima de 100. Mas o P/L da Nike nunca chegou aos 20 consistentemente até 2010.[62] Em resumo, Phil acreditava que seus investidores não faziam ideia de como a empresa cresceria rapidamente, e a estavam subvalorizando como resultado.[63] Durante os cinco anos seguintes, a ideia continuou sendo central em sua carta anual.

Em 1993, ele escreveu: "A Nike continua sendo uma marca subvalorizada de poder mundial... Calçados e roupas atléticos — especialmente os calçados — não são commodities. Experimente o seguinte: corra uma maratona, ou mesmo um quilômetro, em um par de tênis que pagou US$19,95 na promoção do Walmart. Isso encerrará a discussão."

Em 1994: "Embora este tenha sido nosso primeiro ano ruim em 7 anos, geramos um ROI de 18%. É de se pensar que uma companhia cujo retorno de 18% foi rotulado como "ruim" conseguiria uma múltiplo P/L maior que 15, quando a média do mercado ficou em 20, não é?

Em 1995, após observar que "este é o melhor ano na história do setor", escreveu: "Mesmo em bons tempos como estes, ao sentar-me para escrever esta carta fico bravo e frustrado... Se mostrar este recorde para analistas de investimentos sem identificar a empresa, um experimento que fizemos, eles dirão que ela merece um múltiplo P/L maior do que o do S&P 500. Apenas após o nome da empresa ser revelado é que o consenso passa a ser para um múltiplo descontado em relação ao mercado... Isso está sendo ridículo".

Em 1996, o múltiplo da Nike cresceu, mas Phil ainda não estava totalmente feliz: "Pelos padrões de métricas que normalmente usamos nesse espaço, o ano fiscal de 1996 foi fantástico. Estabelecemos um recorde inédito de vendas e lucros... E, por esse mérito, Wall Street achou por bem aumentar nosso múltiplo... A pergunta central era: uma empresa de moda, não importa quão forte seja a marca, merece tal múltiplo? O problema com o debate é que a resposta não importa. É a pergunta que está errada."

No início da década de 1990, em resumo, Phil enfrentou um problema que assola muitos empreendedores bem-sucedidos e visionários. Parecia que não conseguia comunicar o poder de sua visão aos investidores. Sabendo o que somos agora, é claro, ler suas cartas deixa claro como exatamente Phil foi presciente.[64] Ele fala extensivamente sobre as maneiras pelas quais os esportes criarão marcas mundiais. Ele explica — repetidas vezes — como está investindo em um futuro global, ou seja, como os investimentos da Nike em inovação, em patrocínios e na criação de infraestruturas físicas no exterior produzirão dividendos enormes. Mas, até 1996 — quando inclusive o analista mais lento começou a acordar para o fenômeno da Nike — ele não conseguia fazer seu múltiplo ir além da média do S&P. Não é de se admirar que ele tenha ficado um pouco frustrado.

Contudo, ao mesmo tempo em que Phil estava furiosos com a cegueira dos analistas de Wall Street, ele mesmo mostrava-se igualmente cego a algo que estava prestes a abalar até as raízes de sua empresa.

Em 1992, a *Harper's Magazine* divulgou o salário de Sadisah, uma jovem indonésia que trabalhava para a Sung Hwa Corporation, fazendo calçados para a Nike. O artigo — escrito por Jeffrey Ballinger, um defensor dos direitos trabalhistas que passara quase quatro anos na Indonésia — mostrava que ela recebia cerca de US$1,03 por dia, ou menos de US$0,14 por hora. Ballinger sugeriu que, com esses números, o custo trabalhista incorporado em um par de calçados de US$80 era de aproximadamente US$0,12, e encerrou seu texto perguntando:

> Os entusiastas da economia global do "livre mercado" alegam que a criação de empregos ao redor do mundo promove o livre comércio entre países em industrialização e os desenvolvidos. Porém, quantos produtos ocidentais os indonésios conseguem comprar, se não ganham o suficiente nem para comer? A resposta não pode ser encontrada nas propagandas da Nike na TV, mostrando Michael Jordan em seus saltos voadores pelos quais sabidamente recebeu US$20 milhões de patrocínio com duração de vários anos — quantia que, incidentalmente, seguindo a proporção de pagamentos mostrados aqui, Sadish levaria 44.492 anos para ganhar.[65]

Em 1993, a CBS televisionou uma reportagem detalhando as condições trabalhistas abusivas nos fornecedores indonésios da Nike, e, em 1994, uma série de artigos duramente críticos apareceram na *Rolling Stone*, no *New York Times*, na *Foreign Affairs* e no *Economist*. Em 1996, a revista *Life* publicou uma exposição devastadora das práticas de trabalho infantil no Paquistão e na Índia. O autor descreveu como se disfarçou de um empresário norte-americano interessado em abrir uma fábrica no Paquistão para fabricar bolas de futebol para exportação. Ele descobriu crianças trabalhando como escravas, sem poderem sair porque não tinham como bancar o pagamento do *peshgi* que seus pais tinham recebido por elas. Um encarregado lhe ofereceu "até cem costureiros, caso precisasse", observando que "é claro que você terá de pagar o peshgi de cada criança se ficar com elas". As crianças estavam ficando cegas, desnutridas e apanhavam se chamassem os pais, e, o mais evidente, raramente chegavam a receber qualquer coisa. Schanberg, o autor do artigo, afirmou que em média as crianças trabalhadoras ganhavam US$0,60 por dia. No título do artigo havia uma foto de um garoto de 12 anos de idade costurando as bolas de futebol da Nike. A insinuação era clara: a Nike estava empregando crianças escravizadas.

Doonesbury, a popular tirinha cômica, dedicou uma semana inteira às questões trabalhistas da Nike. Organizações de estudantes em muitos campi exigiram boicotes dos produtos da Nike. A empresa estava em meio à expansão de sua rede de lojas gigantes de varejo, e descobriu que "cada nova NikeTown aberta tinha uma manifestação completa e instantânea de protesto, com gente gritando e segurando cartazes, e com barricadas policiais". As celebridades patrocinadas pela Nike, incluindo Michael Jordan e Jerry Rice, eram acossadas em público.

Porém, em meio aos tumultos, a Nike continuava insistindo que o que acontecia em sua cadeia de suprimentos não era de sua conta — que a empresa tinha um código de conduta em vigor que proibia o comportamento abusivo, e que seus fornecedores eram terceirizados independentes sobre os quais ela não tinha controle. Neal Lauridsen, o vice-presidente da Nike na Ásia, disse: "Não sabemos nada sobre fabricação. Somos profissionais de marketing e designers."[66] John Woodman, gerente-geral da Nike em Jacarta, explicou: "Eles são nossos terceirizados. Não está sob nosso alcance investigar [as alegações de violações trabalhistas]." E acrescentou: "Viemos aqui e demos trabalhos para milhares de pessoas que, de outro modo, estariam desempregadas."[67]

As questões trabalhistas não aparecem na carta de Phil aos acionistas até 1994, quando fez uma exceção específica sobre um artigo do *New York Times* escrito pelo jornalista esportivo George Vecsey, reclamando que foram "duas colunas de insultos incessantes à Nike, a entidade terrível". Em 1995, não houve menção à cadeia de suprimentos. Em 1996, ele disse o seguinte:

> Pelos padrões de métricas que normalmente usamos neste espaço, o ano fiscal de 1996 foi fantástico... Contudo, tão logo o ano terminou, fomos atingidos por uma série de ataques da mídia sobre nossas práticas no exterior. Assim, fiquei com um dilema: usar este espaço para responder aos equívocos de nossos críticos... ou tentar dar aos nossos donos um panorama mais amplo de sua empresa... escolhi a segunda opção.[68]

Em 1997, ele foi gravado em uma conversa com o diretor Michael Moore em um documentário chamado *The Big One*:

> **Moore**: Crianças de 12 anos de idade trabalhando em fábricas [indonésias]? Isso está certo para você?
>
> **Knight**: Não são crianças de 12 anos de idade trabalhando em fábricas... a idade mínima é 14.
>
> **Moore**: E quanto às de 14? Isso não o incomoda?
>
> **Knight**: Não.

Não há uma palavra sobre questões trabalhistas na cadeia de suprimentos em sua carta anual.

Os lucros despencaram. A Nike vinha crescendo muito rápido. Em 1997, as receitas subiram 42% e o lucro líquido, 44%, mas em 1998 a demanda esfriou. Os críticos da empresa sugeriam que a indignação pública quanto às suas práticas trabalhistas tinha parte da culpa. Em 1997, houve quase 300 artigos publicados combinando as palavras "Nike" e "trabalho escravo" ou "exploração" e "trabalho infantil".[69]

Em maio de 1998, durante um discurso no National Press Club, Phil mudou o tom, reconhecendo que "o produto Nike tornou-se sinônimo de salários escravos, horas extras forçadas e abusos arbitrários".[70] Ele anunciou a formação de uma função de responsabilidade corporativa na Nike, e fez um compromisso da empresa com diversas novas iniciativas projetadas para melhorar as condições trabalhistas nas fábricas, incluindo o aumento do salário mínimo, o uso de monitores independentes, o fortalecimento das regulações ambientais, de saúde e segurança, e o financiamento de pesquisas independentes sobre as condições da cadeia de suprimentos da companhia. A Nike agora é uma das líderes na luta para tornar as cadeias de suprimentos do setor de roupas mais sustentável, e avaliações independentes rotineiramente classificam a Nike como uma das empresas de calçados e roupas mais sustentáveis do mundo.[71]

A história da Nike é a chave para entendermos por que tantas empresas estão tendo problemas para mudarem para o valor compartilhado. Phil, um empreendedor visionário que conseguia ver coisas que quase ninguém mais conseguia, levou cinco anos para entender a ameaça que os problemas na cadeia de suprimentos constituíam à sua marca — mesmo quando estava censurando seus investidores por não compreenderem as raízes do sucesso da Nike. A ironia aqui é que, ao não compreender que o mundo estava mudando de tal forma que fazia-se essencial à Nike prestar atenção às condições trabalhistas na cadeia de suprimento, Phil estava cometendo exatamente o mesmo tipo de erro que seus investidores, que não conseguiam entender as formas pelas quais os esportes estavam recriando o negócio de calçados e roupas.

Quando o mundo muda de formas inesperadas, até mesmo os empresários mais visionários têm dificuldades de entender o que está acontecendo. Os investidores de Phil não perceberam o potencial da Nike, e Phil e seus colegas não perceberam o problema na cadeia de suprimentos, pois ambos os problemas são inovações arquiteturais — mudanças na forma como as peças do quebra-cabeça são juntadas.

A inovação incremental, aquela que melhora uma peça específica do quebra-cabeça, é com frequência mais difícil de entregar do que parece, mas é em geral fácil de perceber que deve ser feita, e não ameaça o status quo. A Nike, sob a liderança de Phil, foi uma inovadora incremental especialista, apresentando calçados de corrida significativamente melhores ano após ano.

A inovação "radical" ou "disruptiva" tende a ganhar a maior parte da atenção. Essas são as inovações que transformam em completamente obsoletas as antigas maneiras de fazer as coisas. Pense na fotografia digital ou nos novos medicamentos que estimulam o próprio sistema imune do paciente para lutar contra o câncer. Porém, embora a inovação radical apresente um desafio profundo para as organizações bem-sucedidas, é um desafio cujo escopo fica imediatamente claro. A fotografia digital forçou a Kodak rumo à falência, mas não porque a empresa fracassou em enxergar a ameaça representada. De fato, a Kodak investiu profundamente na fotografia digital desde o início, e fez diversas descobertas inovadoras na área.

É a inovação arquitetural que cria problemas, e foi ela que derrubou a Kodak. A mudança para a fotografia digital mudou a arquitetura do produto — as câmeras passaram a ser um componente dos telefones, em vez de máquinas independentes que tinham de ser carregadas por aí — e as maneiras em que as fotos eram compartilhadas, impressas e usadas. A Kodak achou impossível de se adaptar a tudo isso. A inovação radical é dura, mas visível. Todas as principais empresas farmacêuticas podem ver que compreender a genética será central para descobrir novos medicamentos, e todas elas vêm investindo pesadamente para levar a genética às suas operações de pesquisa. Mas a inovação arquitetural não é captada pelo radar. Geralmente, parece que ela trata de uma mudança relativamente pequena em uma pecinha do quebra-cabeça, mas, na verdade, ela trata de um repensar completo na maneira em que as peças são juntadas.

Tim Harford, o "Economista Infiltrado" do F*inancial Times*, revelou um exemplo fantástico das maneiras pelas quais as organizações bem-sucedidas podem não perceber o poder da inovação arquitetural por meio da história da resposta britânica à invenção do tanque.[72] O tanque foi inventado por E. L. de Mole, um australiano que abordou o Escritório Britânico de Guerra com seu projeto em 1912, dois anos antes da eclosão da Primeira Guerra Mundial.

Em 1918, o último ano da guerra, a Grã-Bretanha tinha os melhores tanques do mundo, e os alemães não tinham nenhum. De fato, os aliados proibiram sua produção. Mas, na década de 1930, a Alemanha tinha dado um salto à frente e, em 1939, o primeiro ano da Segunda Guerra Mundial, o país produzia duas vezes mais tanques do que a Grã-Bretanha — e usou-os com um efeito muito maior.

O problema era classicamente arquitetural. O exército britânico não sabia onde colocar o tanque. Ele era dividido em dois grandes setores: cavalaria e infantaria. O trabalho da cavalaria era ser rápida e móvel. Os tanques eram rápidos e móveis. Seria talvez o tanque um tipo especial de cavalo e pertencia à cavalaria? O trabalho da infantaria era ser uma fonte imóvel de poder invencível de fogo. Os tanques eram difíceis de serem removidos e eram extraordinariamente poderosos. Seria talvez o tanque exatamente um fuzileiro muito forte com um tipo especialmente poderoso de arma? Uma possibilidade, é claro, seria começar uma unidade totalmente nova, apenas para os tanques. Mas quem lutaria por tal unidade? Quem a bancaria?

Obviamente, o tanque não era apenas um tipo mais veloz de cavalo nem um tipo de fuzileiro mais poderoso. Era algum tipo de cruzamento entre os dois, só que com o potencial de permitir uma forma completamente diferente de guerra. Um oficial do exército britânico chamado J. F. C. Fuller reconheceu esse potencial ainda durante a Primeira Guerra Mundial. Em 1917, ele apresentou um plano detalhado para seus superiores, sugerindo que os tanques, com o apoio aéreo, poderiam cercar as trincheiras alemãs, atacando seus quartéis-generais atrás da linha, e encerrar a guerra quase que imediatamente. O biógrafo de Fuller denomina essa ideia de "o plano não usado mais famoso da história militar", mas, obviamente, ele foi usado em 1940 pelos alemães, que o chamaram de "blitzkrieg".

Os britânicos tinham dado o controle dos tanques para a cavalaria, e esta era orientada aos seus cavalos, e não à nova arma. O cavalo era o elemento central da vida de um cavaleiro — seu orgulho, sua alegria, sua razão de existir. O marechal-de-campo Sir Archibald Montgomery-Massingberd, o general mais experiente do exército britânico, reagiu à ameaça da militarização nazista fornecendo a cada oficial da cavalaria um segundo cavalo e aumentando dez vezes os gastos com forragem. O Reino Unido entrou na Segunda Guerra Mundial seriamente despreparado para reagir a um concorrente que reprojetara seu exército ao redor do tanque, e não o inverso.

A inovação arquitetural é difícil de ser vista — e geralmente é muitíssimo difícil de reagir a ela — porque em praticamente todas as organizações, a maioria das pessoas passa grande parte de seu tempo prestando atenção à peça do quebra-cabeça à qual foram designadas. Se é um engenheiro de maçanetas de portas em uma grande empresa automobilística, você passa seus dias projetando maçanetas. Você frequenta conferências sobre maçanetas e segue as tendências do setor. Você não passa muito tempo pensando em como a indústria automobilística como um todo provavelmente mudará. Para sobreviver, todos desenvolvemos modelos mentais de como o mundo funciona e que nos dizem em que precisamos prestar atenção e o que podemos ignorar com segurança.

Poderíamos achar que os CEOs, que supostamente são pagos para pensar no panorama geral, não cairiam nessa armadilha. Mas, como ilustra o caso da Nike, eles caem. De fato, no caso de Phil Knight, uma maneira de pensarmos sobre o que aconteceu é que foi precisamente porque ele estava dedicando tanto tempo e energia para comunicar sua visão de futuro (e, é claro, em criar uma empresa global multibilionária) que não teve o espaço mental para apreciar a significância do que estava acontecendo em sua cadeia de suprimentos. A total convicção de Phil e seus colegas de que não tinham responsabilidade pelas coisas que aconteciam além das divisas da empresa estava arraigada tão profundamente que consideraram o criticismo inicial enfrentado quase incompreensível. Eles "sabiam" que sua responsabilidade perante seus funcionários se encerrava nas divisas da empresa. Isso era dado por certo — a forma em que o mundo operava —, uma suposição compartilhada por quase todos os empresários que conheciam. De uma forma que agora parece profundamente irônica, exatamente quando Phil estava censurando seus investidores por não conseguirem entender que os princípios mais estabelecidos subjacentes ao negócio de esportes estavam mudando de formas profundamente significativas, ele mesmo não conseguia ver que os antigos princípios sobre a natureza do relacionamento entre uma marca e sua cadeia de suprimento também estavam mudando, e que o trabalho infantil em sua cadeia de suprimento constituía uma ameaça enorme à sua marca. Quando o mundo lhe enviou um sinal forte o suficiente de que o problema não poderia mais ser ignorado, ele reagiu — como esperaríamos — com energia e habilidade.

HÁ OPORTUNIDADES enormes na criação de valor compartilhado. Cada empresa pode lidar com problemas ambientais e sociais, criando, ao mesmo tempo, negócios prósperos, ao reduzir seus custos, proteger suas marcas, garantir uma viabilidade de longo prazo de suas cadeias de suprimento, aumentar a demanda por seus produtos e criar negócios totalmente novos.

Porém, pode ser difícil ver tais oportunidades. Criar uma sociedade justa e sustentável será tão disruptivo quanto a mudança do vapor para a eletricidade, ou aprender a usar a internet ou a aproveitar a IA. As empresas que estão indo bem sob as condições atuais alegarão que não há necessidade de mudança — e que, se houver, não haverá um caso de negócio —, e mesmo se houver um caso de negócio, que estão muito ocupadas para trabalhar nele no momento. Essa é a aparência da mudança.

Quando estava no MIT, assumi a cátedra do Professor Eastman Kodak e passei certo tempo trabalhando com a Kodak, conforme a empresa tentava reagir à ameaça da fotografia digital. Não havia problemas na transição tecnológica. Um engenheiro da companhia foi o inventor da primeira câmera digital. A Kodak tinha muitas das primeiras patentes em fotografia digital e criou um grande negócio de câmeras digitais. Mas a empresa não conseguiu desenvolver um modelo de negócio que a permitiria ganhar dinheiro: os consumidores imprimiam cada vez menos as fotos digitais e a empresa não anteviu a forma como a câmera viria a ser uma parte integral do telefone móvel. A Kodak faliu em 2012, vítima de uma profunda inovação arquitetural.

Passei mais de 20 anos de minha vida estudando tais tipos de mudança. Aprendi pelo menos três coisas. A primeira é que reconhecer e reagir à inovação arquitetural é difícil, mas não impossível. Phil Knight teve dificuldades — talvez precisamente porque tinha muito sucesso —, mas a Lipton, o Walmart e a CLP conseguiram usar a criação de valor compartilhado como uma rota a uma vantagem competitiva significativa. A segunda é que as empresas que conseguem usufruir desses tipos de transições — que têm a coragem de investir antes de suas concorrentes e de investir nas habilidades e nas pessoas necessárias para criar maneiras totalmente diferentes de abordar um mercado — têm o potencial de colher retornos enormes.

A terceira é que o propósito organizacional é o segredo para a mudança. As empresas que têm um propósito claramente definido além da maximização dos lucros, onde fica claro que o propósito da empresa não é enriquecer os acionistas, mas criar produtos ótimos no serviço do bem social, são aquelas que têm a coragem e as habilidades de transitar pela transformação.

Redefinir o propósito da empresa é central na reinvenção do capitalismo. O que isso significa exatamente e como se parece na prática é o assunto do próximo capítulo.

4

VALORES COMUNS PROFUNDAMENTE ARRAIGADOS

Revolucionando o Propósito da Empresa

> Alguns acham que a ganância é boa. Mas, cada vez mais, fica provado que, afinal, a generosidade é melhor.
>
> — PAUL POLMAN, CEO APOSENTADO DA UNILEVER[1]

No dia 12 de janeiro de 2015, no salão de festas lotado de um hotel em Jacksonville, Flórida, Mark Bertolini, o CEO da Aetna, anunciou que a partir de abril a empresa começaria a pagar um salário mínimo de US$16/hora.[2] A Aetna era uma das maiores empresas de planos de saúde do mundo, e essa jogada chegou às manchetes. Quase 6 mil funcionários — cerca de 12% da mão de obra da Aetna nos EUA — veriam seu salário aumentar em média 11%. Alguns receberiam um aumento de até 33%.[3] Mark também anunciou que muitos desses funcionários poderiam aderir ao plano de saúde mais caro da empresa pelo preço do mais barato. Consequentemente, alguns funcionários teriam um aumento de 45% em sua renda disponível. O salão de festas foi à loucura. Posteriormente, Mark disse: "Sabia que as pessoas ficariam alegres, mas não estava pronto para aquele tipo de emoção. Tinha gente chorando, outros diziam, 'O Senhor seja louvado. Minhas orações foram ouvidas.' Os gerentes da linha de frente estavam emocionados."

Foi uma jogada cara, aumentando os custos trabalhistas da Aetna em cerca de US$20 milhões por ano, e a ideia não caiu bem com alguns de seus colegas na alta administração. Entre os funcionários que ganhavam o salário mínimo na Aetna, 80% eram mulheres. A maioria era de mães solo, e algumas necessitavam de auxílio do governo para alimentação e serviços de saúde. Porém, quando Mark propôs pagar US$16/hora para esses funcionários, ele enfrentou uma forte resistência, em grande parte nos moldes dos termos clássicos de maximização de valor para o acionista. Em suas palavras: "Eles me disseram que estaríamos pagando acima da média do mercado, especialmente em estados com salários abaixo da média. Isso prejudicaria nossos resultados. Temos acionistas a servir. Temos Wall Street a satisfazer."

O que se passava na cabeça de Mark?

Uma interpretação é que ele estava apenas satisfazendo seu próprio senso de moralidade à custa da Aetna. Quando questionado a respeito, Mark de fato explicou o aumento de salário como uma decisão pessoal e profundamente moral. Ele falou sobre como sua decisão de ser ativo nas mídias sociais tinha-o alertado sobre as dificuldades que muitos de seus funcionários enfrentavam. "Cada vez mais, via as pessoas dizendo online, 'Não consigo pagar minhas contas. A cobertura do meu plano de saúde é cara demais.'" Ele falou à revista *New Yorker* que não era justo que os funcionários de uma empresa listada na Fortune 50 estivessem com dificuldades para pagar as contas, e relacionou explicitamente a decisão com o debate mais amplo sobre desigualdade, mencionando que tinha distribuído exemplares do livro de Thomas Piketty, *O Capital no Século XXI*, para todos os seus melhores executivos. "As empresas não são apenas máquinas de fazer dinheiro", disse ele à revista. "Para o bem da ordem social, esses são os tipos de investimentos que devemos estar dispostos a fazer. Definitivamente há um componente moral e, sabe como é, eu tinha muitos argumentos que as planilhas não informavam. E minha opinião, no fim das contas, era que isso simplesmente não é justo."[4]

Mas essa é apenas parte da história. Nos bastidores, tanto pelos motivos pessoais como profissionais que exploro a seguir, Mark estava em meio a uma estratégia audaciosa de criação de valor compartilhado ao transformar fundamentalmente o modelo de negócio da Aetna. Pagar um salário digno a cada um dos funcionários era um elemento-chave de tal estratégia — uma jogada para criar um propósito compartilhado e, ao fazê-lo, criar o compromisso, a criatividade e a confiança que permitiriam implementar sua visão.

A adoção difundida de um propósito autêntico — um senso coletivo e claro dos objetivos de uma empresa que vão além de apenas ganhar dinheiro e que esteja enraizado em valores comuns profundamente aceitos e incorporados na estratégia e na organização da empresa — é um passo essencial rumo à reinvenção do capitalismo. Ela tem três efeitos crucialmente importantes. Primeiro, o propósito autêntico profundamente incorporado facilita muito identificar os tipos de inovações arquiteturais que permitem a criação de valor compartilhado. Segundo, ela facilita muito assumir os riscos e encontrar a coragem necessária para realmente implementar tais tipos de inovação. Terceiro, a criação de uma organização genuinamente orientada por um propósito é, em si mesma, um ato que cria valor compartilhado, visto que demanda a criação de tipos de funções necessárias para começar a resolver a desigualdade e a desenvolver uma sociedade justa.

O caso de negócio de Mark começou com o fato de que o sistema de saúde dos EUA está em dificuldades. Os custos com saúde daquele país são praticamente o dobro (mensurado como porcentagem do PIB) do que os custos no restante do mundo desenvolvido, sem proporcionar resultados melhores notáveis.[5] Por exemplo, em um estudo, a Organização Mundial da Saúde colocou os EUA em 37º, num total de 191 países, em termos de "desempenho geral do sistema de saúde". Outra análise que avaliou os sistemas de saúde de 11 países — Austrália, Canadá, França, Alemanha, Holanda, Nova Zelândia, Noruega, Suécia, Suíça, Reino Unido e Estados Unidos — sugeriu que os EUA tinham o pior desempenho do grupo.[6]

Ao mesmo tempo, o negócio existente da Aetna estava enfrentando um estresse cada vez maior. Os planos de saúde compõem um dos setores com menor prestígio nos EUA, com um net promoter score abaixo do das companhias aéreas e das TVs por assinatura.⁷ Além disso, perante as crescentes economias de escala, o setor estava se consolidando firmemente — e a Aetna era uma distante terceira colocada atrás das duas líderes setoriais, a United Health e a Anthem.⁸ Mark precisava de uma nova estratégia, e seu próprio senso profundo de propósito orientou sua escolha.

Seu senso de missão foi ativado por dois eventos devastadores que ocorreram quando tinha 40 e poucos anos. Em 2001, seu filho Eric, de 16 anos de idade, foi diagnosticado com câncer terminal. Posteriormente, Mark contou: "Disseram-me que ele tinha seis meses e que ninguém jamais tinha sobrevivido a esse tipo de câncer."⁹ Ele pediu as contas no trabalho e, de acordo com um observador, "mudou-se para o quarto do seu filho no hospital, torturando a equipe médica para obter informações e ajudando o filho a conseguir remédios não aprovados." Outra pessoa observou que Mark "baixou uma cópia do livro *Princípios de Medicina Interna de Harrison*, uma bíblia para os médicos residentes, e começou a ter discussões acirradas com os médicos, que achavam que ele estava em negação quanto às chances de sobrevivência do filho". Em um momento, Eric quase morreu de fome porque era alérgico aos únicos suplementos de gordura aprovados para uso nos EUA, mas Mark persuadiu um médico a localizar um suplemento à base de peixe na Áustria, entrou com pedido para isenção regulatória e convenceu o diretor da fabricante a levar o suplemento em seu próximo voo para os EUA. Seu filho é a única pessoa que sobreviveu a seu tipo de câncer: linfoma gama-delta da célula T.¹⁰

O episódio moldou sua visão sobre o sistema de saúde dos EUA e do que era necessário para consertá-lo. "A primeira lição foi que eles sempre olhavam para meu filho como o linfoma no quarto nº 4, sendo que eu o conhecia desde a sala de partos quando nasceu... Eles o viam como uma doença, e não como uma pessoa... O que aprendi por meio dessa experiência foi que o sistema de saúde não está muito bem conectado", relatou Mark. "Nós éramos a conexão. Nós éramos os defensores."

A percepção de que o sistema médico se importava com procedimentos individuais e com os resultados em vez de com seus pacientes como seres humanos integrais foi reforçada quando, em 2014 — menos de um ano após ter iniciado na Aetna —, ele sofreu um acidente terrível esquiando, deixando-o com o pescoço quebrado em cinco lugares e com danos permanentes no braço. O estabelecimento médico receitou analgésicos, mas, em suas palavras:

> Durante a recuperação, tomava sete narcóticos diferentes de uma vez. Adesivos de Fentan, Vicodin, Oxycontin, Neurontin e Keppra. E o consumo de álcool era liberado quando não tinha que ir a nenhum lugar. Era uma confusão. Alguém sugeriu a terapia craniossacral. Perguntei, "Que diabo é isso?" Mas, após a quarta consulta, estava me sentindo melhor e, depois de um período de cinco ou seis meses, parei com todos os remédios. Fiquei viciado na terapia craniossacral. Quando o terapeuta me disse, "Por que não experimenta ioga?", respondi, "Ah, isso é coisa de menina". Mas, depois que experimentei uma vez, não conseguia me mexer no dia seguinte. Disse: "Meu Deus! Isso é incrível, que baita malhação!" Comecei a praticar todos os dias porque me fazia sentir melhor. E, cerca de dois meses depois, disse: "A coisa vai mais longe." Então comecei a ler os Upanishads, o Bhagavad Gita, fui a retiros, aprendi alguns cantos, estudei um pouco de sânscrito e, tipo, "Que coisa mais fantástica!".[11]

Em resposta, começou a reconfigurar drasticamente a estratégia da Aetna. Ele esperava usar a empresa para transformar o plano de saúde de seus clientes ao torná-lo muito mais pessoal e mais conectado. Estabeleceu, então, duas iniciativas. A primeira foi o desenvolvimento de uma plataforma de ponta criada com big data e aspectos econômicos comportamentais de primeira classe. A plataforma não apenas simplificaria a forma como os clientes da Aetna interagiam com a empresa (um grande ponto problemático do negócio atual), mas também ofereceria uma gama de aplicações que poderiam apoiá-los a cuidar de sua própria saúde em tempo real. Nos EUA, por exemplo, entre 20% e 30% das receitas médicas não são compradas, e cerca de 50% de todos os medicamentos receitados para doenças crônicas não são tomados.[12] Isso causa cerca de 125 mil mortes por ano[13] e aumenta os custos com saúde entre US$100 bilhões e US$289 bilhões anualmente.[14] Um integrante mais antigo da equipe de Mark descreveu como a plataforma pode ajudar a resolver o problema:

Algo simples que podemos fazer é instituir um programa de lembretes, e direcionar especificamente aos clientes durante as primeiras seis receitas. Queremos oferecer incentivos para que usem a medicação, e podemos realizar inúmeros experimentos para testar ideias rapidamente e ver o que vai fazer a coisa andar. Será que damos o incentivo logo de cara para cada integrante do programa de lembretes, ou esperamos até ter comprado a sexta receita? Essencialmente, queremos conseguir oferecer o incentivo certo para a pessoa certa no momento exato, e de forma que a pessoa queira. Por exemplo — e isso depende do nível de consentimento que o cliente nos deu, e com quem podemos fazer parceria —, se um integrante está passando na frente de uma farmácia CVS ou de outro parceiro do varejo, podemos enviar uma mensagem em seu Apple Watch para que entrem e tomem a vacina contra a gripe, e, caso o façam, ganharão algum tipo de recompensa.[15]

A segunda iniciativa era colocar gente que pudesse trabalhar face a face com os clientes mais doentes da Aetna. No primeiro conjunto de programas-piloto, por exemplo, a empresa colocou uma equipe multidisciplinar em cada um dos oito distritos da Flórida. Cada equipe incluía enfermeiros, farmacêuticos, especialistas em saúde comportamental, assistentes sociais, nutricionistas e educadores comunitários de saúde. Todos os clientes da Aetna foram alocados a um gerente de cuidados, cujo trabalho era entrar em contato com eles, descobrir quais eram seus objetivos para sua saúde e acionar outras partes da equipe que fossem necessárias para alcançar esses objetivos. Christopher Ciano, presidente das operações da Aetna na Flórida, explicou:

> O programa Aetna Community Care usa uma abordagem holística que realmente compreende as necessidades e objetivos de cada participante. Um plano detalhado e personalizado é então designado para atender a tais necessidades. Historicamente, muitos de nossos programas foram desenvolvidos com base no estado das doenças, e não [em relação] aos objetivos específicos e personalizados de cada participante. Por exemplo, consideremos a insuficiência cardíaca

congestiva. Anteriormente, não estávamos estabelecendo resultados com base nos desejos pessoais do participante — talvez ele apenas queira conseguir sair e brincar com seus netos, em vez de alcançar uma métrica específica quanto à condição da doença. Nossa nova abordagem se concentra no que cada participante quer em termos de suas ambições específicas quanto à saúde, e passamos então a ajudá-los a alcançar esses objetivos ao estarmos na comunidade e interagirmos com eles onde vivem, trabalham e se divertem, no lugar de simplesmente fazê-lo por telefone ou correspondência.[16]

Mark descreveu a nova estratégia como "a parte do consumidor na revolução dos planos de saúde". Em seu âmago, estava uma tese clássica de valor compartilhado: a crença de que, se a Aetna pudesse fazer uma parceria com seus clientes para melhorar a saúde deles, eles não apenas ficariam muito mais saudáveis, mas os custos da empresa cairiam, permitindo a criação de um negócio próspero, lucrativo e altamente diferenciado. Nas palavras de Gary Loveman, a quem Mark contratou para executar essa estratégia:

> A compreensão geral que todos têm dos planos de saúde é que são irremediavelmente complicados e praticamente insolúveis, e isso tende a colocar medo nas pessoas. Tenho uma ideia mais simples, a de que muitos norte-americanos estão doentes desnecessariamente, sendo seus custos altos e suas vidas desafiadas sem qualquer necessidade como resultado. Por exemplo, consideremos dois homens com 60 anos que têm diabetes e falência renal na fase inicial. Um deles segue rigidamente o conselho médico e vive uma vida produtiva e feliz com custos de saúde levemente acima da média. O outro não segue o conselho médico e vive uma vida precária, insalubre e custosa, com diversas idas ao hospital e ao pronto-socorro. Minha ambição é fazer com que esse segundo homem veja o primeiro. Se conseguir isso, posso fazer com que muitas outras pessoas fiquem mais saudáveis, e podemos economizar horrores de dinheiro.[17]

Estruturada dessa forma, é claro, a estratégia de Mark parece ser simplesmente um bom negócio. Mas essa é a natureza do valor compartilhado — trata-se de resolver os grandes problemas enquanto, ao mesmo tempo, cria-se um caso de negócio. Não é uma questão de propósito *ou* lucros. A questão é usar a visão mais ampla fornecida por um propósito maior para encontrar tais tipos de oportunidades — e, então, incorporar o propósito na organização de tal forma que permita sua execução.

A estratégia de Mark era arriscada. Exigia um nível audacioso de inovação arquitetural, uma reinvenção completa de como a Aetna trabalhava com seus clientes e como criaria valor. Você vai se recordar da história da reação do exército britânico ao tanque e de como pode ser difícil executar a inovação arquitetural — especialmente dentro de uma organização grande, bem estabelecida e razoavelmente bem-sucedida. Por mais de 100 anos, o negócio da Aetna era vender e administrar planos de saúde. A empresa ganhava dinheiro controlando os custos, e não defendendo seus pacientes. A estratégia de Mark exigia que todos, da equipe sênior de liderança às pessoas que trabalhavam ao telefone, desenvolvessem um conjunto significativamente diferente de habilidades e agissem de formas muito distintas.

Minha experiência me diz que o facilitador mais confiável para esse tipo de mudança é o propósito compartilhado profundamente arraigado. Ele alinha todos na organização em torno de uma missão comum. Ele dá a todos um motivo para trabalharem rumo aos objetivos da organização como um todo, em vez buscarem seus próprios objetivos pessoais. O mais importante, ele desperta o tipo de criatividade, de confiança e de pura animação que permite às empresas antigas fazerem coisas novas.

As pessoas topam se esforçar muito para conseguir dinheiro, status e poder — motivadores "extrínsecos". Mas, para muitos, uma vez que suas necessidades principais estejam satisfeitas, o puro interesse e alegria do trabalho em si — a motivação "intrínseca" — são muito mais poderosos. O propósito compartilhado cria um senso de que o trabalho da pessoa tem *significado*, um dos catalisadores principais da motivação intrínseca e um catalisador de um trabalho mais criativo e com uma qualidade mais alta. Ele também cria um senso forte de identidade, outra fonte de motivação intrínseca e uma fonte poderosa de confiança dentro da empresa. Enquanto tal propósito apoia a autenticidade — a habilidade de viver a vida de acordo com seus valores mais profundos —, ele também aumenta a presença de emoções positivas, algo que está fortemente correlacionado com a habilidade de perceber novas conexões, de desenvolver novas habilidades, de recuperar-se após momentos difíceis e de ser mais resistente a desafios ou ameaças. Portanto, os funcionários de empresas orientadas a um propósito provavelmente serão significativamente mais produtivos, felizes e criativos do que aqueles de empresas mais convencionais.[18]

Um propósito autêntico também turbina a habilidade de trabalho em equipe. Os funcionários que se identificam profundamente com o propósito da empresa compartilham um conjunto comum de objetivos. Possivelmente, também serão significativamente mais "pró-sociais", quer dizer, temperamentalmente inclinados a confiar nos outros e gostar de trabalhar com eles. As equipes que compartilham objetivos comuns e que são compostas de pessoas realmente autênticas, fundamentalmente pró-sociais e intrinsecamente motivadas acham muito mais fácil comunicar e alinhar suas atividades, confiar uns nos outros e criar um sentimento de "segurança psicológica" — todos os atributos que catalisam um alto desempenho, a habilidade de assumir riscos e de aprender com os outros. As empresas orientadas por um propósito têm, dessa forma, muito mais chances de estarem abertas a novas possibilidades e de terem uma capacidade muito maior de lidar com a mudança arquitetural, geralmente necessária para aproveitar tais oportunidades.

Foi o próprio sentimento forte de propósito de Mark que lhe deu a perspectiva e a paixão necessárias para projetar a nova estratégia da Aetna. Porém, o desencadeamento da criatividade, da confiança e do compromisso necessários para que a Aetna executasse a estratégia exigiu a criação de uma organização orientada ao propósito — um com o qual a vasta maioria dos funcionários da empresa estivessem profundamente comprometidos, além de estarem convencidos de que a própria equipe da diretoria estava autenticamente orientada a ele.

Ele entrou de cabeça na tarefa. Começou comunicando sua história pessoal da forma mais frequente e autêntica possível. Encheu as paredes da sede da Aetna com cartazes animados que expunham os novos valores da empresa. Mas é fácil falar. Persuadir milhares de pessoas de que você não está de brincadeira — de que seu principal objetivo é fazer uma diferença no mundo, em vez de uma diferença nos resultados financeiros — exige deixar claro que há momentos em que você fará a coisa certa simplesmente porque é o certo. Que você colocará, pelo menos ocasionalmente, o propósito antes do lucro.

É assim, acredito, que devemos entender a decisão de Mark para aumentar o salário mínimo da Aetna. Sob argumentos de que seus funcionários teriam muito mais chances de se comprometerem com a saúde dos clientes caso suas próprias saúdes fossem cuidadas, Mark introduziu aulas de ioga e meditação na companhia. Não demorou até que todos os escritórios da Aetna com mais de 2 mil funcionários tivessem um zeloso centro de saúde, um centro fitness, um de mindfulness e uma farmácia. Ele enfrentou resistências. Como recorda:

> Tinha gente indo contra, com nosso CFO dizendo, ao mesmo tempo, "Somos uma entidade de geração de lucros. Não se trata de compaixão e colaboração." Eu respondi, "Bem, na realidade acho que se trata disso, sim. E estou no comando, então, é o que faremos."[19]

Então, ele aumentou o salário mínimo e teve o cuidado de falar sobre o caso econômico ao fazê-lo, observando que muitos dos funcionários afetados trabalhavam no serviço ao cliente, e argumentando que funcionários mais engajados fariam conexões melhores com os clientes da empresa. Como ele mencionou, "É difícil que as pessoas estejam totalmente engajadas com os clientes quando estão preocupadas em como colocar comida na mesa".[20] Mas não foi por isso que ele tomou essa atitude, ou não apenas por isso. O motivo foi que acreditava totalmente que era a coisa certa a ser feita. E aqui temos o paradoxo. Sua disposição em enfrentar as consequências decorrentes da decisão era um sinal claro de sua autenticidade — e isso, por sua vez, foi um passo importante para desencadear o poder do propósito em toda a organização. Observe o paradoxo aqui. Estar autenticamente orientado ao propósito pode ser uma estratégia poderosa de negócio. Mas não é possível decidir ser autêntico porque será um bom negócio. Isso não seria autêntico. A questão é essencialmente explorar o limite entre o propósito e o lucro, escolhendo fazer a coisa certa e lutando arduamente para encontrar o caso de negócio que possibilitará isso.

Mark deu passos importantes na reformulação da Aetna, mas seu destino como empresa orientada a um propósito está agora nas mãos da CVS, que comprou a empresa em 2018, em parte na esperança de que a nova estratégia da Aetna complementaria o desejo da CVS de transformar suas farmácias de varejo em centros de saúde nos bairros, e em parte, talvez, porque a própria CVS está testando a aplicação de um propósito.[21] Porém, sua experiência ilustra tanto o poder do propósito para semear o tipo de inovação arquitetural que poderia marcar o início de novas formas de criação de valor compartilhado em todo o sistema de saúde dos EUA, assim como a criação de uma organização genuinamente orientada a um propósito pode ser, por si só, uma estratégia para criar valor compartilhado.

As organizações eficazes orientadas a um propósito compartilham dois elementos. O primeiro é um sentimento claro de sua missão no mundo. Embora os líderes de empresas orientadas a um propósito estejam bastante cientes de que devem gerar lucros para sobreviver, ganhar dinheiro não é seu objetivo básico. Algumas dessas empresas existem para melhorar as vidas de seus clientes. Algumas se concentram na criação de empregos. Outras esperam resolver os problemas ambientais e sociais do mundo. No entanto, em todos os casos, elas colocam a missão acima da necessidade de maximizar os retornos para o investidor em curto prazo.

O segundo elemento é o compromisso de criar uma organização na qual todos os funcionários sejam tratados com dignidade e respeito, e vistos como seres humanos integrais cuja autonomia e o valor devem ser honrados. Em tais organizações "high road" ou de "alto compromisso", a autoridade é amplamente delegada e o trabalho é designado para empoderar as pessoas na linha de frente de modo a tomarem decisões e melhorarem o desempenho. As pessoas são rotineiramente desafiadas e recebem oportunidades para o crescimento pessoal. As organizações de alto compromisso pagam bem, mas utilizam-se mais da motivação intrínseca do que do uso de recompensas monetárias ou da ameaça de rescisão. A hierarquia é minimizada em favor do desenvolvimento da confiança e do respeito mútuo entre os superiores e os funcionários.

É a combinação de missão com essa mudança na natureza do trabalho que libera a criatividade, o compromisso e a energia pura que permitem às empresas orientadas a um propósito sobreviverem em um mundo implacavelmente competitivo — e que conduz à inovação necessária para a reinvenção do capitalismo. Os líderes que abraçam uma missão sem mudar a maneira em que administram muitas vezes se veem em dificuldades para implementá-la. Aqueles que meramente aumentam os salários sem mudar a natureza do trabalho e o propósito da organização terão impasses para bancar o aumento. Em resumo, a criação de organizações autenticamente orientadas a um propósito e "high road" é um passo importante rumo a uma sociedade justa.

Embora haja um crescimento saudável de empregos no limite superior da distribuição de renda, os trabalhos que tradicionalmente ofereciam um caminho para a classe média — na manufatura e no nível básico de trabalhos administrativos e técnicos — estão desaparecendo. Os novos empregos são basicamente temporários ou em áreas como saúde e assistência a idosos. Em geral, exceto na presença de sindicatos fortes, são trabalhos terríveis: pagam mal, não há benefícios e, em geral, os turnos são imprevisíveis e aleatórios. Para a maioria das pessoas, ter um bom emprego é fundamental para o sentido de bem-estar. É quase impossível ter uma boa vida se suas necessidades básicas de comida, abrigo e segurança não são supridas, mas os bons empregos também são fontes de status social, companheirismo e um sentido de significado que aumenta muito a felicidade.[22]

Estou passando a impressão de que bebi muito suquinho sabor propósito e que tudo isso é apenas um papo alegre? O restante deste capítulo procura persuadir você do contrário, eu não poderia estar falando mais sério. Há muitas evidências de que as empresas orientadas a um propósito não apenas sobrevivem rotineiramente sob condições brutalmente competitivas, mas também superam significativamente seus rivais mais convencionais.[23] Começo oferecendo uma ideia de como é um propósito eficaz na prática para ilustrar por que e como isso pode ser uma estratégia viável. Depois, respondo à pergunta importante de por que, sendo essa uma ótima forma de administrar, o mundo ainda não foi dominado por ela. Encerro explorando por que cada vez mais empresas estão anunciando seu compromisso com o propósito.

O Propósito na Prática

A maneira que a combinação de missão e natureza do trabalho acontece na prática para dar uma base tanto à inovação arquitetural como à geração de ótimos empregos pode ser vista de forma especialmente clara na King Arthur Flour ("KAF"), a empresa mais antiga de farinha nos Estados Unidos.[24] O produto mais vendido da KAF, o pacote de 2,2kg de farinha não refinada para uso geral, não é um produto atraente, e o mercado vem encolhendo há anos. Cada vez menos pessoas estão cozinhando, e a compra de farinha online vem crescendo, onde as marcas geralmente importam pouco. A KAF tem mais de 1 milhão de curtidas no Facebook e mais de 375 mil seguidores no Instagram.[25] (Em comparação, a General Mills, a atual líder de mercado com US$3,9 bilhões em vendas de produtos alimentícios, contra os aproximados US$140 milhões da KAF, tem cerca de 85 mil curtidas no Facebook e 2 mil seguidores no Instagram.[26]) As vendas estão crescendo anualmente perto dos 9%, uma taxa inédita para um produto primário em um setor com 200 anos de existência.

O propósito da KAF é "criar uma comunidade por meio da panificação",[27] e os três co-CEOs (!) têm uma ideia muito clara de por que e como fazer pães caseiros pode causar uma diferença no mundo. Karen Colberg, diretora de marca e uma das co-CEOs, me disse:

> De uma forma única, a panificação permite que as pessoas relaxem. E, sendo mãe de três adolescentes, estou constantemente em busca de conexão com minha família e de passarmos tempo juntos. E o que oferecemos às pessoas é a possibilidades de reunirem-se e fazerem algo.

Ralph Carlton, co-CEO e CFO, destaca o seguinte:

> Quando consideramos o preparo da comida em relação aos alimentos prontos, estamos dando presentes às pessoas. A conexão emocional que elas têm, aquele cheirinho de pão no forno, traz algo singular para esse preparo que une as pessoas. E isso nos inspira... tudo que fazemos está centralizado nessa experiência.

Suzanne McDowell, co-CEO e vice-presidente de recursos humanos, acrescentou:

> Veja, todo mundo pode fazer pão. Então, partindo desse ponto, e considerando como isso pode dar oportunidades iguais a todos — não importa seu nível de inteligência, ou quanto dinheiro tem, ou qualquer outra coisa que nos separa —, todos podem se unir e fazer pães juntos. E passar tempo com as pessoas, fazendo pães e aprendendo uma habilidade vital, não importa sua idade, pode ser uma experiência destacadamente unificadora. É possível fazer isso com sua família, seus colegas de trabalho e seus vizinhos. Cozinhar é uma oportunidade incrível de criar uma comunidade. E precisamos disso. É realmente importante em nosso mundo, sempre foi e sempre será.

Como no caso da Aetna, a adoção apaixonada desse propósito permitiu que KFA identificasse uma estratégia classicamente arquitetural. A empresa não se vê mais apenas vendendo farinha branca — ela passou a vender uma experiência, e está apoiando seus clientes a se tornarem grandes padeiros. Nas palavras de Ralph:

> Um dos grandes desafios da panificação, mas também uma das ótimas coisas a respeito disso, é que, para fazer pães, você precisa ter conhecimento. E, em geral, também precisa de inspiração. Pouquíssimas pessoas fazem pães sem pesquisar uma receita ou alguma outra orientação. E a panificação não perdoa. Não é como cozinhar, que, não importando o que faz, sempre sai algo relativamente bom. Na panificação, há o fracasso. [Então], começamos a disponibilizar informações na internet. E a coisa cresceu, deixando de ser uma pequena parte do que fazemos e tornando-se uma das fontes principais de conhecimento e inspiração para padeiros em todo o país agora.
>
> E essa é uma parte central da nossa estratégia... estamos apostando grande que as próximas gerações de padeiros, quando tiverem que escolher produtos, preferirão aqueles de empresas com as quais aprenderam mais e nas quais mais confiam. E isso não vai acontecer porque fiquei berrando para que você comprasse os produtos

da King Arthur. Mas porque demos uma ótima receita, ou porque lhe ensinamos uma técnica da qual você gostou muito... [porque] a King Arthur é realmente uma empresa que se importa com você, com a panificação e com a qualidade.

Essa estratégia é possibilitada por uma equipe profundamente participativa e totalmente empoderada que a adota como um motivo para trabalhar que vai muito além do pagamento, e que a torna imensamente difícil de ser imitada. A sede da KAF em Vermont — atualmente um grande ponto turístico[28] — tem uma loja de fábrica, onde os visitantes podem ver apresentações de panificação com amostras para degustação (feitas com os produtos da KAF, é claro), além de uma escola de panificação, onde centenas de padeiros entusiasmados chegam para assistir aulas com os padeiros mestres da King Arthur. A empresa também disponibiliza receitas e aulas de panificação online, e um canal de atendimento completo sobre panificação, por meio do qual os clientes podem tirar dúvidas com funcionários que possuem milhares de horas de experiência no assunto.[29] Todo mundo lá adora fazer pães. Todos vão além para ajudar a empresa a alcançar o sucesso. Os resultados financeiros mais recentes são compartilhados com todos os funcionários, e todos recebem treinamentos sobre como fazer a leitura dos relatórios e dos balanços contábeis. A empresa é muito seletiva quanto a quem contrata, e também igualmente cuidadosa sobre como trata a equipe. Karen explica:

> A cultura é uma parte muito presente do processo de contratação. Então, quando conhecemos as pessoas e falamos sobre virem trabalhar na King Arthur Flour, mencionamos como será algo participativo e colaborativo. Mas o que isso significa? Quero que as pessoas venham trabalhar sentindo-se responsáveis por si mesmas, perante suas equipes e com uma compreensão clara do que devem fazer. Além disso, que se sintam confortáveis em desafiar o que estejam fazendo e o que os outros estão fazendo. E em nos fazer perguntas para que tenhamos um diálogo muito produtivo quanto a questões como: aonde a empresa está indo? Por que você decidiu fazer isso? Você pensou bem a respeito?

Ralph acrescenta o seguinte:

> É uma cultura na qual as pessoas se inspiram em si mesmas para fazer a coisa certa. Karen geralmente exemplifica isso com o caso das festas de fim ano, quando fica tudo uma loucura, e enviamos milhares e milhares de produtos para nosso centro de distribuição diariamente. A notícia se espalha na empresa de que o pessoal do setor de separação e embalagem está sobrecarregado, precisando de ajuda. E as pessoas simplesmente ajudam, elas vão lá e dão uma mão, e não foi porque o chefe disse para fazerem isso.

Suzanne também comentou sobre o ambiente positivo de trabalho:

> As pessoas estão engajadas. Estão orgulhosas dos nossos produtos. Estão todas no mesmo barco. Não é como se estivéssemos isolados, e eu fico aqui no meu espaço, fazendo meu trabalho, sem qualquer impacto ou efeito em você. Na verdade, seu trabalho tem muito impacto e efeito em todo mundo. É divertido. Adoramos celebrar. Adoramos fazer pães. Em geral, ficamos muito empolgados para vir trabalhar todos os dias.

O sucesso competitivo da KAF está, dessa forma, intimamente relacionado com sua disposição em empoderar sua mão de obra — e esse empoderamento, por sua vez, significa que não é apenas divertido trabalhar na KAF, mas que a empresa pode superar as expectativas e oferecer aos funcionários, que aproveitam a oportunidade, uma chance de fazer uma poupança para a aposentadoria. (A KAF é uma empresa completamente possuída pelos funcionários, algo com implicações potencialmente importantes sobre as quais falarei no próximo capítulo.)

Criar um sentimento forte de propósito em uma empresa relativamente pequena como a King Arthur Flour é uma coisa, mas será que é possível implementar isso em organizações muito maiores? Sim, é. O exemplo da Toyota destaca o fato de que é possível criar um sentimento similar de criatividade e compromisso em uma organização bilionária que emprega centenas de milhares de pessoas.

A Toyota é uma organização profundamente orientada a um propósito. A Segunda Guerra Mundial destruiu a economia japonesa e grande parte da infraestrutura e do parque habitacional. Em 1950, o Japão tinha um PIB menor que a metade daquele da Noruega ou da Finlândia, apesar de ter uma população praticamente 20 vezes maior.[30] Em tal contexto, os líderes da Toyota — como aqueles de muitas das empresas mais bem-sucedidas do Japão na época — tinham dois objetivos: criar empregos e, visto que o Japão praticamente não tem recursos naturais, desenvolver empreendimentos prósperos que pudessem competir em uma escala internacional. A empresa foi fundada em 1937, mas, em 1950, uma disputa trabalhista devastadora quase a levou à falência. Precisando desesperadamente de dinheiro e com um pé no abismo, a Toyota conseguiu usar esse compromisso profundo com a comunidade para traduzir a ameaça da falência em uma nova forma de trabalhar que era uma ordem de grandeza mais produtiva do que o estilo de gestão de seus competidores norte-americanos, assim como uma fonte duradoura de ótimos empregos.[31]

Em 1957, quando a Toyota inaugurou um escritório nos EUA, a General Motors produzia um de cada dois carros vendidos naquele país. Os executivos da GM tiravam sarro das importações dos japoneses, confiantes de que tinham domínio dos consumidores norte-americanos. Porém, na década de 1980, os consumidores de lá tinham se apaixonado pelos carros japoneses. Eles reclamavam que os carros norte-americanos faziam muito barulho e vibrações, sendo muito menos confiáveis que seus concorrentes japoneses. A Toyota conseguiu criar carros muito melhores praticamente pelo mesmo preço ao considerar de forma muito distinta o sistema por meio do qual os carros eram projetados e fabricados, e mudando completamente o relacionamento entre os principais atuantes no sistema — resumindo, "rearquitetando" completamente como os carros eram projetados e fabricados.

O trabalho na GM — assim como em praticamente todas as outras empresas dos EUA na época — era historicamente organizado seguindo linhas estritamente funcionais e hierárquicas. A responsabilidade pelo desenho e pelas melhorias do sistema de montagem caía firmemente sobre os ombros dos supervisores e engenheiros de produção, enquanto a qualidade dos veículos era responsabilidade do departamento de qualidade, que os inspecionava assim que saíam da linha de montagem. Os administradores da GM eram notórios por acreditarem que os operários tinham pouco a contribuir — se é que tinham alguma coisa — para a melhoria do processo de produção. Os trabalhadores realizavam um mesmo conjunto de tarefas — por exemplo, apertando diversos parafusos — a cada 60 segundos durante 8 a 10 horas por dia. Não se esperava que fizessem qualquer coisa além disso, tampouco eram encorajados para tanto. Os relacionamentos entre os funcionários do chão de fábrica e os administradores locais eram ativamente hostis. Um trabalhador, entrevistado no início da década de 1990, descreveu como era a vida naquela época desta forma:

> Naqueles dias, lutávamos pela estabilidade no emprego de várias formas: "Diminui o ritmo, não trabalhe tão rápido." "Não mostre para aquele cara ao seu lado como fazer seu trabalho — a administração vai escolher um de vocês para fazer o trabalho dos dois." "De vez em quando, jogue uma chave-inglesa lá no meio para quebrar o equipamento — o pessoal da manutenção terá que vir e poderemos sentar um pouco e tomar café. Podem até ter que contratar outra pessoa e isso vai me deixar mais alto na lista de tempo de casa."
>
> A administração respondia à altura: "Atira primeiro e pergunta depois. Os bastardos idiotas não sabem o que estão fazendo..." Os chefes buscavam funcionários a quem pudessem coagir a fazer o serviço do jeito que queriam. A mensagem era simples: "Se não fizer do meu jeito, vou despedir você e colocar alguém que vai fazer. Tem mais dez pessoas esperando para fazer seu trabalho."

A GM tinha um relacionamento análogo com seus fornecedores, tratando-os como se fossem facilmente substituíveis e diminuindo os custos ao colocá-los uns contra os outros. Mas a Toyota demonstrou que era possível estruturar o trabalho de maneiras significativamente diferentes. Os empregos na linha de produção da Toyota eram ainda mais precisamente definidos do que os na GM: por exemplo, instruções detalhadas para cada posto de trabalho especificavam qual das mãos deveria ser usada para pegar cada parafuso. Porém, os funcionários da Toyota tinham uma gama muito mais ampla de

VALORES COMUNS PROFUNDAMENTE ARRAIGADOS 101

responsabilidades.³² Cada um recebia um extenso treinamento cruzado, e esperava-se que conseguissem lidar com seis a oito funções diferentes na linha. Também eram responsáveis tanto pela qualidade do veículo como pela melhoria contínua do próprio processo de produção. Esperava-se que todos na linha identificassem problemas de qualidade quando ocorriam, para que acionassem o sistema Andon, localizado em cada estação de montagem para convocar ajuda para resolver os problemas em tempo real, e, caso necessário, acionassem novamente o "sistema Andon" para interromper toda a linha de produção. Os funcionários desempenhavam um papel ativo nas equipes responsáveis por identificar melhorias no processo que pudessem aumentar a velocidade ou a eficiência da linha. Como parte desse processo, eles eram treinados em controle estatístico de processos e em design experimental.

Os supervisores e engenheiros industriais ainda existiam na Toyota, mas eram encarregados explicitamente de estar à disposição dos operários de chão de fábrica. Tudo estava a serviço da melhoria contínua do processo, e os responsáveis pela melhoria eram esses operários. A Toyota tinha uma forte cultura igualitária, e o "respeito pelas pessoas" era um de seus valores centrais.

A empresa levou a mesma combinação de respeito profundo e empoderamento difundido para seus relacionamentos com os fornecedores. Eles eram tratados como "parceiros fornecedores" e lhes eram confiadas informações patenteadas, o que lhes permitia trabalhar de perto com a Toyota no serviço de criação de carros melhores. A empresa até mesmo mudou a natureza do trabalho administrativo no setor. Dentro da companhia, as pessoas do marketing e da engenharia eram encorajadas a pensar em si mesmas como aliadas, e não como adversárias. A função financeira era encorajada a apoiar o processo de melhoria contínua, em vez de agir como uma força normativa implacável a serviço dos resultados. Os funcionários eram encorajados a verem-se como estando a serviço do propósito da firma, no lugar de estarem a serviço de sua própria vantagem.

Tal estratégia foi um sucesso espetacular. No fim da década de 1980, os japoneses levaram 1,7 milhão de horas de engenharia para desenvolver um carro de US$14 mil, enquanto seus concorrentes norte-americanos levaram quase o dobro do tempo. Na linha de produção, a GM levava quase o dobro de número de horas, comparada com a Toyota, para montar um carro.[33] Em 1990, o valor de mercado da Toyota era o dobro do valor da GM, e, em 2008, a empresa era a maior fabricante de automóveis do mundo.[34]

Permita-me dizer isso de outra maneira: a Toyota estava desenvolvendo novos carros na metade do tempo e do custo se comparada com seus rivais norte-americanos, e sua fabricação usava metade do número de pessoas. As empresas dos EUA levaram quase 20 anos para aceitar esses resultados, apesar de o sucesso da Toyota ter sido vastamente documentado. Há, pelo menos, 300 livros e mais de 3 mil artigos acadêmicos escritos sobre a empresa.

Além do mais, a Toyota não é a única. Em cada setor, a produtividade das empresas mais produtivas é em média mais do que o dobro das menos produtivas.[35] Pesquisas recentes, que utilizaram dados coletados de milhares de empresas ao redor do mundo, confirmam que essas diferenças são quase certamente impelidas pelas maneiras como as empresas são administradas. Práticas de trabalho de "alto compromisso" conduzem o aumento na produtividade em uma variedade extraordinária de setores.[36]

Se a administração com propósito não é apenas possível, mas potencialmente uma fonte poderosa de vantagem competitiva, então por que todo mundo não está administrando assim? Por que tantas empresas são muito lentas para colocar essas ideias em prática? A Gallup registra que 34% dos trabalhadores dos EUA estão agora "ativamente engajados" — o maior número na história da Gallup — e que a porcentagem dos "ativamente desengajados" caiu para 13%, um novo recorde de baixa. Porém, mais da metade de todos os funcionários continuam "não engajados" — satisfeitos no geral, mas sem conexão cognitiva ou emocional com seu trabalho ou ambiente profissional. Eles comparecem e fazem o mínimo necessário, mas provavelmente sairão se receberem uma oferta financeira levemente maior.[37]

O motivo pelo qual a administração orientada a um propósito não é universal ou, pelo menos, mais comum, é porque ela é *em si mesma* uma inovação arquitetural de primeira magnitude, exigindo que os administradores pensem em si mesmos, em seus funcionários e na estrutura da empresa de formas totalmente novas. E, infelizmente, muitos deles são prisioneiros de uma cosmovisão — e, com isso, de uma visão dos funcionários e de um método de gestão — que tem mais de 100 anos de idade. Se queremos reinventar o capitalismo, é vital que compreendamos exatamente de onde tal cosmovisão veio e como ela pode ser mudada.

Moldando Cosmovisões há 100 Anos

Os grandes capitalistas da era vitoriana viam seus funcionários como fundamentalmente egoístas e preguiçosos, motivados principalmente pelo dinheiro e com a necessidade de serem cuidadosamente controlados. As empresas eram administradas em linhas estritamente hierárquicas, com uma divisão austera entre a administração e os funcionários, e sob uma premissa quase uniforme de que o trabalho e o capital estavam destinados a estar em conflito. Em geral, os empresários da época presumiam que a criação de um negócio de sucesso exigia impor uma supervisão rígida da mão de obra e manter os salários o mais baixo possível. Nos Estados Unidos, quebraram os sindicatos quando podiam, contrataram exércitos particulares para lutar — e matar — funcionários em greve e persuadiram a Suprema Corte dos EUA de que os sindicatos deveriam ser processados sob as leis antitruste.

Tal visão sobre a vasta maioria dos funcionários como basicamente máquinas burras que eram aproveitadas pela habilidade e expertise dos administradores foi muito reforçada pela invenção da "administração científica", uma perspectiva que concedia um selo científico à crença e que a transformava em senso comum não apenas na GM, mas na maioria das empresas grandes durante a maior parte do século XX.

A administração científica foi inventada por um homem chamado Frederick Taylor. (De fato, a técnica é geralmente chamada de "taylorismo".) Ele era um norte-americano de sangue azul. Descendente de um dos peregrinos do Mayflower, frequentou a Phillips Exeter Academy e foi admitido em Harvard. Porém, talvez devido à sua visão que se deteriorava rapidamente, decidiu fazer um estágio de quatro anos como operário de chão de fábrica, por fim iniciando na Midvale Steel Works em 1878 como operador de máquinas. Foi rapidamente promovido e tornou-se engenheiro-chefe dos trabalhos.

A experiência de Taylor nessas funções o convenceu de que a vasta maioria dos funcionários de fábricas estava "enrolando", ou deliberadamente trabalhando o mais devagar possível, e ele começou um estudo sistemático do que atualmente denominamos "produtividade". Ele descobriu que, em vários casos, o resultado poderia ser muito melhor ao dividir cada ação em suas partes componentes, melhorando a produtividade de cada parte, e então forçando os empregados a seguirem precisamente os procedimentos expostos a eles pela administração. Na prática, isso significava usar a promessa de recompensa financeira para transformar as pessoas em robôs. Uma de suas histórias mais famosas conta sobre o carregamento de barras de ferro em uma empresa chamada Bethlehem Steel. O experimento começou com um homem que ele chamou de Schmidt. Taylor conta a história assim:[38]

> O nosso problema, então, se limitava em conseguir de Schmidt o carregamento de 47 toneladas de barras de ferro por dia e que ele fizesse esse trabalho com satisfação. Procedemos da seguinte forma: Schmidt foi chamado à parte e falamos-lhe mais ou menos deste modo:
>
> — Schmidt, você é um operário classificado? [...] Quero saber se você é um operário classificado, ou um desses pobres-diabos que andam por aí. Quero saber se você deseja ganhar US$1,85 por dia, ou se está satisfeito com US$1,15 que estão ganhando todos esses tontos aí.
>
> — Se quero ganhar US$1,85 por dia? Isso é que quer dizer um operário classificado? Então, sou um operário classificado.
>
> [...]
>
> — Bem, se você é um operário classificado, deve fazer exatamente o que este homem lhe mandar, de manhã e à noite. Quando ele disser para levantar a barra e andar, você se levanta e anda, e, quando ele mandar sentar, você senta e descansa. Você procederá assim durante o dia todo. E, mais ainda, sem reclamações. Um operário classificado faz justamente o que se lhe manda e não reclama. Entendeu?

Quando este homem mandar você andar, você anda; quando disser que se sente, você deverá sentar-se e não fazer qualquer observação. Finalmente, você vem trabalhar aqui amanhã e saberá, antes do anoitecer, se é verdadeiramente um operário classificado ou não.*

Taylor passa a explicar como Schmidt foi transformado em um humano robô — trabalhando quando lhe diziam para trabalhar, descansando quando lhe diziam para descansar — e como essa disciplina aumentou sua produtividade em mais de 60%. Tal afirmação é praticamente um exagero.[39] No entanto, há muitas evidências de que o uso dos métodos de Taylor aumentou drasticamente a produtividade em uma vasta gama de contextos. Os defensores de sua abordagem ainda afirmam que colocar toda a expertise nas mãos da administração e gerenciar as pessoas como se fossem máquinas pode ter seus aspectos negativos, mas também tem efeitos tão impressionantes na produtividade que vale a pena pagar tais custos. O "Taylorismo" tornou-se o senso comum, e *Princípios de Administração Científica* foi o livro mais vendido de negócios na primeira metade do século XX. As ideias de Taylor foram tão vastamente aceitas que as primeiras evidências de que adotar um propósito poderiam aumentar significativamente o desempenho foram amplamente desconsideradas — e, mesmo quando tal adoção foi por fim reconhecida, as empresas consideraram extremamente difícil implementar as novas formas de trabalho. Veja, por exemplo, a dificuldade da GM em reagir ao sucesso da Toyota.

A Dificuldade de Encontrar um Novo Caminho: A GM Reage à Toyota

No início da década de 1980, os líderes da GM estavam convencidos de que a Toyota realmente estava fazendo "algo diferente" em suas fábricas. Mas, inicialmente, recusaram-se a acreditar que a essência da vantagem da Toyota estava no relacionamento com seus funcionários. Em vez disso, concentraram-se em mudanças tangíveis no processo de produção — ferramentas como dispositivos

---

* *Princípios de Administração Científica*, Frederick Winslow Taylor, tradução de Arlindo Vieira Ramos, 8ª edição, São Paulo, editora Atlas, 1990, páginas 44–46. [N. do T.]

programados para mudar as matrizes de estampagem rapidamente, ou o uso do "just in time" nos sistemas de estoque — e não no conjunto de práticas administrativas que possibilitaram o desenvolvimento e a aplicação dessas técnicas. Por exemplo, um consultor da GM reportou, na década de 1980:

> Veio uma ordem lá do alto escalão — de um vice-presidente— para que um dos gerentes da GM deixasse uma das fábricas da empresa igual à NUMMI [uma fábrica que a Toyota adquirira da GM e transformara totalmente]. E ele disse, "Quero que você vá lá com câmeras e tire foto de cada centímetro quadrado. E, de tudo que tirar foto, quero que faça idêntico em nossa fábrica. Não há desculpas para justificar por que somos diferentes da NUMMI, por que nossa qualidade é mais baixa, por que nossa produtividade não é tão alta, visto que você copiará tudo que observar..." No mesmo instante, o gerente sabia que aquilo era loucura. Não temos como copiar a motivação dos funcionários ou o bom relacionamento entre o sindicato e a administração. Não é algo que seja possível copiar, muito menos tirar uma foto disso.[40]

O desempenho na General Motors era definido com base em regras bem definidas ou em métricas facilmente observáveis, como se cada um cumpriu os prazos preestabelecidos, enquanto o desempenho na Toyota era avaliado com base na atuação da equipe como um todo.[41] Na Toyota, os objetivos eram estabelecidos conjuntamente por meio de comunicações dinâmicas ao longo de diversos níveis da organização, uma ideia totalmente estranha à maneira de comando e controle "de cima para baixo" na qual a GM operava.

Aqueles administradores cujas carreiras inteiras tinham sido dedicadas a concentrarem-se no trimestre corrente, preparando seus números e aprendendo a refinar um sistema existente estavam mal equipados para repensar os fundamentos da gestão de funcionários. As pessoas que tinham sempre gerido seus fornecedores e seus operários de fábrica por meio de intimidações tiveram muita dificuldade de considerá-los uma fonte de melhoria contínua e de tratá-los com confiança e respeito.

Ainda mais crucial, a adoção bem-sucedida de práticas trabalhistas de alto desempenho exige a habilidade de criar níveis profundos de confiança, e o histórico da GM mostrava que a empresa tinha problemas terríveis para fazer isso. A companhia preferia gerir com base nos números e promover usando resultados quantitativos. Não há nenhum conjunto de objetivos numéricos que possa especificar os tipos de comportamentos que caracterizam as empresas de alto desempenho. A administração sênior anunciaria um compromisso com relacionamentos de longo prazo e com o desenvolvimento de confiança, mas até que, e a menos que, tais anúncios estivessem combinados com compromissos similares e incentivos alterados no nível local, poucos acreditavam que os gerentes locais com quem lidavam de fato mudariam seus comportamentos.

Um exemplo extraordinário do valor que pode ser criado por esse tipo de confiança é que, por vários anos, o manual de funcionários da Nordstrom consistia em uma única página com os seguintes dizeres:[42]

BEM-VINDO(A) À NORDSTROM

Estamos felizes por você fazer parte de nossa Empresa. Nosso objetivo número um é oferecer um serviço excepcional ao cliente. Estabeleça altos objetivos pessoais e profissionais. Temos grande confiança em sua habilidade de alcançá-los.

Regras da Nordstrom: Regra n° 1:

Use bom senso em todas as situações.

Não haverá outras regras.

Por favor, sinta-se à vontade para fazer qualquer pergunta, a qualquer momento, ao gerente de seu departamento, ao seu gerente de loja ou ao gerente-geral da divisão.

E era verdade. A Nordstrom criou um registro impressionante no setor varejista baseando-se no fato de que seus funcionários "usassem bom senso". Em uma série de casos famosos, um associado de vendas aceitou a devolução de pneus para neve (a Nordstrom não vende esse produto), outro dirigiu por horas para entregar algumas peças de roupas para que o cliente pudesse participar de um evento familiar, e um terceiro trocou os pneus de um cliente perdido no estacionamento da empresa. Histórias assim deram à Nordstrom a reputação de um serviço excelente ao cliente que tornou-se motivo de inveja das concorrentes e que criou uma profunda lealdade do cliente.[43]

Porém, os administradores apenas confiarão que os funcionários "usem seu bom senso" caso haja um longo histórico de sucesso dessa estratégia — e os funcionários apenas aceitarão assumir o risco de agir por sua própria iniciativa se a empresa tiver um longo histórico de recompensá-los caso o façam. Uma confiança real só pode ser desenvolvida com o tempo, e apenas por empresas que estejam dispostas a fazer os sacrifícios em curto prazo necessários em qualquer relacionamento para demonstrar um compromisso autêntico.

A obsessão da GM com os retornos em curto prazo e com as metas numéricas dificultou enormemente que a empresa desenvolvesse tal tipo de confiança. Em 1984, por exemplo, a empresa anunciou que estava interessada em modificar o contrato sindical para apoiar o uso de equipes e a resolução conjunta de problemas — mas, depois, foi vazado um comunicado interno sugerindo que a GM planejava usar o novo contrato apenas para reduzir o número de funcionários. Ao longo da década de 1980, muitos da liderança sindical estavam convencidos de que a GM estava implementando as práticas da Toyota apenas como uma tentativa de acelerar a produção e de colocar os funcionários sob uma pressão ainda maior. A GM, dessa maneira, enfrentou problemas significativos na criação de confiança com sua mão de obra. É difícil confiar em uma entidade cujo propósito declarado seja ganhar dinheiro à custa dos funcionários sempre que possível.

É tentador acreditar que a GM era apenas e exclusivamente má administrada, mas vi problemas similares surgirem em diversas empresas que tentaram adotar práticas trabalhistas de alto desempenho. Muitos gestores ficam relutantes em abrir mão da premissa confortável de que os funcionários são idiotas e de que os administradores estão no controle total. Eles se recusam a realizar o intenso trabalho emocional e mental de criar uma forma de trabalho na qual todos sejam respeitados e que o poder seja amplamente distribuído. E, quando decidem dar esse passo, pode ser difícil fazer investimentos de longo prazo que são cruciais no desenvolvimento de confiança.

Podemos ver tal dinâmica acontecendo há mais de 150 anos. As empresas orientadas a um propósito emergem — demonstram o poder de uma administração orientada a um propósito — e são desconsideradas. Mas foram suas práticas que geraram os fundamentos de nosso momento atual, criando um conjunto profundo de experiências que permanecem relativas até hoje.

O Surgimento de Empresas "High Road"

Em 1861, quando George e Richard Cadbury assumiram a empresa paterna de chá e café prestes a falir, eles criaram uma das primeiras companhias explicitamente orientadas a um propósito, transformando-a em um dos negócios mais bem-sucedidos da Inglaterra.[44] Seu profundo comprometimento com uma tradição de fé que acentuava a igualdade de todos os seres humanos foi determinante para o sucesso, destacando o papel crucial que as fortes convicções espirituais ou políticas geralmente desempenham ao conceder aos líderes a coragem e a visão necessárias para administrar com propósito.

Os irmãos Cadbury nasceram em Birmingham, no Reino Unido, sendo a quarta geração familiar de Quakers, ou, como preferiam ser chamados, membros da Sociedade de Amigos. Os membros dessa sociedade eram profundamente comprometidos com a "luz interna", ou a crença de que Deus manifesta-se diretamente em todos, e foram proeminentes na luta contra a escravidão e nas campanhas pela reforma penal e pelo acesso universal à educação. Como comunidade, desconfiavam dos lucros, na crença de que a função da indústria deveria ser o serviço à comunidade como um todo, e que o conflito entre os operários e a administração deveria ser resolvido por meio de conversas abertas e boa vontade.

Os dois irmãos Cadbury herdaram uma empresa que estava em dificuldades: ela contava com apenas 11 funcionários (tinha chegado a 20) e perdia dinheiro. Juntos, investiram as £8 mil que herdaram de sua mãe (aproximadamente £700 mil/US$861.300 na cotação atual)[45] e começaram o trabalho intenso de transformação do negócio. Em 1984, estavam obtendo um pequeno lucro e, durante as décadas seguintes, construíram uma das empresas mais bem-sucedidas da Inglaterra. Seu propósito era simples: vender cacau e chocolate da melhor qualidade possível. Quando começaram, os produtos no mercado eram basicamente uma papa altamente diluída. De acordo com George Cadbury, "apenas 20% era cacau, e o resto era amido de batata, sagu, farinha e melaço". A Essência de Cacau da Cadbury chegou ao mercado em 1866, com o slogan "Totalmente pura, portanto, a melhor" e citava médicos em suas propagandas. Em 1905, a empresa lançou o chocolate "Cadbury's Dairy Milk", novamente destacando sua pureza, visto que usavam leite fresco em vez de em pó. Um compromisso com o uso dos melhores ingredientes possíveis permaneceria uma marca registrada da companhia durante o século seguinte. Como todas as empresas orientadas a um propósito e de alto desempenho, eles combinaram um forte sentimento de propósito social do negócio com uma forma radicalmente diferente de tratar seus funcionários.

Em 1878, os irmãos construíram uma grande fábrica a cerca de 6,4km de Birmingham. A fábrica, que recebeu o nome "Bournville" numa tentativa de sugerir uma associação francesa para o chocolate, prosperou, e, em 1895, os Cadburys compraram mais 48,5 hectares e iniciaram a construção de uma vila-modelo ao redor dela, repleta de árvores, flores e jardins. George era professor ativo no Movimento Quaker de Escola para Adultos e tinha passado anos lecionando nas piores favelas de Birmingham. A experiência levou-o a perceber que era importante transformar as condições de vida dos pobres, assim como oferecer educação a eles. "Se não tivesse tido contato com as pessoas em minhas aulas para adultos em Birmingham", disse ele posteriormente, "e se não tivesse descoberto, com as visitas aos pobres, como era difícil levar uma vida boa nos becos, provavelmente nunca teria construído a vila Bournville". Tal destaque na experiência pessoal com os menos privilegiados é outro tema recorrente nos relatos de líderes orientados a um propósito: a experiência prática geralmente fornece uma motivação para explorar um modo diferente de liderança.

Desde o início, os irmãos rejeitaram explicitamente a abordagem de Taylor à administração. "Mesmo sob o aspecto produtivo", ressaltou um deles em um artigo de 1914 intitulado "The Case Against Scientific Management" [O Caso Contra a Administração Científica, em tradução livre], "com os resultados afirmados pelos defensores da administração científica, ainda há a questão sobre os custos humanos da economia produzida". George Cadbury disse à Conferência dos Funcionários Quakers que "o status do ser humano deve ser tal que seu respeito próprio seja integralmente mantido, e que seu relacionamento com o empregador e com os colegas de trabalho seja educado e de bons cidadãos."

Os irmãos tratavam seus funcionários como família, e ficaram famosos por sua relutância em ficar enrolando e por sua prontidão em colocar a mão na massa. Logo no começo, investiram pesadamente na educação. Exigiam que todos os funcionários fizessem um curso acadêmico introdutório para depois escolherem um treinamento comercial ou técnico, caso desejassem. Os Cadburys ofereceram espaços para esportes e educação física. Começaram a pagar auxílio-doença e um fundo de aposentadoria. Havia festas de Natal, Ano-novo e de verão. Também começaram a testar a participação dos funcionários na administração da fábrica. A empresa era formalmente gerida pelo Conselho Administrativo (composto por membros da família), mas controlado no dia a dia por uma série de comitês, incluindo um Comitê de Trabalho dos Homens. Esse incluía funcionários e encarregados, sendo responsável pelas condições da fábrica, pelo controle de qualidade e pelas funções de assistência social. Em 1902, a Cadbury apresentou uma sugestão de esquema por meio do qual os representantes dos funcionários eleitos diretamente eram convidados a sugerir melhorias na administração da fábrica, e, em 1919, a empresa começou a instituir uma democracia industrial total, criando uma estrutura tripartite, onde o Comitê da Fábrica e o Comitê de Grupos se reportavam a um Comitê de Trabalho.

Na década de 1930, a Cadbury era a 24ª maior empresa na Inglaterra e tinha criado um portfólio de marcas que até hoje permanecem muito fortes mundialmente. (O chocolate Fruit and Nut Bar da Cadbury foi uma marca registrada da minha infância, e, até hoje, um dos meus prazeres da vida é comer uma dessas barras calmamente sempre que vou à Inglaterra.) A empresa permanece uma inspiração para muitos líderes orientados a um propósito, mas, naquela época, a experiência da Cadbury foi desprezada, considerada uma esquisitice — uma função das crenças Quaker dos donos, e não um método novo de gestão.

A ideia de que talvez houvesse uma forma melhor de administrar continuou a aparecer. Na década de 1940, o acadêmico britânico Eric Trist foi convidado para visitar Haighmoor, uma mina de carvão britânica cerca de 80km ao leste de Cambridge. Por convenção, a grande maioria das minas de carvão britânicas era organizada seguindo as linhas tayloristas, mas Haighmoor era diferente. Lá, os equipamentos convencionais não conseguiam acessar os lugares mais profundos, e os mineiros tinham desenvolvido um sistema que usava equipes auto-organizadas nas quais cada um conseguia desempenhar até seis funções diferentes.

A mina era muito mais segura e produtiva do que qualquer outra concorrente, mas, quando Trist sugeriu que poderia ser uma boa ideia usar algumas das técnicas de Haighmoor em outras minas, a agência governamental que lhe tinha permitido estudar o local rejeitou a ideia, para começar. A agência aparentemente temia que a interferência dele apenas levaria a conflitos e o proibiu de incluir o nome "Haighmoor" em seus relatórios. O temor de que empoderar funcionários os deixaria arrogantes e causaria uma fricção significativa entre os operários e a administração continuou vindo à tona como um motivo para rejeitar a administração high road, apesar da experiência sugerir precisamente o contrário.

Trist passou, então, a colaborar com um grupo de noruegueses que tinham lutado exitosamente contra Hitler em equipes pequenas e auto-organizadas, tendo criado, juntos, equipes em toda a indústria norueguesa. Ele acreditava que sua abordagem tinha o potencial de conduzir melhorias drásticas no desempenho. No entanto, embora tenha conseguido causar interesse em algumas corporações com suas ideias, mais cedo ou mais tarde, quase todos os administradores voltavam atrás agoniados, "como se tivessem descoberto que Trist estava tentando eliminá-los". Em certo sentido, é claro, ele estava mesmo. "A opinião deles tinha uma pitada de verdade", disse ele, anos depois. "Eles detinham todo o poder e faziam o que bem quisessem, e não queriam compartilhar o poder."[46] Como vimos no caso da GM, isso ainda é uma barreira importante à mudança. Os líderes bem-sucedidos orientados a um propósito precisam aprender a abrir mão do controle — acreditar mais profundamente que as pessoas que trabalham para eles têm pelo menos tanta criatividade e motivação quanto eles.

As ideias de Trist reapareceram no trabalho de Douglas McGregor, professor na Sloan School of Management do MIT. Em sua obra, *Os Aspectos Humanos da Empresa*, publicada em 1960, ele apresentou duas teorias da motivação humana, prenunciando muito da teoria moderna de motivação. A primeira, a "Teoria X", considerava as pessoas basicamente egoístas e preguiçosas, dispostas apenas a trabalhar em prol de si mesmas e por recompensas extrínsecas como dinheiro, status e poder. A segunda, a "Teoria Y", tinha como hipótese que as pessoas são motivadas de igual modo, ou ainda mais, por recompensas intrínsecas — o prazer do controle e da autonomia, pela oportunidade de desenvolver relacionamentos com outros e pelo desejo por significado e propósito. A Teoria Y antecipou muito da pesquisa moderna ao postular que as pessoas são tão "grupais" quanto egoístas, que estão programadas para gostar e fazer parte de um grupo e inclusive, em certas circunstâncias, para agir de forma cooperada e até altruísta. O livro, por vezes, foi interpretado como um argumento a favor dessa teoria, mas o próprio McGregor insistia que, em sua visão, a correta não era a Teoria Y, mas que ambas são modelos úteis, e que usar apenas a Teoria X seria uma simplificação exagerada e perigosa que deixa de fora diversas fontes poderosas de motivação.

Um dos primeiros grupos que colocaram as ideias de McGregor em prática era composto por administradores em Augusta, Geórgia (EUA), que faziam sabão de roupas para a Procter & Gamble (P&G).[47] A P&G foi uma das primeiras a adotar — e com entusiasmo — os princípios da administração científica, mas, no início da década de 1960, os administradores que construíam a fábrica em Augusta estavam ficando cada vez mais frustrados pelas limitações. Tudo era rigorosamente mensurado, especificado e envolto em um emaranhado de regras e procedimentos. Decidiram, então, fazer algo diferente.

O primeiro passo foi convidar McGregor para visitá-los. Eles gostaram de "sua fala simples e seu estilo brutalmente franco e intensamente engajado de administrar", e também de sua descrição das técnicas de Trist, e decidiram colocá-los em prática. Passaram a utilizar um sistema sob o qual a fábrica de Augusta era operada totalmente por "técnicos" organizados em equipes, sendo que cada uma deveria desenvolver uma vasta gama de habilidades e contribuir ativamente para a melhoria contínua da fábrica. Lá, não havia classificação de funções nem cotas de produção. Os funcionários passavam quatro horas por semana em treinamentos e outras duas horas em reuniões para a solução de problemas. Resumindo, a fábrica inventou algo incrivelmente parecido com o sistema de produção da Toyota anos antes da Toyota causar controvérsias nos Estados Unidos. A fábrica em Augusta foi tão bem-sucedida que, em 1967, todas as novas fábricas da P&G deviam usar o sistema.

A primeira fábrica projetada para usar as novas técnicas do zero foi construída em Lima, Ohio (EUA). Sob a liderança de Charlie Krone — um gerente de fábrica incomum que estudara não apenas Trist, mas também os misticismos tibetanos e sufistas e a obra do mestre espiritual George Gurdjieff —, a fábrica de Lima foi projetada para "incorporar o aprendizado" e integrar os fatores emocionais e psicológicos diretamente no projeto de trabalho. As necessidades humanas dos funcionários eram consideradas como sendo pelo menos tão importantes quanto às da empresa. Havia uma hierarquia mínima. Se alguém quisesse resolver um problema, deveria persuadir os colegas a criar uma equipe. As equipes gerenciavam seus próprios horários enquanto os administradores atuavam como mentores e facilitadores. E também tiveram um sucesso enorme. Rumores diziam que os custos de produção eram a metade dos de uma fábrica convencional, mas podem ter sido ainda menores. Os gerentes da fábrica aparentemente achavam que ninguém acreditaria nos números reais.

Porém, os administradores da fábrica em Lima que tentaram persuadir outros a usarem as técnicas das quais tinham sido pioneiros tiveram pouquíssimo sucesso. Os de alto escalão ficaram intrigados no começo, e depois se sentiram ameaçados com aquela "conversa de hippies" vinda daqueles que tinham experimentado a nova forma de fazer as coisas. De sua parte, os novos líderes ficaram profundamente frustrados com seus superiores, persuadindo ainda mais os líderes seniores de que aqueles não estavam levando a coisa a sério e que não mereciam confiança. Krone tornou-se um "outsider", um guru da administração que trabalhava com um grupo íntimo de aprendizes para difundir as novas técnicas em empresas menores que não estavam listadas na Fortune 500.

A ideia de que empoderar os funcionários, tratá-los bem com confiança e respeito, e motivar a organização por meio de objetivos comuns e propósitos compartilhados poderia aumentar drasticamente o desempenho não morreu. Trist se tornou um dos fundadores do Instituto Tavistock, um grupo de pesquisadores que destacava a importância das relações humanas na modelagem do trabalho. O trabalho de Douglas McGregor no MIT influenciou o trabalho de seu colega Ed Schein, que veio a ser o principal especialista de cultura organizacional do mundo. Acadêmicos como Michael Beer de Harvard continuaram a escrever sobre as empresas de alto desempenho cujo sucesso estava enraizado na liderança orientada a um propósito e no respeito pelos funcionários. Mas, durante décadas, a organização orientada a um propósito era um ponto fora da curva, mais uma exceção do que uma regra.

Contudo, o mundo mudou drasticamente nos últimos dez anos. A ideia de que o propósito pode motivar o desempenho se tornou praticamente um senso comum. Em uma pesquisa, quatro em cada cinco CEOs concordaram que "o crescimento e o sucesso futuros de uma empresa dependerão da missão orientada a valores que equilibram lucro e propósito" e que "empoderar o sentimento pessoal dos funcionários por um propósito e lhes conceder oportunidades para mais trabalho orientado a um propósito é uma situação de ganha-ganha, boa tanto para a empresa como para os próprios funcionários".[48]

Há muitos motivos para tal mudança. A gestão de reputação e a pura conveniência estão certamente desempenhando um papel. Cada vez mais empresas sentem a necessidade de mostrar que estão fazendo "alguma coisa", e muitas passaram a perceber que um propósito compartilhado é uma ótima ferramenta para impelir a transformação e o crescimento.

Mas também há uma apreciação acentuada das raízes do sucesso da Toyota. Como a GM, muitas empresas inicialmente interpretaram o desempenho excepcional da Toyota como um reflexo da adoção que a empresa fez de práticas trabalhistas de alto desempenho — por exemplo, a confiança no trabalho em equipe e o foco na inovação incremental — e não da cultura organizacional e dos valores que permitiram essa adoção. Conforme as próprias empresas se esforçam para adotar tais práticas, a coisa começa a mudar. Nas palavras de um dos consultores organizacionais que a Toyota contrata para ensinar a outras empresas sobre o jeito Toyota: "É tudo questão de cultura. Sempre foi assim. Mas as empresas levam um longo tempo para aplicar isso totalmente."[49] O sucesso excepcional de outras empresas orientadas aos funcionários, como a Southwest Airlines e a Whole Foods, também atraiu muita atenção.

Outra força por trás da mudança recente é a enxurrada de novas pesquisas ligando a adoção de propósitos autênticos e sistemas trabalhistas de alto desempenho ao desempenho financeiro. Por exemplo, a pesquisadora do MIT, Zeynep Ton, mostra em seu livro *The Good Jobs Strategy* [A Estratégia dos Bons Empregos, em tradução livre] que as principais varejistas como CostCo e Mercadona, que redesenharam suas operações para apoiar o aprendizado contínuo e a iniciativa dos funcionários, conseguiram ter um desempenho melhor que suas concorrentes e puderam pagar seus funcionários significativamente acima da média. Outros pesquisadores acadêmicos, que usaram dados de muitos anos e mensurações detalhadas de propósito, demonstraram que os altos níveis de satisfação dos funcionários e a presença de um propósito intimamente conectado à estratégia melhoram os resultados totais para os acionistas.[50]

O mundo também está mudando de maneiras que tornam a necessidade por um propósito cada vez mais evidente. As expectativas públicas estão mudando, com 73% da população mundial agora esperando que as empresas resolvam os grandes problemas de nossa era.[51] Os millennials e seus sucessores estão ativamente buscando empregos que apoiem um sentido de significado e propósito. Ao mesmo tempo, a lacuna de confiança entre as empresas e o público em geral está aumentando. Um terço dos funcionários não confia em seus empregadores, e, embora 82% da elite confiem nas empresas, apenas 72% do público em geral o fazem.[52]

Algo mais profundo também está acontecendo. Conforme os problemas que enfrentamos ficam cada vez mais prementes, muitos líderes empresariais estão reconhecendo que há um claro imperativo moral pela ação. Conversei com centenas desses líderes sobre suas estratégias para a criação de valor compartilhado. Todos são eloquentes quanto ao caso de negócio. Porém, no privado, seja nos corredores ou tomando uma cerveja, quase todos me disseram que é um propósito convincente que os impele a agir — que é o risco existencial apresentado pela mudança climática, ou a necessidade de reprojetar suas comunidades, de transformar o sistema de saúde ou de salvar os oceanos que os motiva a ir em frente. Algumas pessoas interpretam tal dualidade como hipocrisia. Mas acredito que seja fundamental reinventar o capitalismo, e que os líderes empresariais devem estar cientes da mudança para lograrem tanto lucros como significado, caso queiramos resolver os grandes problemas de nossa era. A liderança orientada a um propósito é essencial se quisermos revelar os novos modelos de negócio que criarão valor compartilhado, se quisermos estar aptos a implementá-los e se quisermos criar bons empregos e os tipos de ambientes de trabalho que são essenciais para a criação de uma sociedade forte.

E, contudo, muitas empresas lutam para integrar propósito em suas operações. Em muitas, o propósito ainda precisa ser claramente especificado, associado à estratégia ou comunicado aos funcionários.[53] Parte dessa desconexão reflete de forma indubitável uma indisposição profunda para abrir mão do taylorismo como uma filosofia, ou de passar uma impressão emotiva ou sentimental no trabalho. Porém, há uma outra barreira mais estrutural no trabalho: a visão de curto prazo e a ignorância dos investidores mundiais. Quando eles insistem em ganhos trimestrais sempre maiores e não entendem ou não conseguem mensurar o valor do propósito, pode ser muito difícil fazer os investimentos de longo prazo necessários para que a empresa se torne orientada a um propósito.

É por isso que o terceiro passo para a reinvenção do capitalismo é a reestruturação dos mercados de capitais.

5

REESTRUTURANDO AS FINANÇAS

Aprendendo a Amar o Longo Prazo

> Quando o dinheiro vai na frente, todos os caminhos se abrem.
>
> — WILLIAM SHAKESPEARE,
> *AS ALEGRES SENHORAS DE WINDSOR*

Se são reais as oportunidades para a criação de empresas prósperas que sejam não apenas lucrativas, mas que também tenham um progresso significativo em relação aos grandes problemas, e se a via mestra para desvendar tais oportunidades é tornar-se uma empresa baseada em valores e orientada a um propósito, por que não há mais empresas adotando ativamente a combinação de propósito e valor compartilhado? Mesmo que 85% das maiores companhias do mundo afirmem ter um propósito, e que muitas estejam começando a explorar o que podem fazer para criar valor social, ainda falta muito para que essa abordagem seja algo comum nos negócios. O que está acontecendo?

Os líderes empresariais que conheço têm uma resposta pronta a essa questão: eles dizem que, mesmo quando suas empresas querem melhorar seu desempenho social e ambiental, eles ficam limitados por sua obsessão pelo curto prazo. "São os investidores", dizem eles, "os obcecados com os resultados de curto prazo. É impossível investir no longo prazo sem tomar uma surra, caso isso signifique não atingir as metas de lucros trimestrais". Peter Drucker, talvez o guru de administração mais famoso da primeira metade do século XX, sugeriu memoravelmente: "Todos que trabalharam com administradores norte-americanos podem testificar que a necessidade de satisfazer a missão do gestor para obter ganhos maiores no trimestre seguinte no fundo de pensão, juntamente com o medo assombroso de uma aquisição hostil, pressionam constantemente os administradores de alto escalão a tomar decisões que sabem ser erros custosos, senão suicidas."[1]

Cada um dos CEOs que já conheci concorda com Drucker. Sabemos que as empresas atrasam ou eliminam rotineiramente as oportunidades lucrativas de investimento para garantir que batam as metas. Em uma pesquisa, quase 80% dos CFOs disseram que diminuiriam os gastos com pesquisa e desenvolvimento para atingir as metas de lucros, e um pouco mais de 55% disseram que atrasariam um novo projeto para atingir essas metas, caso isso significasse um sacrifício (pequeno) em valor. Em outra pesquisa, 59% dos executivos disseram que atrasariam um projeto de alto valor líquido presente se isso acarretasse não atingir as metas de lucros, mesmo por questão de centavos.[2]

Também há motivos para acreditarmos que, embora os *donos* de ativos possam estar focados no longo prazo, os *gestores* de ativos talvez não estejam. A maioria dos donos de ativos não administra seus próprios ativos. Por exemplo, em 2016, os investidores institucionais detinham 63% da participação acionária corporativa.[3] Os ativos de aposentadoria de grande parte dos pensionistas são geridos por fundos de pensão, que, por sua vez, dependem dos gestores profissionais de ativos para investir por eles. A maioria dos investidores individuais investe em fundos mútuos ou de índice, onde seus ativos são geridos por gestores profissionais de ativos — que também têm direito a voto nas reuniões corporativas das empresas cujas ações eles detêm. Isso quer dizer que os interesses dos donos de ativos não são necessariamente refletidos no comportamento daqueles que de fato fazem a gestão dos ativos: embora vários donos possam preferir o desempenho em longo prazo, muitos gestores de investimentos podem muito bem preferir resultados em curto prazo, especialmente se suas comissões ou o tamanho do portfólio sejam moldados por sua habilidade em entregar resultados imediatos.[4]

Quando Doug McMillon, CEO do Walmart, anunciou em outubro de 2015 que as vendas das empresas não cresceriam durante o ano e que os lucros por ação (LPA) cairiam entre 6% a 12%, o valor da ação do Walmart despencou quase 10%, diminuindo o valor de mercado em cerca de US$20 bilhões.[5] McMillon tinha tentado explicar que o declínio nos lucros refletia um investimento de US$2 bilhões em e-commerce e outro de quase US$3 bilhões para aumentar o salário dos funcionários — ambas as ações que ele acreditava serem essenciais para a saúde da empresa —, mas isso não impressionou Wall Street. As ações do Walmart, em sua maioria, ainda pertencem à família Walton, que apoiou muito a decisão, então Doug continuou no cargo, mas muitos CEOs temem que, em circunstâncias similares, não teriam a mesma sorte.

Muitos líderes empresariais me dizem que ficam relutantes em entrar de cabeça na adoção do valor compartilhado porque a necessidade de satisfazer seus investidores e de evitar a ameaça de interesses ativistas na ação impossibilitam o investimento no tipo de projeto de longo prazo que o verdadeiro propósito exige. O caminho para reinventar o capitalismo, sugerem eles, é fazer com que os investidores larguem de seus pés.[6] Eles propõem uma variedade de formas pelas quais isso pode ser feito — desde mudanças na lei que deixassem claro que as empresas têm responsabilidades com múltiplos stakeholders, até permitir que apenas os investidores que detenham ações há um tempo suficiente possam participar das votações —, mas todos deixam claro que, se queremos reinventar o capitalismo, os investidores deveriam ter menos poder.

Concordo bastante com esse argumento. Também conheço projetos ótimos que foram atrasados porque prejudicariam os lucros operacionais do ano seguinte. Mas acredito que tanto o problema como a solução sejam mais complicados do que essa linha de raciocínio possa sugerir.

Há pelo menos dois outros problemas com a versão simples da tese da visão de curto prazo. O primeiro é que, embora os investidores realmente punam as empresas que não entregam os lucros prometidos, a pesquisa na área sugere majoritariamente que isso se dá porque os investidores acreditam que não entregar os lucros prometidos é uma indicação de má administração, e não porque eles não apoiem o investimento em longo prazo.[7] De fato, uma das descobertas mais convincentes na literatura de contabilidade é que as empresas que não entregam os lucros prometidos realmente têm um desempenho pior — em longo prazo — do que aquelas que batem as metas.[8] Portanto, uma interpretação sobre a queda do preço da ação do Walmart é apenas que o anúncio de Doug, de que não atingiria as metas, levou os investidores a se preocuparem com o fato de que havia algo fundamentalmente errado com a empresa — ou com a liderança dele.

O segundo problema é o fato de sabermos que em algumas circunstâncias os investidores ficam mais que dispostos a investir em empresas que não terão lucros por muitos anos. A Gilead, uma empresa de biotecnologia famosa por apresentar o primeiro medicamento que cura a hepatite C, perdeu US$343 milhões durante 9 anos após seu IPO [oferta pública inicial].[9] Porém, ela foi avaliada em US$350 milhões no ano em que abriu seu capital, e, 9 anos depois, valia quase US$4 bilhões.[10] Nos cinco primeiros anos em que a Amazon foi listada na Nasdaq, a empresa registrou um prejuízo líquido cumulativo de quase US$3 bilhões. Mas, naquele ano, os investidores avaliaram a empresa em mais de US$7 bilhões. Quatorze anos depois, quando a empresa passou a estar solidamente no azul, ela valia US$318 bilhões, apesar de ter apenas US$600 milhões de lucro.[11] Claramente, muitos investidores mostraram-se dispostos para esperar anos até ver seu investimento na Amazon dar um retorno. De fato, os investidores se mostram dispostos a canalizar bilhões para uma vasta gama de investimentos em "plataformas" — incluindo Uber, Lyft e Airbnb — apesar de que muitas dessas empresas ainda não tiveram lucros.

Então, não é possível que os investidores sejam, de forma completa e preponderante, focados no curto prazo. Quando eles entendem a natureza da aposta que lhes é pedido que façam, alguns deles a farão. Os investidores levaram muitos anos para aprender a linguagem da biotecnologia. Mas, atualmente, centenas de analistas entendem por que o investimento em pesquisa fundamental pode render bilhões em lucro mais à frente. Foi necessário haver a bolha das empresas pontocom no período entre 1994 e 2000, e o sucesso do Facebook e do Google, para persuadir os investidores tradicionais quanto ao poder das plataformas. Porém, agora a maioria tem uma apreciação mais profunda pelas formas com que o investimento para criar bases grandes e permanentes de clientes comprometidos com sua plataforma podem levar a lucros enormes. Certamente, uma das causas do fracasso recente da IPO da WeWork foi o fato de que a maioria dos investidores conseguiu perceber que a empresa não era uma plataforma, embora fosse assim que ela tivesse se autodivulgado.

Sob essa perspectiva, ao ponto em que há dinheiro para valer a ser ganho na criação de valor compartilhado e no desenvolvimento de empresas orientadas a um propósito, a relutância dos investidores para que invistam em propósito não pode ser apenas uma função de sua visão inerente de curto prazo. Deve ser, pelo menos em parte, um fracasso de informação. A ação do Walmart pode ter caído com o anúncio de Doug porque os investidores não faziam ideia de como mensurar o impacto dos investimentos que ele estava fazendo, e, consequentemente, apenas não acreditavam que havia chances de aumentar os resultados em longo prazo. O fato é que a reinvenção do capitalismo exige a reinvenção da contabilidade.

Dê Dados Melhores aos Investidores

Levei um tempo surpreendentemente longo para abraçar a ideia de que é a contabilidade que tem o segredo para salvar a civilização. Mesmo depois de ter lido o livro fantástico de Jacob Soll, *O Ajuste de Contas: Como os Contabilistas Governam o Mundo* — um relato detalhado de como a invenção da dupla entrada contábil permitiu a criação do Estado moderno — considerava, em segredo, a contabilidade a parte insípida e empoeirada da empresa, algo em tinha um interesse tão baixo quanto o tinha com os encanamentos.

Então, percebi algo estranho. Conhecia diversos empresários que estavam apenas levemente preocupados com o fato de que organizávamos toda nossa economia com base na ideia de que a geração de quantidades massivas de CO_2 normalmente não custa um centavo às empresas, ou de que era igualmente sem custo (para a empresa) esvaziar uma comunidade, pagar migalhas para os funcionários e pressionar por cortes nos impostos. Porém, os contadores que eu conhecia não estavam apenas levemente preocupados. Estavam subindo pelas paredes. Todos temos um senso comum de que o que é mensurado pode ser gerenciado. Mas os contadores tinham passado sua vida profissional inteira escrevendo sobre como até as mudanças mais minúsculas nas regras contábeis podem mudar o comportamento de maneiras profundas. E conseguiam ver que estávamos fracassando em mensurar um mundo inteiro de coisas que moldavam o desempenho das empresas, mas que estavam efetivamente invisíveis.

Peguemos "reputação", por exemplo. Sabemos que ela pode ter efeitos econômicos profundos. Sabemos que são necessários anos para construí-la e que pode ser destruída num piscar de olhos. Ou, então, a "cultura corporativa": é a mesma coisa. Porém, não há menções — e certamente não há mensurações — de nenhuma das duas nos relatórios financeiros. Caso você tome suas decisões pela análise das demonstrações financeiras, como a maioria dos investidores, há uma quantidade enorme de informações que não precisa ver. E, se não as vê, fica tentado a pensar que aquilo não existe ou que não importa.

A contabilidade moderna fornece o fundamento para os mercados modernos de capital. Poucos confiariam suas economias a estranhos sem alguma garantia de que esses pudessem dizer se estão colocando os interesses de seus investidores em primeiro lugar, algo impossível de saber sem números precisos que reflitam a saúde da empresa. Tendemos a dar pouco valor à existência de coisas como os balanços patrimoniais, mas os relatórios financeiros modernos são o resultado de uma luta centenária quanto a exatamente quais números a empresa deve reportar, e quem deve ser o responsável por garantir que sejam precisos. Até que o desastre da Grande Depressão levasse a fortes demandas públicas por transparência financeira e pela formação da Comissão de Valores Mobiliários dos EUA (Securities and Exchange Commission — SEC),[12] as empresas norte-americanas não reportavam rotineiramente muito das informações financeiras. Veja a seguir, por exemplo, o texto completo do relatório anual da Procter & Gamble de 1919:[13]

Escritório da Procter & Gamble Company
Cincinnati, Ohio, 15 de agosto de 1919

Aos Acionistas da Procter & Gamble Company:

O volume total dos negócios realizados por esta Empresa e Empresas integradas referentes ao ano fiscal encerrado no dia 30 de junho de 1919 somaram US$193.392.044,02.

Os lucros líquidos do ano, após todas as reservas e cobranças para depreciação, prejuízos, impostos (incluindo os impostos federais, de renda e de guerra), propagandas e trabalhos introdutórios especiais terem sido reduzidas, somaram US$7.325.531,85.

Será um prazer fornecer mais informações a qualquer acionista qualificado que esteja interessado e que faça o pedido pessoalmente no escritório da Empresa em Cincinnati.

Atenciosamente,
The Procter & Gamble Company
William Cooper Procter, Presidente

Caso você fosse um acionista da Procter & Gamble em 1919 e quisesse saber mais sobre sua empresa, além das receitas e lucros anuais, teria que ir até Cincinnati e fazer o pedido pessoalmente. Isso dificultava muito avaliar as empresas, a menos que as conhecesse de fato muito bem, o que, por sua vez, limitava o número de investidores dispostos a investir em qualquer empresa. A contabilidade financeira moderna, em contraste, permite que os investidores a milhares de quilômetros de distância comparem as empresas por meio de medidas padronizadas e auditadas cuja relação com o desempenho é vastamente compreendida — o que, por sua vez, significa que praticamente qualquer pessoa pode investir em qualquer lugar, aumentando muito as chances de que as empresas bem administradas conseguirão levantar capital.

Um passo crucial para persuadir os investidores a colocarem dinheiro em modelos de negócios cujo sucesso dependa da descoberta de novas necessidades dos consumidores, de riscos reduzidos e de organizações altamente comprometidas é o desenvolvimento de métricas confiáveis e padronizadas de aspectos estratégicos e operacionais da empresa que, historicamente, não são incluídos nos relatórios financeiros. Peguemos "risco", por exemplo. Sabemos que a mudança climática apresenta riscos profundos a algumas empresas. Mas quais? Conforme consumidores e governos acordam para os problemas sociais e ambientais, as empresas que ganham a vida lançando gases na atmosfera ou vendendo produtos fabricados em condições trabalhistas abusivas estarão em risco. Porém, não podemos analisar os relatórios financeiros e saber quantos gases estão lançando ou se seus fornecedores estão violando os direitos humanos.

Ou, então, consideremos a "cultura". Muitos acreditam que a cultura corporativa pode ser uma fonte profunda de vantagem em longo prazo e que escolher tratar bem os funcionários pode aumentar muito a produtividade da empresa. Mas é difícil dizer se uma empresa está tratando bem seus funcionários ou se tem uma cultura saudável apenas analisando os resultados financeiros. Esses podem lhe mostrar o desempenho histórico da empresa, mas nada quanto a se está fazendo os investimentos certos neste momento. Se tudo que fizermos depender dos relatórios financeiros, haverá uma quantidade enorme de informações que simplesmente não veremos. E, se não as virmos e não pudermos mensurá-las, não saberemos se realmente existem ou se são importantes.

As métricas denominadas ESG (Environmental/Social/Governance — Ambiental/Social/Governança) são uma solução possível para esse problema.[14] Sua origem remonta à década de 1980, quando diversos desastres de grande visibilidade, incluindo o vazamento de gás tóxico em 1984 em Bhopal na Índia, que matou pelo menos 15 mil pessoas e feriu muitas mais, e também o vazamento de petróleo do navio do Alaska *Exxon Valdez* em 1990, levaram várias ONGs a exigir que as empresas divulgassem mais informações quanto aos efeitos ambientais e sociais de suas operações.[15] Em resposta, diversas companhias começaram a emitir relatórios corporativos de responsabilidade social. Esses primeiros relatórios continham apenas informações quantitativas muito limitadas. O da Shell em 1998, por exemplo, consistia quase totalmente em uma longa discussão sobre os "Princípios Gerais da Empresa".

Em 1999, a Coalizão por Economias Ambientalmente Responsáveis (Coalition for Environmentally Responsible Economics — CERES) fundou a Iniciativa Global de Relatórios (Global Reporting Initiative — GRI), uma organização devotada à padronização de relatórios de sustentabilidade.[16] A GRI publicou seu primeiro conjunto de diretrizes em 2000 e, em 2019, mais de 80% das 250 maiores corporações mundiais usavam seus padrões para relatar os desempenhos de sustentabilidade, e seu banco de dados tinha mais de 32 mil relatórios.[17] No entanto, os dados da GRI são de uso limitado aos investidores. Seu propósito principal é destacar as informações que poderiam ajudar as ONGs e os governos a responsabilizarem as corporações, e as empresas reportam as mesmas informações, não importam seu setor, tamanho, nacionalidade ou estrutura de participação.

Visto que muitos investidores desconfiam que métricas ESG melhores poderiam ajudá-los a obter retornos superiores, tem havido uma explosão de atividades entre empreendedores e organizações sem fins lucrativos em busca de desenvolver métricas de fácil uso. Tais esforços valeram-se não apenas dos dados da GRI, mas também provenientes de pesquisas enviadas a empresas, relatórios anuais e uma grande variedade de dados públicos. Conheço pelo menos duas startups que estão fazendo uso de inteligência artificial para elaborar informações sobre o desempenho social e ambiental a partir de varreduras na internet.

Apesar de muitos desses dados serem divulgados seletivamente, em geral difíceis de serem comparados e de qualidade altamente variável, já estão mudando as práticas globais de investimento.[18] Mais de 40% de todos os ativos geridos profissionalmente — US$47 trilhões — são investidos atualmente com o uso de algum tipo de critério de responsabilidade social.[19] Um pouco menos da metade desse dinheiro está em fundos denominados excludentes — que excluem empresas como fabricantes de armas ou de cigarros.[20] Cerca de 10% são geridos por meio de engajamento dos CEOs — um trabalho ativo, de "mão na massa", feito pelos investidores que buscam mudar diretamente o comportamento da empresa — enquanto o restante é investido pela "integração ESG". Em 2018, US$19 trilhões foram investidos dessa forma, pelo menos 20% dos ativos totais sob gestão.

Centenas de estudos exploraram até onde o desempenho de empresas que vão contra os critérios ESG está relacionado com o desempenho financeiro. Os resultados variam bastante de acordo com as métricas usadas e com a estrutura do estudo, mas, consideradas como um todo, as evidências sugerem que não há relação entre essas métricas (muito sujas) de desempenho ESG e o sucesso financeiro.[21] Como um resultado preliminar, é altamente encorajador, pois sugere que, no mínimo, as empresas que tentam fazer a coisa certa não estão tendo um desempenho pior que suas concorrentes.

Estudos mais recentes sugerem que o caminho para ir em frente é concentrar-se no subconjunto de métricas ESG que sejam *relevantes*, quer dizer, que captem os aspectos do desempenho não financeiro que tenha um impacto significativo na lucratividade.[22] (Fatos ou informações relevantes são aqueles que afetam o julgamento de um investidor informado.)[23] Pesquisas recentes que usaram conjuntos e métricas de dados artesanais que são, quase com certeza, relevantes ao desempenho econômico da empresa descobriram evidências convincentes de que os dois estão positivamente correlacionados.[24] Porém, desenvolver tais métricas não tem sido fácil. Jean Rogers e suas colegas levaram quase dez anos para criar um desses conjuntos.

Após obter seu doutorado em engenharia ambiental, Jean começou a trabalhar em uma empresa que aplicava o programa Superfund [limpeza de áreas afetadas por poluição com dinheiro fornecido pelo governo dos EUA].[25] Ela abominava fazer isso, e disse, posteriormente: "Odiava aquele trabalho porque... a gente só consertava as cagadas, e ficava horrorizada que as pessoas deixavam chegar até aquele ponto, e ficavam de boa com as 'soluções' cosméticas que não resolviam os problemas reais." Ela foi, então, para uma das grandes empresas de contabilidade, onde esperava obter uma perspectiva empresarial sobre como resolver problemas ambientais, e, depois, foi para a Arup, uma empresa de serviços globais, onde passou a ser a líder de consultoria de gestão nos EUA.

Lá, ela ficou totalmente insatisfeita com os padrões existentes de relatórios. "Eu trabalhava com muitas empresas para desenvolver relatórios de sustentabilidade, mas eles não eram usados como ferramentas de gestão", recorda ela. "As empresas só os faziam como forma de usá-los para propaganda e relações públicas. Não havia comparabilidade entre os setores, nem mesmo entre as empresas dentro do mesmo setor." Poucos setores tinham métricas. "A GRI usava indicadores gerais para a maioria de seus relatórios; eles tinham definido as métricas setoriais específicas apenas para os cinco setores que tinham feito o pedido. Eu sabia, e outros concordavam comigo, que, como as métricas diferentes de sustentabilidade eram mais ou menos importantes dependendo das ações das empresas em determinado setor, os relatórios tinham que se basear no setor. Mas, quando mencionava isso nas conversas, as pessoas diziam: 'Sim, mas é difícil demais fazer isso, há muitos setores e indicadores.'"

Em 2011, Jean e diversos outros pioneiros que trabalhavam na interseção entre sustentabilidade e fornecimento de relatórios fundaram o Conselho de Padrões Contábeis de Sustentabilidade (Sustainable Accounting Standards Board — SASB).[26] Ela queria desenvolver um mundo no qual qualquer investidor pudesse digitar um símbolo de ação (ticker) e acessar dados ESG importantes de qualquer empresa tão facilmente quanto podia acessar os dados financeiros. Seu plano era desenvolver padrões separados para cada setor, de modo que as empresas precisassem reportar apenas os fatos relevantes a eles. Os dados seriam facilmente auditados e comparáveis entre as companhias.[27] Uma ênfase na relevância permitiria que o SASB argumentasse que todas as empresas têm um dever de relatar precisamente essas métricas, visto que também possuem um dever legal de relatar todas as informações relevantes. Também significaria que as métricas teriam muito mais chances de estarem correlacionadas com o desempenho da empresa e, dessa forma, serem úteis aos investidores. Jean acreditava que, uma vez que esses tipos de métricas fossem definidas e vastamente aceitas, elas permitiriam que as empresas comunicassem mais eficazmente o valor de iniciativas estratégicas projetadas para criarem valor compartilhado, e que, uma vez que os investidores poderiam ter um senso mais claro sobre a conexão entre ESG e o desempenho financeiro, eles pressionariam as empresas que possuem a usar as métricas para melhorar a estratégia da empresa.

Jean e sua equipe começaram criando "mapas de relevância" para cada setor, pesquisando dezenas de milhares de documentos para desenvolver uma compreensão das questões que moldavam o desempenho em cada um, e criando um conjunto preliminar de métricas que fossem úteis, baratas, comparáveis entre as empresas e potencialmente auditáveis. Depois, organizaram um conjunto de grupos de trabalho por setor, recorrendo a investidores, corporações e outros stakeholders para produzirem um esboço do conjunto de padrões. Cada esboço passava por uma avaliação posterior feita por todos os integrantes do SASB, e era então disponibilizado ao público por 90 dias para ser analisado. Em 2018, o grupo lançou um conjunto completo de padrões para 72 setores.

Análises acadêmicas preliminares, como observei há pouco, confirmaram que os novos padrões estavam positivamente correlacionados com o desempenho financeiro em longo prazo.[28] Igualmente intrigante foi o fato de também haver evidências de que estavam ajudando as empresas a atrair investidores com horizontes de tempo muito mais longos. Consideremos, por exemplo, a experiência de Sophia Mendelsohn na JetBlue.

Sophia iniciou na JetBlue como chefe de sustentabilidade em 2011.[29] Anteriormente, já havia trabalhado na mesma função em mercados emergentes para a Haworth, fabricante multinacional de móveis, e para o Jane Goodall Institute em Xangai, onde tinha estabelecido programas ambientais em escritórios e escolas em toda a China.[30] Quando começou na JetBlue, a empresa estava jogando fora milhões de latinhas por ano, e sua primeira tarefa foi iniciar um programa de reciclagem. Então, passou a pensar sobre o que mais poderia fazer.

Ela se concentrou primeiramente na criação de valor compartilhado sempre que possível. Em 2013, lançou um programa de eficiência de recursos desenhados para (entre outros objetivos) diminuir o uso de água potável. A maioria dos voos da JetBlue pousava com seus tanques de água quase cheios, então Sophia encabeçou a implementação de uma política que exigia que os tanques de água potável estivessem apenas 75% cheios. A mudança resultou em uma redução de aproximadamente 2,7 mil toneladas métricas de CO_2 e na economia de combustível somada a quase US$1 milhão por ano.[31]

Em 2017, ela e sua equipe lideraram uma iniciativa multifuncional para introduzir veículos elétricos como equipamentos de solo no aeroporto JFK em Nova York, a base central da JetBlue. Esperava-se que o projeto cortasse despesas operacionais de aproximadamente US$3 milhões em 10 anos, e tinha um valor presente líquido de quase US$750 milhões. Isso desencadeou um interesse difundido em todo o setor, e pelo menos uma autoridade aeroportuária usou o caso como exemplo da possibilidade dos melhores usos da eletrificação dos equipamentos de serviços no solo. Dois anos depois, Sophia fechou um contrato vinculativo para a compra de 125 milhões de litros de combustível com mistura renovável para aviões por ano durante um mínimo de dez anos *com o mesmo preço do combustível padrão para aviões*. Foi o maior contrato de compra de combustível renovável para aviões na história da aviação e — visto que o combustível era o maior componente de custo da JetBlue após salários e remunerações, e que oscilava muitíssimo como porcentagem das receitas — um golpe de mestre.[32]

O interesse de Sophia por contabilidade foi despertado por uma conversa com seus colegas no departamento de relações com investidores (RI) da JetBlue.[33] A empresa tornara-se uma das companhias aéreas mais lucrativas dos EUA ao enfatizar um comprometimento apaixonado com o serviço ao consumidor. Isso significava investir em longo prazo, não apenas nos tipos de investimentos técnicos que melhorariam imediatamente a experiência do consumidor (como TV com vários canais), mas também no desenvolvimento de relacionamentos fortes com a tripulação e na consideração sobre formas em que o foco de seus consumidores em sustentabilidade pudesse moldar suas concepções sobre a empresa. Porém, apesar de tal orientação a longo prazo, muitos investidores de aéreas, incluindo alguns dos investidores da JetBlue, estavam em grande parte orientados ao curto prazo. Os colegas de Sophia no RI acreditavam que, se a empresa pudesse encontrar uma nova maneira de comunicar sua estratégia com mais eficiência, isso ajudaria a atrair mais investidores de longo prazo orientados ao crescimento. Isso, por sua vez, facilitaria a realização dos tipos de investimentos de longo prazo com mais chances de turbinar o crescimento da JetBlue.

Como resposta, Sophia propôs que a JetBlue se tornasse a primeira companhia aérea a publicar relatórios do SASB. Ela argumentou que, considerando que as métricas feitas pelo SASB quanto às aéreas incluíam tanto os indicadores do relacionamento da empresa com sua mão de obra como de sua abordagem à sustentabilidade, a publicação de tal relatório seria uma forma impactante de ajudar a comunicar a visão de longo prazo orientada ao crescimento da empresa, especialmente considerando que a JetBlue estava significativamente à frente de suas concorrentes em ambas as dimensões.

Ao falar posteriormente sobre a decisão, ela disse:

> Essencialmente, o que queremos fazer é... aumentar o valor de nossas ações, diversificar nossa base de investidores (e) reduzir a volatilidade na ação. Assim, queremos que os acionistas acreditem em nossa ação para o longo prazo. Nossos investidores são os donos da nossa empresa, e merecem ter as informações da forma que quiserem — especialmente se estão relacionadas às enormes tendências ambientais e sociais que pressionam o setor. O relatório de sustentabilidade deixou de estar centrado na narração de histórias e passou a ser um modelo orientado ao compartilhamento de dados.

Tal estratégia de emissão de relatórios aumentou drasticamente o interesse dos investidores. Um grande investidor passou duas horas interrogando Sophia sobre esse passo. O faturamento cresceu de 30% em 2015 para 39% em 2017, o maior número no setor. Dois anos depois, um número cada vez maior de investidores passou a fazer perguntas rotineiras que tratavam imperceptivelmente da sustentabilidade e da empresa. Sophia também descobrira que o processo de elaboração dos relatórios tinha efeitos poderosos de consolidação dentro da organização, visto que definir a sustentabilidade como algo que tinha um grande impacto no desempenho financeiro da JetBlue — perspectiva que todos entendiam — apresentava uma forma de falar sobre questões como a mudança climática de tal modo que criava um compromisso com a ideia em toda a empresa.[34]

Métricas ESG bem projetadas, relevantes, auditáveis e replicáveis podem, dessa forma, desempenhar um papel importante na aliança entre empresas orientadas a um propósito e investidores que se importam com o longo prazo e que interpretam a criação de valor compartilhado como uma rota à lucratividade superior. Elas também podem permitir aos donos de ativos que resolvam alguns dos problemas de medição inerentes ao fato de que muitos ativos financeiros são geridos profissionalmente por pessoas com horizontes de curto prazo, facilitando tremendamente que os donos de ativos comuniquem uma preocupação pelo longo prazo, e pelo desempenho social e ambiental, para os profissionais que gerem seu dinheiro. Vejamos, por exemplo, o caso do Fundo de Investimento de Pensões do governo japonês.

Hiro Mizuno começou no Fundo de Investimento de Pensões do Governo do Japão (GPIF, na sigla em inglês) em meados de setembro de 2014 como diretor de investimento.[35] Teve uma grande redução de salário, ao deixar seu emprego de grande visibilidade relacionado a private equity em Londres para supervisionar 80 funcionários num único andar do escritório nada além de convencional localizado no centro de Tóquio. A cobertura da imprensa na época observou que foi uma decisão incomum, mas ninguém sugeriu que a mudança tinha o potencial de desencadear uma revolução na maneira em que um fundo financeiro trabalhava com seus gestores de ativos para lidar com questões ambientais, sociais e governamentais.

O GPIF é o maior fundo de pensões do mundo, detendo cerca de ¥162 trilhões (aproximadamente US$1,6 trilhão) em ativos financeiros. Antes de 2013, o fundo investia a maioria de seu portfólio em títulos de dívida (bonds) do governo japonês, mas, em 2014, os reguladores do fundo decidiram que deveriam diversificar o portfólio e investir uma fração considerável de seus recursos em ações (quotas de empresas com capital aberto) na esperança de aumentar consideravelmente os resultados. Isso apresentou um dilema a Hiro.

Havia dois caminhos que podia seguir para aumentar o desempenho do GPIF. Um era tentar escolher boas ações investindo apenas nas empresas que tinham chances de bater as concorrentes. Tal abordagem faz sentido intuitivo e, às vezes, produz resultados espetaculares. Por exemplo, quando Peter Lynch assumiu a gestão do fundo mútuo Magellan em 1977, havia apenas cerca de US$18 milhões sob gestão. Lynch acreditava que o segredo do sucesso era entender profundamente cada empresa e investir naquelas que considerava ter mais chances de ter êxito.[36] Ele teve um sucesso espetacular: entre 1977 e 1990, o fundo obteve uma taxa média de retorno anual de mais de 20%, tornando o Magellan o fundo mútuo com melhor performance do mundo.[37] Em 1990, ele possuía mais de US$14 bilhões sob gestão.[38]

Porém, Hiro sabia que o caso de Lynch era uma fascinante exceção, e que investidores "ativos" — aqueles que, como Lynch, buscam investir apenas em empresas de alto desempenho — em média obtêm retornos consistentemente mais baixos do que os investidores "passivos", que compram um grupo definido de ações e as seguram.[39] Além do mais, o GPIF é simplesmente grande demais para conseguir investir apenas em um conjunto limitado de empresas. Ele possui cerca de 7% do mercado acionário do Japão e aproximadamente 1% do mundial, e também é um investidor gigantesco nos mercados de títulos de dívida. Isso significa que o fundo é o denominado "investidor universal" — aquele que tem tanto dinheiro para investir que fica, com efeito, forçado a ter ações de todas as empresas disponíveis.[40] De fato, 90% do portfólio de ações do GPIF do Japão e 86% de seu portfólio em ações estrangeiras estão investidos em "fundos passivos" — fundos que seguram todas as ações disponíveis de uma classe específica e que são projetados para acompanhar a performance do mercado inteiro.

Hiro, portanto, decidiu tentar melhorar o desempenho do GPIF ao melhorar a saúde de toda a economia: persuadir todas as empresas do Japão (e, de fato, do mundo) a usar o ESG.

Nas palavras dele:

> As empresas da iniciativa privada sempre se baseiam em um modelo competitivo. Mas o GPIF possui um ativo público; não precisamos bater o mercado ou a concorrência... o GPIF é um investidor de superlongo prazo. Somos a definição clichê de um investidor universal... Alguns dizem que ESG não é um atributo positivo para alcançar resultados excedentes. Mas... não estamos interessados nesses resultados a mais. Nosso foco é tornar o sistema inteiro mais viável.

Informalmente, ele destacou a consistência de uma abordagem ao investimento arraigada em desempenho ambiental e social com os antigos valores culturais japoneses, observando: "Minha avó teria ficado muito nervosa se tivesse lhe dito que, na minha função ou em meu emprego, pensar sobre o ambiente global ou sobre questões sociais era algo contra minhas atribuições profissionais. Ela teria me dito para pedir demissão imediatamente."

Havia diversos motivos para acreditar que pressionar as empresas a focarem as questões ambientais, sociais e de governança melhoraria o desempenho da economia japonesa. Concentrar-se na melhoria da governança corporativa — o "G" do ESG — parecia o ponto óbvio de início. Há uma concordância difundida de que um dos motivos pelos quais as empresas japonesas demonstram em geral resultados significativamente mais baixos do que suas concorrentes estrangeiras nos últimos 20 anos é que os conselhos administrativos japoneses são relativamente mais fracos de acordo com os padrões globais. Muitos administradores japoneses estão tão seguros em seus empregos que não sentem a pressão de sair de empresas com desempenho baixo ou de explorar novas oportunidades. Em 2017, apenas 27% das principais companhias japonesas tinham um conselho no qual mais de um terço dos diretores eram "independentes", e muitos desses eram advogados ou acadêmicos com pouca experiência de gestão. Assim, a primeira ordem do dia no GPIF foi tentar persuadir seus gestores de ativos a pressionar as empresas que possuíam para que melhorassem suas estruturas de governança, dando mais poderes aos investidores — pedir que divulgassem mais informações sobre suas empresas, falassem com seus acionistas sobre estratégias de longo prazo e que votassem nas assembleias tendo a governança em mente.

Enfatizar as questões sociais, ou o "S" do ESG, também prometia gerar dividendos substanciais. A taxa de nascimentos no Japão caíra abaixo dos níveis de substituição em meados da década de 1970, e a população em idade ativa no país estava declinando mais rapidamente do que qualquer outra no planeta.[41] Considerando as rígidas normas de imigração japonesas, era de crucial importância persuadir mais mulheres a permanecer na força de trabalho para o crescimento econômico em longo prazo. Porém, para fazer disso uma realidade era necessário enfrentar alguns problemas estruturais profundamente arraigados. Muitas empresas japonesas têm um sistema duplo de contratação. Os novos funcionários seguem a trilha *sogoshoku* (gestão) ou *ippanshoku* (auxiliar administrativo). A participação na trilha *sogoshoku* é crucial para garantir um status de emprego regular e a possibilidade de promoção para cargos gerenciais, mas as mulheres são contratadas para a trilha *ippanshoku* de forma desproporcional. Também espera-se que elas sejam as responsáveis principais pela criação dos filhos, e, visto que a maioria dos empregadores esperam que seus funcionários façam turnos muito extensos, é difícil conciliar ter filhos com uma carreira. No Índice *Global Gender Gap* de 2017, feito pelo Fórum Econômico Mundial, o Japão ficou em 114º lugar, de um total de 144 países.[42]

Hiro também acreditava que tentar resolver os problemas ambientais do Japão — o "E" do ESG — era crucial para garantir o bem-estar em longo prazo de seus beneficiários. Não dar bola para a mudança climática ameaçava desestabilizar o suprimento de comidas no Japão e impulsionar um aumento na frequência de desastres naturais em uma ilha já sujeita a eles de forma desproporcional. "Mesmo se pudesse pagar as pensões daqui a 30 anos", disse Hiro, "de que valeria isso se os netos dos meus beneficiários não poderão brincar fora de casa?".

Decidir concentrar-se no ESG era uma coisa. Implementar a decisão, outra. Sendo uma agência administrativa independente, o GPIF era proibido de negociar ações de forma direta e de conversar diretamente com as empresas, para minimizar qualquer influência governamental potencial sobre o setor privado. Toda a parte de investimentos do fundo era terceirizada para gestores independentes de ativos.[43] Dessa forma, Hiro começou a pedir a cada um dos 34 gestores de ativos do GPIF para que iniciassem uma conversa sistemática com cada empresa em que investiam sobre qual era sua abordagem para as questões ESG, para que votassem em todas as eleições da empresa e que relatassem o voto para o GPIF. Por exemplo, talvez um gestor de ativos viesse a notar que determinada nominação de um conselho e comitê de governança não tinha um presidente independente, então deveria perguntar quando isso seria corrigido e ameaçar votar contra a administração caso isso não ocorresse. O GPIF fazia reuniões individuais com cada gestor de ativos pelo menos duas vezes ao ano, pedindo a cada um que resumisse como estava se engajando com as empresas e exigindo que revelasse seu voto nas assembleias.

Dizer que o mundo veio abaixo — de um jeito bem japonês — é subestimar o caso. Um observador deixou a entender que a sugestão de Hiro, de que gostaria que a gestão passiva do GPIF fosse "ativa passivamente", foi "o anúncio mais controverso da história da gestão de ativos". Quase todos os gestores de ativos de fundos reclamaram — de forma silenciosa e educada — que não tinham a expertise necessária para tomar decisões fundamentadas com respeito ao ESG. Os que faziam gestão ativa argumentaram que tinham experiência em aumentar o alfa (capacidade de render lucros acima do esperado no mercado) e que não estavam convencidos de que uma ênfase no ESG ajudaria. Aqueles que faziam gestão passiva sugeriram que, visto que recebiam menos de 0,1% do valor de um investimento, não tinham como bancar o desenvolvimento de novas habilidades necessárias.[44]

Hiro respondeu — de forma igualmente silenciosa e educada — que não era sua intenção reduzir a remuneração de ninguém e que ficaria feliz em pagar por um desempenho melhor e por uma expertise aumentada. Também destacou — muito diplomaticamente — que nenhum dos gestores de ativos deveria se sentir forçado a trabalhar para o GPIF. Depois, ele mudou a forma que o fundo avaliava, selecionava e remunerava seus gestores de ativos, assinando contratos de vários anos com aqueles que estavam dispostos a concordar com uma nova estrutura de taxas, projetada para recompensá-los explicitamente por gerar alfa e por concentrarem-se no longo prazo, e também pediu aos que faziam gestão passiva que propusessem um "novo modelo de negócio" para suas taxas. Quando, após dois anos, não houve nenhuma proposta concreta por parte deles, ele aumentou o peso que o GPIF colocava em atividades de gestão responsável no critério de seleção para 30% e anunciou que os gestores que não atendessem às novas expectativas teriam sua alocação de investimentos reduzida ou, na pior das hipóteses, perderiam o negócio com o fundo. Ele também reiterou sua oferta de mudar a estrutura de taxas.

Os consultores de investimentos de Hiro ficaram desconfortáveis com os novos contratos, sugerindo que oferecer aos gestores de ativos contratos de vários anos violava o dever fiduciário do GPIF, uma vez que tal compromisso plurianual sacrificava o valor de opção inerente à possibilidade de despedir os gestores a qualquer momento. Em sua resposta, ele disse que era deixar de assinar contratos de longo prazo que violava os deveres fiduciários do fundo, visto que isso promovia uma visão de curto prazo. Em suas palavras: "Eles não entendiam corretamente meu dever fiduciário. Tenho um dever fiduciário que transpassa gerações."

Hiro também usou o tamanho e a visibilidade do GPIF para aumentar a percepção sobre questões ESG em toda a comunidade empresarial japonesa. Ele lançou cinco índices de ações com base em temas ESG, e investiu cerca de 4% do dinheiro que o GPIF tinha alocado para ações, cerca de ¥3,5 trilhões (aproximadamente US$32 bilhões), neles.[45] Também assegurou que as metodologias que foram usadas para criar cada índice fossem totalmente divulgadas. Isso não era uma prática comum. Ele observou o seguinte:

> Se eu pensar de forma mais convencional... e definir meu trabalho como bater o mercado, não deveríamos ter pedido aos fornecedores [do índice] que revelassem suas metodologias. Não obstante, exigimos que as revelassem, porque o que queríamos era melhorar o mercado inteiro, e não batê-lo. Com acesso ao critério de seleção, as empresas que não foram selecionadas para os índices puderam aprender a melhorar sua classificação ESG. E exigimos que os fornecedores do índice se engajassem com elas e que reportassem seus progressos. Eles disseram que o número de consultas que receberam do Japão aumentou drasticamente desde o lançamento dos índices.

Hiro mudou a forma de pensamento das empresas e dos investidores japoneses quanto ao potencial de criar valor compartilhado e à importância de investir em questões sociais e ambientais. As menções sobre ESG na mídia aumentaram mais de oito vezes entre 2015 e 2018.[46] Entre as empresas médias e grandes, 60% e 80%, respectivamente, disseram que o aumento da ênfase em índices ESG expandiu a percepção sobre o assunto em suas empresas e levou a uma mudança real,[47] e quase metade dos investidores individuais afirmam reconhecer a importância de considerar o ESG em suas decisões de investimento. Em 2018 e 2019, a porcentagem de ativos financeiros japoneses alocados em investimentos sustentáveis aumentou de 3% para quase 20%.[48]

Claramente, ainda há muito o que fazer, mas o sucesso preliminar de Hiro é profundamente encorajador. O uso difundido de métricas ESG relevantes, replicáveis e comparáveis é um divisor de águas, com um potencial de permitir aos investidores que desenvolvam uma compreensão muito mais significativa sobre o relacionamento entre os investimentos de uma empresa em desempenho social e ambiental e os retornos à cada empresa — como a JetBlue — e ao portfólio como um todo — como no GPIF. Porém, apenas adotar métricas ESG obviamente não é o suficiente para consertar o problema da visão de curto prazo. Muitas métricas ESG ainda são difíceis de criar, são raramente comparáveis entre várias empresas e geralmente difíceis de serem auditadas, e mesmo aquelas que são bem elaboradas acabam sendo insuficientes para o universo de fatores não financeiros úteis que podem conduzir o desempenho.

Levará algum tempo para desenvolvermos métricas amplamente adotadas e padronizadas, que possam ser incorporadas rotineiramente nos relatórios financeiros. Além disso, mesmo com as melhores métricas ESG do mundo, será difícil comunicar de forma convincente o calor de alguns investimentos mais intangíveis que permitem que as empresas orientadas a um propósito tenham sucesso. Como minha descrição do SASB sugere, essa é uma área de pesquisa gigantescamente ativa, e as coisas ainda podem mudar enquanto caminhamos. Enquanto isso, porém, vale a pena explorarmos algumas das outras soluções que surgiram para focarmos o capital em longo prazo.

Uma possibilidade é sairmos totalmente dos mercados de capitais abertos. As empresas controladas por famílias, por exemplo, estão, em princípio, posicionadas idealmente para focar a criação de valor em longo prazo, e empresas dessa categoria, como a Tata e a Mars, estão entre as companhias mais orientadas a um propósito do mundo. No entanto, embora haja evidências de que esse é realmente o caso, o desempenho das empresas controladas por famílias tende a ser altamente variável, e certamente muitos economistas desenvolvimentistas acreditam que a necessidade de depender da posse familiar é um dos fatores que diminui o crescimento econômico nos países que ainda precisam desenvolver mercados de capitais abertos vastamente confiáveis.[49]

Fundos de private equity são outra fonte de capital altamente informado e de longo prazo, mas, novamente, as evidências nessa frente são confusas. Esses fundos parecem ter um resultado melhor que os mercados de ações, mas, até onde eu sei, não há evidências sistemáticas mostrando que são mais focados no longo prazo do que os mercados de capitais abertos.[50]

Outra possibilidade é observar investidores que são orientados a um propósito e que compartilham dos objetivos da empresa e de seu comprometimento com o longo prazo. A má notícia é que não há muitos deles. A boa é que isso está começando a mudar, e que as empresas nas quais investem são mais do que capazes de manter os seus perante concorrentes mais convencionais.

Encontre Investidores Que Compartilham de Seus Objetivos

Os chamados investidores de impacto são o equivalente financeiro de empresas orientadas por um propósito, como a Unilever ou a King Arthur Flour. Eles buscam um retorno decente, mas seu objetivo é fazer uma diferença no mundo, em vez de maximizar os lucros. É um grupo que inclui não apenas exércitos de fundações filantrópicas, como a Bill & Melinda Gates Foundation e a Omidyar Network, mas também famílias e indivíduos abastados, empresas de private equity e até mesmo alguns investidores institucionais. Reynir Indhal, o sócio de private equity que financiou a compra da Norsk Gjenvinning e que foi um dos apoiadores mais fortes de Erik Osmundsen em seus esforços para fazer uma volta de 180° na empresa, agora gerencia o Summa Equity, um fundo de private equity cujo site proclama orgulhosamente, "Investimos para resolver os desafios globais do mundo".

O Triodos Bank é um exemplo particularmente visível do poder que esses tipos de instituições podem exercer — e também do tipo de compromisso exigido para desenvolvê-las.[51] O banco, localizado na Holanda, começou como um grupo de estudo composto por quatro pessoas devotadas a explorar como o dinheiro poderia ser gerido de forma mais consciente. Os participantes ficaram interessados em um sistema de filosofia espiritual desenvolvido pelo filósofo/cientista Rudolf Steiner, que idealizava a sociedade como sendo composta por três esferas: econômica, direitos (incluindo política e leis) e cultural/espiritual. Ele acreditava que uma sociedade saudável dependia de um equilíbrio entre as três esferas. Os fundadores decidiram que o propósito de seu novo empreendimento seria iniciar uma mudança social ao estimular atividades empreendedoras inovadoras. O Triodos Bank foi aberto como sociedade em 1980, equipado com um capital inicial de €540 mil e uma licença para atuar como banco emitida pelo Banco Central Holandês.[52] Os donos do banco são seus clientes, uma estratégia que permitiu a busca de objetivos explícitos voltados ao desenvolvimento de uma sociedade saudável, em vez da maximização de resultados em curto prazo. Atualmente, o banco tem mais de €15 bilhões em ativos sob gestão e receitas de €266 milhões.[53]

A palavra *triodos* significa "caminho tríplice", e a ideia de que o banco apoiaria o desenvolvimento saudável das três esferas sociais de Steiner sempre foi essencial ao seu propósito. Eric Holterhues, diretor de artes e cultura dentro da Gestão de Investimentos do Triodos Bank, descreveu o propósito centrado da missão do banco da seguinte maneira:

> Três coisas são importantes para a sociedade. Preservar a Terra — é por isso que somos ativos em todos os tipos de projetos ambientais. Depois, como as pessoas lidam umas com as outras na Terra — isso justifica nossa participação no comércio justo (fair trade), nas microfinanças. E, por fim, o desenvolvimento de cada pessoa — o motivo de sermos ativos na cultura. Isso também nos diferencia de outros bancos. Não dizemos: "Somos um banco, vamos ver quais são os setores nos quais podemos ganhar dinheiro." Mas dizemos: "Estes três setores: a Terra (ambiental), nós (social) e eu (cultural); eis nosso ponto de partida. Como podemos contribuir em cada um como o banco que somos?"

Peter Blom, CEO do banco, descreve a visão da empresa assim:

> É importante influenciarmos o que estará acontecendo daqui a dez anos... Isso já nos diferencia de muitos outros bancos. Talvez eles pensem um pouquinho no futuro, porém mais no sentido de "Como podemos melhorar as coisas que já fazemos?", e não muito seguindo a ideia de "O que queremos influenciar e mudar?"

> Essa é uma noção importantíssima, e, se queremos fazer isso, precisamos considerar as grandes tendências na sociedade. Aonde estamos indo? Para onde a humanidade caminha? O que é essencial para as pessoas? Então, é importante conseguirmos olhar para trás após 10 ou 15 anos e ver o que deu certo. Esse é o tipo de abordagem com a qual aprendemos com o futuro, voltando para onde estamos hoje. Caso não façamos isso, será muito fácil ficar repetindo as coisas. Temos de entender o espírito da nossa época. Esse espírito está conectado com o desenvolvimento mais longo das pessoas, de empreendedores, e de como faremos negócios.

Encontrar métricas que possam captar tais tipos de objetivos não é algo fácil de se fazer, e o Triodos Bank é um exemplo vivo das limitações impostas pela dependência única das métricas ESG, por mais sofisticadas que sejam. As decisões de empréstimos, por exemplo, envolvem um processo sutil de julgamento individual e coletivo, exigindo que o agente de crédito decida se um pedido está alinhado com a missão do banco *e* se apresenta o perfil certo de risco. Uma frase geralmente usada no banco é: "Se uma criança viesse lhe pedir cinco euros emprestados, sua primeira pergunta seria, 'Por que você quer o empréstimo?'" Como Pierre Aeby, o CFO, descreveu o caso, "Quando investimos em um empréstimo, primeiramente analisamos para que será o dinheiro. Qual é a missão do tomador? Quais valores ele agrega à sociedade? Qual é o alinhamento com nossos próprios valores? Depois, analisamos o caso estritamente como banqueiros. Qual é a capacidade de pagamento? O que a pessoa faz? Qual é a garantia? Então, definimos o preço de mercado."

Daniël Povel, que foi gerente de empréstimos do banco na Holanda, explicou: "É muito fácil financiar, digamos, um agricultor orgânico/biodinâmico que contrata viciados em drogas para trabalhar na fazenda, que também tem um centro de artes que produz quadros e esculturas e que vem buscar um empréstimo para colocar painéis solares no telhado. Esse caso é facílimo, todo mundo diria sim." Mas os projetos em geral caem em uma zona cinzenta. O banco os descreveu como "dilemas" que necessitavam de julgamento e discernimento individual por meio do diálogo com os pares para chegar a uma decisão. Daniël contou a história a seguir sobre um dilema que foi analisado em uma das reuniões semanais do banco, nas manhãs de segunda-feira:

> Um fabricante de calçados, famoso pelo menos na Europa, veio nos solicitar um empréstimo. Eles estavam tentando cortar custos com eletricidade por meio de um projeto de eficiência energética. Queriam um empréstimo para produzir a própria eletricidade com bio-resíduos de couro da fábrica — uma substância gordurosa e oleosa que coletavam ao raspar o couro bovino. Queriam queimar essa substância para gerar calor e eletricidade de modo a diminuir o uso de energia em 30% a 35%, o que é bastante. Estavam avançados em outras questões ambientais, por exemplo, vários químicos são usados na produção de calçados, e eles tratavam a água de tal forma que poderia ser praticamente consumida.
>
> Meu colega, que trouxe o exemplo à reunião, perguntou: "Vamos oferecer o financiamento?" Outra pessoa questionou: "As vacas que fornecem o couro para os calçados podem caminhar do lado de fora?" E meu colega respondeu: "Você quer marcas de arame farpado em seus calçados? É claro que elas não caminham do lado de fora. Ficam presas dentro." O problema com essa situação é que o Triodos Bank não quer patrocinar operações agropecuárias intensivas que confinem animais em espaços internos superpopulados e que nunca lhes permitem a liberdade de se movimentarem ou de saírem. Portanto, a questão é, o que deveríamos fazer?[54]

Resumindo, o Triodos Bank segue diretrizes em vez de critérios quantitativos. A empresa pede às pessoas que considerem os projetos usando não apenas a cabeça, mas o coração e o instinto também. Nas palavras de Blom: "Deliberadamente nunca usamos a palavra 'critério'. Sempre definimos isso como 'diretrizes', o que abre espaço para a discussão e o diálogo. É algo mais situacional, mais vivo e provavelmente envolve muito mais explicações do que a existência de critérios abstratos."

O Triodos Bank gera retornos financeiros de 5% a 7% — significativamente abaixo daqueles obtidos pelos grandes bancos globais em seus melhores anos,[55] mas significativamente acima do retorno obtido em seus piores anos. A empresa também teve êxito ao fazer uma diferença notável no mundo. Eles lançaram o primeiro fundo verde da Europa, o Biogrond Beleggingsfonds (Fundo Ecológico da Terra), dedicado ao financiamento de projetos ambientalmente sustentáveis na Europa. Um Fundo Eólico surgiu em seguida. Na época, a tecnologia eólica estava engatinhando, mas o banco identificou fabricantes promissores de turbinas de vento na Dinamarca, na Alemanha e na Holanda, além de uma pequena empresa de engenharia na Holanda como uma potencial sócia. O fundo teve lucros desde o início, e causou um impacto importante na indústria como um todo conforme outros bancos começaram a oferecer produtos semelhantes. Blom assim resumiu tal abordagem de intervenção em termos de sistema:

> Você adota uma visão estratégica, conhece o setor e diz, bem, está faltando tal coisa, e, num setor saudável, tais elementos são necessários e também haverá demanda dos consumidores, é claro. Agora, como encontramos empreendedores que queiram dar os próximos passos com a gente?
>
> Estamos tentando dar início a um círculo virtuoso, onde os empréstimos que concedemos atuem como projetos de demonstração com efeito transbordamento, para que outras pessoas preencham o espaço. Buscamos confiança, pois tentamos não ser um banco co-

mum que sempre busca fazer o melhor negócio para si. Os clientes nos buscam porque somos um polo. Estamos desenvolvendo um conjunto todo novo de habilidades em apoio a uma economia muito mais colaborativa.

Em resumo, o Triodos Bank está em busca de uma estratégica clássica de orientação a um propósito, usando seu foco na comunidade mais ampla para catalisar o tipo de inovação arquitetural que pode mudar o sistema todo. A pergunta de um milhão de reais é se tais tipos de investidores — aqueles que valorizam o bem-estar do planeta em vez de extrair até a última gota de retorno de seu dinheiro — compõem um grupo periférico operando às margens ou se são a onda do futuro. Acredito que ainda não sabemos a resposta. Mas tenho esperanças. Espera-se que cerca de US$68 trilhões de riqueza troque de mãos nos próximos 25 anos com a morte dos baby boomers, e uma grande parte dessa riqueza será dada para uma geração mais jovem que está muito mais interessada em impactar os investimentos do que seus pais estavam.[56]

Outra forma de conseguir investidores comprometidos com o longo prazo é levantar capital com clientes ou funcionários. O sucesso do Triodos Bank, por exemplo, é fundamentalmente dependente do fato de ser possuído por seus clientes — que escolhem ser donos do banco porque compartilham de sua missão e seus valores e porque estão comprometidos com o sucesso de longo prazo. Os CEOs da KAF acreditam que o fato de que a empresa é totalmente possuída pelos funcionários possibilita um grau de engajamento e um comprometimento com a missão da companhia que não seriam possíveis de outro modo.

As empresas cujos donos são os clientes estão surpreendentemente difundidas. As cooperativas de eletricidade rural desempenharam um papel crucial na eletrificação dos EUA e ainda fornecem energia elétrica para mais de 10% da população daquele país.[57] Muitos produtores rurais que se viram à mercê de compradores concentrados reagiram criando as cooperativas cujos donos são os próprios produtores rurais, como a Land O'Lakes ou a Dairy Farmers of America.[58] Tais grupos agregam o poder coletivo de cada produtor rural para garantir que recebam o preço do mercado e, em geral, apoiem campanhas de marketing para melhorar as vendas. Há, atualmente, cerca de 4 mil cooperativas agriculturais cujos donos são os clientes nos EUA, com cerca de US$120 bilhões de receita entre elas.[59]

Os primeiros anos do setor de seguros foram dominados por empresas "mutuais" possuídas por consumidores, visto que aquelas pertencentes a investidores inicialmente se concentravam em cobrar o prêmio mais alto possível, enquanto as possuídas pelos consumidores eram muito mais propensas a criar políticas que recompensavam um comportamento que reduzisse o risco.[60] Ainda há cerca de 120 mil empresas mútuas de seguros nos Estados Unidos. As uniões de créditos são cooperativas possuídas pelos clientes e foram fundadas para oferecer o melhor serviço possível para seus membros sem a limitação de ter que maximizar os retornos dos investidores. Atualmente, há cerca de 50 mil dessas nos EUA. Coletivamente, as uniões de créditos e as empresas mútuas de seguros têm cerca de US$180 bilhões em receitas e empregam mais de 350 mil pessoas.[61]

Esses são números relativamente pequenos pelos padrões dos maiores compradores agriculturais do mundo ou dos maiores bancos do mundo. Os dois maiores operadores de commodities do mundo, por exemplo, têm mais receita entre eles do que todas as quatro mil cooperativas agriculturais.[62] Os dois maiores bancos dos EUA têm mais receita entre eles do que todas as 50 mil cooperativas financeiras.[63] Mas a existência delas sugere que a posse dos clientes pode ser uma peça crucial de um capitalismo reinventado.

Empresas possuídas por funcionários são relativamente comuns, embora, na maioria dos casos, eles basicamente não exerçam controle sobre a gestão da companhia. Em 2013, cerca de 38% dos empregadores norte-americanos ofereceram participação nos lucros;[64] 20% dos funcionários afirmaram ter ações da empresa de seus empregadores;[65] cerca de 5% dos funcionários participaram em Planos de Opções de Ações para os Funcionários (ESOPs — do termo em inglês); e cerca de 15% participaram em Planos de Compras de Ações para os Funcionários (ESPPs — do termo em inglês), que também permitem que comprem ações de suas empregadoras. A participação em tais planos era muito mais comum para gerentes ou vendedores, mas os funcionários de todos os setores podiam participar, e foi o que fizeram.[66] Em algumas dessas empresas, os funcionários possuíam uma maioria (ou uma grande minoria) da empresa. Por exemplo, os funcionários eram donos da Avis, empresa de aluguel de carros, até que a venderam para um investidor de fora em 1996. Em 1994, os funcionários da United Airlines concordaram com um ESOP, adquirindo 55% das ações da empresa em troca de concessões salariais, tornando a companhia aérea a maior corporação do mundo possuída por funcionários, na época. A participação dos funcionários encerrou-se em 2000.

O controle exercido por funcionários é muito menos comum, mas está atraindo cada vez mais interesse, especialmente como uma solução ao problema da desigualdade. Michael Peck, representante da Mondragon nos EUA, é o diretor-executivo da 1worker1vote, uma instituição sem fins lucrativos criada para dar apoio à formação de cooperativas modeladas na Mondragon. A organização está dando suporte ao trabalho em dez cidades no país e já fez parcerias com diversas outras organizações, incluindo United Steel Workers, National Cooperative Bank e American Sustainable Business Council.[67] Em Preston, Inglaterra, a prefeitura local está ativamente buscando alternativas com cooperativas possuídas por trabalhadores como um passo para a revitalização da cidade.[68]

Nos Estados Unidos, a rede de supermercados Publix é a maior empresa controlada por funcionários, com mais de mil unidades em todo o Sudeste e 200 mil funcionários.[69] A maior empresa controlada por funcionários no Reino Unido é a John Lewis Partnership, que opera cerca de 40 lojas de departamento e 300 supermercados em todo o país. Em 2017, ela teve receitas de £10/US$12,3 bilhões. É uma empresa com capital aberto cujas ações são possuídas, fiduciariamente, por seus mais de 83 mil funcionários (conhecidos como os "sócios", internamente). A companhia é governada por um conselho de sócios cujos integrantes são eleitos a cada três anos por meio de votações dos sócios; uma diretoria de sócios, que é eleita pelo conselho e serve como o conselho de administração; e um presidente, selecionado pelo conselho.[70]

A Mondragon, com base na região basca da Espanha, é a maior empresa possuída por funcionários do mundo.[71] Em 2018, teve €12/US$13,2 bilhões em receitas e empregava mais de 80 mil pessoas.[72] É administrada como uma cooperativa, assim, os funcionários/donos participam diretamente na gestão da empresa onde cada trabalhador tem direito a um voto, e a posse não é transferível. Quando o trabalhador se aposenta ou sai da empresa, recebe em troca um pacote financeiro ou uma pensão por sua parte na posse, em vez de poder vender suas ações. A Mondragon é uma holding, com mais de 100 cooperativas de trabalhadores. Juntos, competem em dezenas de setores, incluindo a manufatura pesada (peças de carros, eletrodomésticos, máquinas industriais); manufatura leve (equipamentos de exercícios, armas clássicas, móveis); materiais de construção; semicondutores; produtos de TI; serviços a empresas (gestão de RH, consultoria, advocacia); educação; banco; e agronegócios. A organização investe pesadamente em educação (a Universidade Mondragon é uma cooperativa sem fins lucrativos com cerca de 4 mil alunos), e tem seu próprio banco e consultoria — todos dedicados a ajudar seus cooperados a terem sucesso e a criar novas cooperativas. Em 2013, a Modragon ganhou um dos prêmios "Boldness in Business" do *Financial Times* pelo "que ela representa em termos de propostas reais para um novo tipo de modelo de negócio: 'Humanidade em funcionamento', com base na cooperação, em trabalhar junto, na solidariedade e em envolver as pessoas no ambiente de trabalho".[73]

As empresas cujos donos são os funcionários, como era de se esperar, parecem priorizar o emprego em vez dos lucros, além de pagar acima da média.[74] Um estudo descobriu que 3% dos funcionários-donos foram despedidos em 2009-2010, em comparação com os 12% dos funcionários não donos, e que os primeiros tinham aproximadamente mais do que o dobro em suas contas de contribuições definidas como participantes em comparação aos segundos, e 20% a mais de ativos no geral.[75] Um gerente sênior da Mondragon sugeriu que a empresa desempenha um papel importante na redução da desigualdade, ao afirmar que "se a região Basca na Espanha fosse um país, teria a segunda menor desigualdade de renda do mundo". As empresas possuídas por funcionários também crescem de forma mais rápida e abundam nas classificações de "Melhores Empresas nas quais Trabalhar".

Quando a participação dos funcionários como donos está ligada à possibilidade de terem voz no processo de decisão e está acompanhada por uma maior estabilidade no trabalho, isso aumenta a lealdade e a motivação do funcionário, diminui a rotatividade e gera níveis mais altos de inovação e produtividade.[76] O fato de que os funcionários da King Arthur Flour são os donos da empresa, por exemplo, torna muito mais fácil fazer os investimentos essenciais na criação e manutenção de uma mão de obra altamente engajada — não apenas oferecer treinamento, salários decentes e benefícios, mas também investir o tempo e a energia necessários para garantir que as informações sejam amplamente compartilhadas, que a cultura seja sustentada e que todos estejam engajados.

Portanto, as participações dos funcionários e dos clientes como donos oferecem caminhos potencialmente promissores rumo à reestruturação financeira, e o desenvolvimento de suas participações e presenças na economia tem muitas chances de ser a pedra basilar de um capitalismo reinventado. Nivelar as condições legais e regulatórias para que seja mais fácil abrir empresas possuídas por funcionários ou consumidores é um objetivo normativo importante para aqueles que estão interessados no desenvolvimento de um mundo mais igualitário e sustentável. Porém, no momento, isso é mais um modelo promissor para o futuro do que uma solução imediata — um projeto promissor para os millennials orientados por um propósito!

Talvez seja por isso que tantas pessoas que trabalham nessa área decidiram que a única maneira de forçar os investidores a focar o longo prazo é mudar as regras do jogo para que tenham menos poder sobre a empresa.

Mude as Regras do Jogo para Reduzir o Poder do Investidor

Muitas das pessoas que mais respeito acreditam que, se queremos criar um mundo justo e sustentável, precisamos rejeitar totalmente a ideia da primazia dos acionistas.[77] Elas acreditam que a única forma de construirmos um capitalismo sustentável é a adoção de uma visão diferente sobre as empresas, na qual os administradores e diretores devem sua lealdade não aos investidores, mas aos "stakeholders" da empresa — para os investidores, sim, mas também aos funcionários, fornecedores, consumidores e à própria comunidade. Estão ávidas para mudar as regras legais que controlam como as firmas são administradas, para que isso se torne uma realidade.[78]

Tenho uma profunda simpatia pela ideia de que precisamos reduzir o poder dos investidores de algumas formas muito importantes. Mas acredito que o caminho para isso é muito complicado e potencialmente menos diretamente benéfico do que alguns proponentes sugerem.

Sou fã, por exemplo, de um estatuto jurídico conhecido como "corporações benéficas".[79] As empresas incorporadas como corporações benéficas comprometem-se formalmente a criar benefícios públicos, assim como dar retornos decentes aos seus investidores. A empresa deve publicar uma estratégia que descreve como planeja fazer isso,[80] e o conselho administrativo tem uma responsabilidade formal de tomar decisões que criem valor tanto público como privado. As corporações benéficas também devem apresentar relatórios auditáveis anualmente detalhando seu progresso na geração de benefícios públicos que se comprometeram a criar. Nos EUA, é possível estabelecer uma corporação benéfica em 36 estados[81] — incluindo Delaware, e há pelo menos 3.500 delas em operação, incluindo Kickstarter, Patagonia, Danone, Eileen Fisher e Seventh Generation.[82]

Escolher incorporar-se como corporação benéfica apresenta diversas vantagens tangíveis a empresas que têm a esperança de fazer do mundo um lugar melhor. Isso deixa claro que nem os diretores nem os administradores têm responsabilidade legal para maximizar o valor ao acionista. De fato, exige-se que os diretores considerem o interesse público ao tomarem cada decisão. Mais importante, quando eles se comprometerem a vender a empresa, podem selecionar o comprador que criará mais valor para todos os stakeholders, em vez de um que apresente, naquele momento, a maior quantia de dinheiro aos acionistas. Isso é muitíssimo importante. Como observei anteriormente, os diretores de empresas convencionais em geral não têm dever legal de maximizar o valor para o acionista a menos que tenham tomado a decisão de vender a empresa, e os acionistas correntes não terão direitos de voto na nova entidade. Se for esse o caso, os diretores nos EUA têm uma responsabilidade legal de vender a empresa para o comprador que ofereça o preço mais alto.[83] Pode parecer apenas um detalhe, mas não é esse o caso. Em uma empresa convencional, o fato de que sempre há um risco de que os diretores possam ser forçados a vender a empresa ao licitante que oferece a maior proposta pode dificultar muito para fazer os tipos de investimentos de longo prazo — na criação de confiança, no bom trato dos funcionários — essenciais no desenvolvimento de "empresas altamente comprometidas". As companhias que ficam à mercê do mercado financeiro são sócias não confiáveis, o que pode ser muito mais difícil para que desenvolvam relacionamentos de longo prazo baseados em confiança, tão essenciais na criação de empresas orientadas por um propósito.[84]

Então, quer dizer que transformar todas as empresas em corporações benéficas é o segredo para a reinvenção do capitalismo? Infelizmente, é provável que não. Reduzir o poder dos investidores é uma faca de dois gumes. Caso os investidores, o conselho administrativo e a equipe de gestão da empresa estejam firmemente comprometidos a fazer a coisa certa — e a lutarem com unhas e dentes para fazer isso acontecer — então a incorporação como corporação benéfica faz muito sentido. Os administradores da empresa não terão que depender de métricas necessariamente imperfeitas de criação de valor compartilhado para convencer os investidores a deixá-los continuar em frente e, desde que a ênfase na criação de valor público aumente a lucratividade, os investidores podem se sair ainda melhor. É impossível não gostar.

Há dois problemas. O primeiro é que o modelo depende enormemente da habilidade da empresa em atrair investidores que compartilhem de sua visão — ou que acreditem que operar dessa forma é um caminho confiável para aumentar a lucratividade. Em uma corporação benéfica, todo o poder continua com os investidores. Somente eles podem eleger os diretores. Apenas eles podem acionar em juízo para garantir a aderência à missão.[85] No pior dos casos, os investidores inescrupulosos podem assumir o controle da companhia ao votar em um novo conselho, deixar a criação de benefício público apenas como faixada e apenas recriar uma empresa convencional.

O segundo problema é que, lamentavelmente, não se pode confiar em todos os administradores e conselhos. A menos e até que as métricas ESG estejam suficientemente bem desenvolvidas de modo a permitir aos investidores que determinem com um bom grau de certeza se uma empresa está ou não criando benefícios públicos, tanto os administradores como os conselhos serão tentados a usar a estrutura da corporação benéfica como uma forma de facilitar a vida. É claro, se os investidores estiverem dispostos a processar, e as métricas da empresa forem detalhadas o suficiente e intimamente relacionadas ao desempenho, isso não será um problema. Mas é uma estratégia que coloca um prêmio enorme sobre as boas métricas e no engajamento profundo entre os investidores e a equipe administrativa.

No Japão, por exemplo, o "milagre" que reconstruiu o país após a Segunda Guerra Mundial dava ênfase ao emprego vitalício, nas relações próximas com os fornecedores, no investimento em longos períodos de tempo e no foco quase obsessivo no cliente.[86] A abordagem foi complementada por relações muito próximas entre as empresas japonesas e seus investidores. Elas tinham historicamente levantado a maior parte do capital com bancos, e na maioria delas o conselho administrativo era composto exclusivamente por internos e presidido pelo CEO. Embora muitas estivessem listadas na bolsa, eram protegidas da ameaça de uma aquisição por um sistema extensivo de cross-holdings [cruzamento acionário].[87] Na prática, os administradores japoneses podiam fazer quase tudo que quisessem, sem a ameaça de oposição dos investidores.[88]

Tal abordagem funcionou excelentemente bem — até que não deu mais certo. Entre 1960 e 1995, ela permitiu que as empresas japonesas criassem companhias orientadas a um propósito e obsessivas quanto aos clientes, como a Toyota, e que conquistassem o mundo com produtos inovadores e de baixo custo de qualidade insuperável. Em 1960, o PIB do Japão era um pouco mais de 60% em comparação ao do Reino Unido. Em 1995, era *quatro vezes* maior.[89]

Mas, no início de 1995, a economia japonesa patinou. Entre 1995 e 2017, a economia do Reino Unido quase dobrou de tamanho. Porém, no mesmo período, a japonesa mal saiu do lugar.[90] Ainda é a quarta maior economia do mundo — praticamente do tamanho das economias britânica e francesa juntas —, mas as taxas japonesas de crescimento produtivo são praticamente a metade daquelas nos Estados Unidos e na Europa, e a economia está basicamente estagnada há 20 anos, um período que passou a ser conhecido como "a década perdida" ou "os 20 anos perdidos".[91] A questão sobre o que exatamente causou essa desaceleração ainda é avidamente contestada, com explicações variando de uma crise de crescimento demográfico e a tolerância de uma total ineficiência em alguns setores altamente protegidos da economia, à combinação de uma bolha gigantesca de ativos e a não responsabilização dos bancos japoneses pelas consequências. Porém, muitos observadores japoneses acreditam que isso também reflete o fracasso do sistema japonês de governança corporativa — que exatamente os mesmos atributos que permitiram às empresas japonesas se concentrarem no longo prazo com grande sucesso nas décadas de 1960, 1970 e 1980 são agora uma grande desvantagem. Os administradores japoneses continuam firmes no controle de quase todas as companhias do país, e, consequentemente, elas são relativamente lentas para sair desse estado de baixo desempenho e/ou de explorar novas oportunidades.[92]

Conceder aos administradores um controle significativo das empresas é uma aposta com grandes variações. Se forem competentes e confiáveis, isso lhes dá uma liberdade incomparável de tomar os tipos de decisões difíceis que criam grandes empresas. Quando estão profundamente integrados em uma rede de instituições que efetivamente os responsabiliza — como foi o caso nos EUA nas décadas de 1950 e 1960, e como geralmente acontece em países como Alemanha e Holanda —, os sistemas de governança orientados aos stakeholders podem ser muito eficazes. Mas, se essas instituições mudarem de formas fundamentais, os administradores que aprenderam a não temer seus investidores podem se tornar opositores arraigados da mudança.

Tal problema não é exclusivamente japonês. Nos últimos 15 anos, muitas das empresas mais bem-sucedidas do Vale do Silício abriram seu capital com duas classes de ações que deixaram os fundadores com controle exclusivo de suas empresas. O Facebook, por exemplo, fez exatamente isso. As ações de classe A foram para os investidores cotidianos valendo um voto por ação. Mas os fundadores — Mark Zuckerberg, em grande parte — receberam ações classe B. Cada uma delas valia dez votos. Isso significa que é efetivamente impossível forçar Zuckerberg a sair do cargo, não importa quão ruim seja o desempenho do Facebook.[93]

Em geral, os fundadores em questão afirmam que tal estrutura é necessária para protegê-los da pressão dos acionistas. Um observador, ao comentar a decisão do Snapchat para deixar a vasta maioria do poder de voto nas mãos dos fundadores e para emitir ações sem qualquer direito a voto, afirmou que a pressão dos acionistas para que as empresas cortem gastos e aumentem os lucros em curto prazo poderia impedir as companhias de tecnologia lideradas pelos fundadores a fazer importantes investimentos de longo prazo em enormes inovações de criação de valor. Ele sugeriu que "os grandes inovadores simplesmente conseguem ver as coisas que os meros mortais não conseguem. Sendo assim, em geral estão em um ritmo diferente daquele da sabedoria das multidões".[94]

Porém, às vezes, "grandes inovadores" são apenas os grandes fundadores de outrora que perderam o ritmo e que se recusam a ver que a empresa precisa caminhar em novas direções. Meu argumento não é que a mudança nas regras talvez não seja uma boa ideia — na verdade, se eu estivesse no comando, exigiria que todas as empresas listadas em bolsa mudassem suas estruturas de governança de tal modo que não estivessem mais sob a ameaça constante de ter que vender a empresa pelo maior valor possível — mas que simplesmente mudar as regras não é uma solução automática ou sem custos ao problema da visão de curto prazo.

HÁ, DE MODO GERAL, TRÊS CAMINHOS para a reestruturação das finanças. Um é reformar a contabilidade para que as empresas reportem rotineiramente dados ESG relevantes, replicáveis e auditáveis, além dos dados financeiros. A adoção difundida de métricas ESG padronizadas, facilmente comparadas e auditáveis facilitaria para que as empresas atraíssem investidores que sejam essenciais no desenvolvimento de empreendimentos bem-sucedidos e orientados a propósitos, e para a criação de valor compartilhado. Mais genericamente, o tipo certo de métricas ESG poderia disponibilizar uma linguagem mais opulenta para a expressão de como fazer a coisa certa pode gerar retornos financeiros. Tais métricas podem expandir os horizontes temporais e ajudar os administradores e os investidores a analisar a dinâmica do relacionamento entre fazer bem e fazer o bem. Quando faria sentido investir em capital humano? Talvez ter uma estratégia ambiental de ponta? Que tal fazer uma faxina na cadeia de suprimentos? Conforme as respostas a essas perguntas vão surgindo, as empresas que ficaram para trás serão pressionadas a alcançar as pioneiras. Seria um mundo diferente. Um mundo no qual os investidores insistem constantemente para que as empresas invistam em conservação de energia. Um mundo no qual muitos funcionários são rotineiramente mais bem pagos e bem tratados.

Uma segunda opção é voltar-se aos investidores de impacto — ou aos funcionários ou consumidores — em busca de financiamento. É uma solução com muitos pontos fortes, mas que pode trazer desafios para ser aplicada em escala. A terceira é mudar as regras que governam as corporações, de modo a proteger os administradores da pressão dos investidores. É algo intuitivamente sedutor, mas teria que ser aplicado com cuidado. Também há o problema potencialmente importante de que, no momento, a vasta maioria dos investidores do mundo certamente lutaria contra a ideia com unhas e dentes.

Reestruturar as finanças fará uma diferença enorme, e tem o potencial de apoiar milhares de empresas em suas tentativas de resolver os grandes problemas em escala. Será que esses tipos de investimento conseguem fazer uma diferença no grande esquema das coisas? Depende, é claro, mas há diversos caminhos pelos quais a ação de cada empresa pode ter um efeito significativo nos grandes problemas. Empresas muito grandes têm um efeito mensurável simplesmente por meio de suas próprias ações. O Walmart trabalha com quase 3 mil fornecedores, que, por sua vez, trabalham com outros mil.[95] Similarmente, a Nike e a Unilever estão em contato com milhares de fornecedores e milhões de consumidores. Desde que insistam em tratar melhor seus funcionários ou em ter melhores práticas ambientais, impactarão milhões de pessoas. Porém, até as empresas menores podem mudar vidas.

A busca por valor compartilhado também pode ter impactos importantes por meio de seus efeitos em outras empresas. Às vezes, a simples demonstração de que determinado investimento faz sentido comercial pode persuadir todos no setor a adotar a mesma prática. Quando a Lipton demonstrou que a produção sustentável de chá custava apenas 5% a mais e que os consumidores se importavam o suficiente com a questão a ponto de aumentar a participação da marca, todas as principais concorrentes da empresa também abraçaram a sustentabilidade. Os investimentos gigantescos do Walmart em economia de energia e na redução de resíduos ajudaram a persuadir muitas outras empresas de que tais investimentos provavelmente pagarão ricos retornos.

Empresas bem-sucedidas e orientadas a um propósito também podem moldar o comportamento dos consumidores. Vinte anos atrás, por exemplo, a maioria deles presumia que "sustentável" significava "comprometido" — que os produtos sustentáveis eram por definição mais caros ou de qualidade inferior. Tal percepção passou a mudar continuamente conforme mais produtos de alta qualidade entraram no mercado exibindo orgulhosamente suas credenciais de sustentabilidade. Isso, por sua vez, está persuadindo um número cada vez maior de consumidores a presumirem que é possível criar produtos sustentáveis fabulosos e exigir isso de mais produtos que compram. Empresas de vanguarda também podem moldar a conversa cultural. Como sugere o caso da Nike, por muitos anos ninguém responsabilizava as empresas pelo comportamento de seus fornecedores. Uma vez que isso mudou, a pressão para elevar o padrão cresceu substancialmente, e, agora, quase todas as grandes empresas prestam atenção, pelo menos da boca para fora, às condições em sua cadeia de suprimentos.

Cada empresa também pode alterar as fronteiras tecnológicas. Isso fica mais evidente com as energias renováveis, onde cada empresa que se junta ao setor ajuda a diminuir os custos. Entre 2015 e 2018, por exemplo, a Tesla instalou uma tecnologia de armazenamento de energia um gigawatt/hora (em comparação, em 2018, o mundo inteiro instalou apenas um pouquinho a mais que isso). Desde 2010, os esforços da Tesla ajudaram a diminuir o preço do armazenamento de bateria em pelo menos 73%.[96] Novas tecnologias agrícolas introduzidas por empresas como a Jain Irrigation e a John Deere estão rapidamente se transformando no padrão do setor, tornando-as eficientes em termos de custos a muitos produtores rurais que usam a água e os fertilizantes de modo muito mais eficiente.[97] Às vezes, a inovação não é tecnológica em si. A Solar City, por exemplo, foi pioneira em um novo modelo de financiamento de painéis solares que expandiu bastante a demanda e fez com que a ideia se espalhasse no setor.[98]

As empresas podem, dessa forma, ajudar a impulsionar diversos processos de fortalecimento com o potencial de conduzir a mudança em escala. Ao demonstrar um novo modelo de negócio — e, no processo, possivelmente reduzir os custos e persuadir os consumidores a exigi-lo —, elas podem pressionar as concorrentes a adotarem a mesma prática, difundindo-a amplamente no setor. Esse processo está a tal ponto bem avançado no setor de alimentos que está começando a mudar as práticas agriculturais mundiais, e, na energia, pode estar forte o suficiente para desempenhar um papel importante na condução da transformação para a energia sem combustíveis fósseis. Já está em curso no setor de construção e, de acordo com alguns relatórios, mais da metade de todas as construções nos EUA agora usam padrões de eficiência energética.

Mas a ação individual das empresas é um caminho inerentemente limitado para a mudança. No fim das contas, a empresa precisa conseguir ver um caminho ao lucro se quiser investir em escala, e isso é muito mais fácil em alguns tipos de setores e com respeito a alguns tipos de problemas. Até hoje, parece que as grandes oportunidades estão em setores e lugares onde a degradação ambiental apresenta um perigo claro e presente às operações em andamento ou às fontes de suprimento de longo prazo. Quase todos os maiores produtores e comerciantes agrícolas do mundo, por exemplo, estão pelo menos cientes de que deveriam estar pensando bastante sobre essas questões, e vários estão fazendo muito mais. Usar os recursos de modo eficiente também parece ser outra oportunidade significativa. Durante anos a energia e a água eram tão baratas que ninguém dava muita bola para elas. Isso está mudando. Desde que seja realmente o caso de que tratar melhor os funcionários aumenta seu desempenho, haverá um caso de negócio para lidar com a desigualdade. As preferências dos consumidores podem mudar drasticamente, e, em setores como o de alimentos, bens de consumo, moda e, talvez, transporte, tornar-se mais sustentável pode ser visto cada vez mais como um caminho possível ao lucro.

No entanto, essa lista ainda deixa diversos problemas que não podem ser enfrentados pelas empresas trabalhando sozinhas. Alguns são simplesmente grandes demais para qualquer empresa conseguir criar um caso de negócio ao seu redor.

O mundo está consumindo rapidamente o estoque disponível de peixes selvagens — mas cada pescador individual tem fortes incentivos para continuar pescando, se ninguém mais parar. O preço decrescente da energia renovável significa que uma fração crescente de novas estações energéticas serão construídas usando energia solar ou eólica. Mas fugir das piores consequências do aquecimento global exigirá a descontinuação de muitas usinas que usam combustíveis fósseis — e esse é um processo que, sem uma mudança nas regras, tem chances escassas de ser lucrativo. Criar uma mão de obra engajada e bem paga pode ser uma fonte possível de vantagem competitiva, mas também pode ser difícil pagar as pessoas bem e tratá-las decentemente quando os concorrentes estão ocupados nivelando tudo por baixo. Muitas empresas gostariam de ver a qualidade da educação local melhorar, mas pouquíssimas podem desenvolver um caso por serem a única empresa disposta a investir em fazer a coisa acontecer. Muitas gostariam de ver um fim à corrupção ou um aumento na qualidade das instituições jurídicas locais, mas a maioria não consegue fazer progressos em nada disso sozinha.

O próprio Hiro enfrenta uma variante dessa questão. Ele acredita que evitar os piores efeitos da mudança climática está muito no interesse de seus beneficiários. Porém, ele enfrenta diversos problemas do efeito carona (free rider) ao tentar mudar o comportamento. O primeiro é que pode não ser lucrativo para empresas individuais reduzirem o uso de combustível fóssil. Será que Hiro deveria instruir seus gestores de ativos a forçá-las a mudar? O segundo é que, mesmo que ele tivesse o poder de forçar as empresas japonesas a serem "verdes", parece muito improvável que teria o poder de forçar todas as empresas do mundo a mudar. E, se puder mudar apenas o Japão e o aquecimento global continuar assim mesmo, será que ele realmente fez a coisa certa para seus beneficiários?

Em resumo, muitos dos problemas que enfrentamos são genuinamente problemas de bens públicos, e só podem ser resolvidos por meio de ações cooperativas ou de políticas governamentais. Seria tal ação possível? Será que as empresas e/ou investidores conseguem se juntar para resolver os grandes problemas do mundo? O próximo capítulo explora o que está acontecendo nessa frente e questiona se, e em quais condições, a ação cooperativa dentro dos setores ou regiões pode nos ajudar a reinventar o capitalismo.

6
ENTRE A CRUZ E A ESPADA
Aprendendo a Cooperar

> Você não pode ficar em seu cantinho da floresta esperando que os outros venham até você. É preciso ir até eles, às vezes.
>
> — A. A. MILNE, *URSINHO POOH: COLEÇÃO COMPLETA DE HISTÓRIAS E POEMAS*

Será que a reestruturação financeira é suficiente para a reinvenção do capitalismo? Lamentavelmente, não. Se cada empresa do planeta adotasse um propósito além do lucro, se buscasse uma estratégia de valor compartilhado e se tivesse o apoio de investidores sofisticados e comprometidos com o longo prazo, seria um passo gigantesco à frente, mas muito longe de ser suficiente para resolver problemas colossais como a mudança climática e a desigualdade. Diversos desses problemas são genuinamente de bens públicos — resolvê-los beneficiaria a todos, mas nenhuma empresa individual consegue resolvê-los sozinha. Não resolveremos a crise climática, por exemplo, até — e a menos que — concordemos em deixar as grandes florestas de pé. Mas, se seus concorrentes não pararem de derrubar árvores, talvez você também tenha que fazer isso para sobreviver. Não resolveremos a desigualdade até que gastemos mais em educação. Mas, se seus concorrentes não treinam seus funcionários, você também não conseguirá bancar o treinamento daqueles que trabalham para você. Tal é a tensão que enfrentamos. Em um lado, a cruz — o conhecimento de que o desflorestamento contínuo e a aceleração da desigualdade podem causar danos enormes — e, do outro, a espada — a inabilidade de cada empresa individual em fazer qualquer coisa a respeito disso por si só.

Uma potencial solução é a cooperação crossetorial, ou, como às vezes é conhecida, a "autorregulação". Não é uma ideia totalmente maluca. Elinor Ostrom recebeu o Prêmio Nobel em ciências econômicas de 2009 por seu trabalho que descreveu os esforços voluntários exitosos dentro de comunidades locais para proteger recursos comuns como florestas e água. O trabalho dela sugeriu que uma coordenação local chegou a durar várias gerações e, em geral, teve mais efeitos do que as ações governamentais.

Diversas instituições centrais do século XIX na economia dos EUA, incluindo a Bolsa de Valores de Nova York [NYSE], a de Chicago [CBOT] e a Bolsa de Algodão de Nova Orleans, eram associações voluntárias criadas para abordar problemas de bens públicos lançados pela economia que se maturava. Elas funcionavam para disponibilizar um espaço de negociações, para estabelecer regras, taxas e padrões, para melhorar a comunicação e o fluxo de informações, para oferecer treinamento a novos trabalhadores e para sustentar o profissionalismo entre seus membros. Os bancos se juntaram para criar câmaras de compensação de modo a oferecer empréstimos emergenciais durante os pânicos financeiros. As empresas ferroviárias criaram associações do setor que desenvolveram padrões de pontualidade em todo o país, de peças mecânicas e de sinalização.[1] A maioria das regras que governam o comércio internacional são desenhadas e colocadas em prática pela Câmara Internacional do Comércio, uma associação voluntária fundada em 1919. Quando dão certo, esses tipos de soluções cooperativas particulares são, em geral, mais rápidas, baratas e flexíveis do que as alternativas convencionais reguladas.

Porém, a cooperação é frágil. Às vezes se sustenta, outras, não. Neste capítulo, exploro os fatores que possibilitam a cooperação sustentada, bem como os que causam seu fracasso. Sugiro que, mesmo quando dão errado, e isso ocorre com frequência, os esforços cooperativos podem lançar as bases para soluções mais robustas, especialmente as parcerias com governos locais e outras na busca do bem comum. Esta é uma história de esperança, seguida pelo desespero, e, depois, pelos lampejos de uma esperança renovada. É difícil estarmos entre a cruz e a espada, mas sempre há uma saída.

Orangotangos no Prédio

Gavin Neath, diretor de sustentabilidade da Unilever, chegou ao trabalho no dia 21 de abril de 2008, uma segunda-feira, esperando ter um dia produtivo. Para sua surpresa, oito pessoas fantasiadas de orangotango haviam escalado a sacada de 7m de altura acima da entrada da sede da empresa em Londres, e seguravam faixas enormes que diziam, "Dove: pare de destruir minha floresta tropical".[2] A imprensa caiu em cima, e perguntava a todos que podia o que a Unilever estava planejando fazer. Por ser o administrador mais sênior no local, Neath vislumbrou que o dia não seria moleza.

Os fantasiados de orangotango eram do Greenpeace, e estavam protestando contra o uso que a Unilever fazia do óleo de palma. De acordo com o Greenpeace, a Unilever era responsável tanto pela destruição da floresta tropical como pela quase extinção dos orangotangos que viviam nela. Barato e versátil, o óleo de palma é o óleo mais consumido do planeta.[3] É usado em cerca de metade de todos os produtos industrializados, de sabonete, xampu e batom a sorvete, pão e chocolate — e estava na maioria dos produtos da Unilever.[4] A demanda pelo óleo de palma quintuplicou entre 1990 e 2015, e espera-se que triplique novamente até 2050. A Unilever era a maior compradora do mundo.

A produção descontrolada de óleo de palma é um desastre ambiental. Para abrir espaço ao cultivo de palmeiras, os produtores queimam as florestas primárias e as turfas, liberando carbono na atmosfera em escalas enormes.[5] Em 2015, a Indonésia foi o quarto maior emissor de dióxido de carbono (CO_2) do mundo, atrás apenas da China, dos Estados Unidos e da Rússia.[6] O processo de desflorestamento também polui os reservatórios locais de água, degrada a qualidade do ar e ameaça destruir um dos ecossistemas mais biologicamente diversos do mundo.[7] O orangotango-de-sumatra foi levado à beira da extinção.[8] Nas palavras de um repórter: "Uma grande área da Terra está em chamas. Parece que podemos imaginar como é o inferno. O ar ficou ocre: a visibilidade em algumas cidades foi reduzida a 30 metros. As crianças estão sendo preparadas para evacuação em navios de guerra; algumas já morreram asfixiadas. Diversas espécies foram destruídas pelo fogo com uma taxa inimaginável. É, quase com certeza, o pior desastre ambiental do século XXI — até agora."[9]

Os ativistas do Greenpeace que se amarraram ao prédio da Unilever estavam focando a Dove pois ela era uma das maiores e mais visíveis marcas de cuidado pessoal que, na época, estava crescendo explosivamente. Os ativistas estavam especialmente furiosos com o fato de que a empresa desempenhara um papel importante na fundação da Mesa Redonda de Óleo de Palma Sustentável quatro anos antes — um conjunto de ONGs e empresas compradoras de palmeiras dedicadas ao cultivo mais sustentável da planta —, mas "nem uma única gota" de óleo de palma sustentável estava disponível ainda. Eles acusavam a empresa de "lavagem verde" (greenwashing) em escala gigantesca.[10]

As ações do Greenpeace — juntamente com uma série de vídeos que viralizaram nas redes sociais, com mais de 2 milhões de visualizações — forçaram uma resposta da Unilever. Dentro de um mês, Patrick Cescau, CEO da empresa na época, prometeu publicamente que, até 2020, a Unilever não estaria usando nada além de óleo de palma sustentável.[11]

O anúncio fez com que o Greenpeace saísse do pé da Unilever, pelo menos por um tempo, mas criou seus próprios problemas. Ninguém da empresa tinha um roteiro indicando como pagar o que poderia chegar a um aumento de 17% no custo de uma das commodities mais importantes da Unilever, especialmente quando os consumidores não gostavam de ser relembrados de que o batom que compravam (ou a comida) continha óleo de palma, para começar.

A ajuda chegou de uma fonte improvável. Em janeiro de 2009, Cescau foi substituído como CEO por Paul Polman, o primeiro outsider na história de 123 anos da Unilever escolhido para o mais alto cargo. Ele era holandês — um extra em uma empresa listada nas bolsas do Reino Unido e da Holanda —, mas passara os primeiros 26 anos de sua carreira na Procter & Gamble, uma das maiores concorrentes da Unilever. Paul saiu da P&G três anos antes para ser CFO da Nestlé — outra das grandes concorrentes da Unilever —, contudo, deixou passar a oportunidade de se tornar o CEO lá em 2007. Chegou à Unilever precisando mostrar trabalho, em uma época em que muitos olhos percebiam que a companhia estava ficando para trás.

A Unilever tinha aproximadamente o mesmo tamanho que a P&G e a Nestlé até o início da década de 2000, mas, nos 5 anos antes da chegada de Paul, a Nestlé e a P&G cresceram rapidamente, enquanto as vendas da Unilever tinham estagnado, e, em 2008, o preço da ação da empresa era menos da metade do de suas rivais.[12] Em parte, isso era um reflexo do fato de que a P&G e a Nestlé eram ativas em diversas empresas com altas margens (especialmente fraldas e ração para pets), nas quais a Unilever não tinha presença, e também pelo fato de que a Unilever estava sobrecarregada por inúmeros e notórios produtos de margens baixas (como a margarina). Porém, os investidores acreditavam que a organização da Unilever não tinha nada como o foco que caracterizava a P&G e a Nestlé. Um observador caracterizou a Unilever como "o caso perdido do setor (de bens de consumo)".

A imprensa especulava que o conselho administrativo escolhera Paul como o próximo CEO exatamente porque era um outsider — e tinha um histórico de entregar resultados lucrativos.[13] Antigos colegas sugeriam que ele era "durão e analítico", com um estilo "forte, sem se importar com os sentimentos dos outros".

O fato é que ele era um homem mais complicado do que parecia inicialmente. A primeira indicação disso veio em seu primeiro dia como CEO da Unilever. Ele anunciou que a empresa interromperia a prática de oferecer a estimativa de lucros, dizendo ao *Wall Street Journal*: "Descobri, muito tempo atrás, que, se me concentrar em fazer a coisa certa para o longo prazo de modo a melhorar as vidas dos clientes e consumidores no mundo todo, os resultados da empresa virão."[14] O preço da ação caiu 6% em um único dia, levando consigo quase €2/ US$2,2 bilhões de capitalização de mercado da empresa. Mas ele não arredou o pé, brincando posteriormente ao dizer que arriscou aquilo porque "não poderiam me despedir em meu primeiro dia". Quando Neath lhe mencionou a questão do óleo de palma sustentável, sua resposta imediata foi: "Temos que fazer isso e não conseguiremos sozinhos: vamos socializar o problema."

Essa é uma premissa central da autorregulação setorial. Se todas as empresas de um setor precisarem que algo seja feito — ou interrompido —, mas não conseguem lidar com o problema se agirem sozinhas, pode ser possível resolvê-lo ao concordar em agir juntas. No caso do óleo de palma, por exemplo, cada uma das grandes empresas de bens de consumo do mundo — muitas com marcas valendo centenas de bilhões de dólares — estaria vulnerável às ONGs acusando-a de destruição da floresta tropical. A Pepsi, por exemplo, é uma das maiores compradoras de óleo de palma do mundo.[15] O mesmo se dá com a Mars, fabricante do M&M. Nenhuma empresa conseguiria bancar uma campanha prolongada ligando seus produtos a fotos de orangotangos atacados até a morte enquanto fugiam do fogo da floresta em chamas.

Qualquer empresa individual que escolhesse usar o óleo de palma sustentável enfrentaria não apenas o desafio assustador de encontrar o produto para comprar, mas também arriscaria colocar-se em uma desvantagem muito expressiva de custos. No entanto, se todas as empresas de um setor pudessem ser persuadidas a caminhar juntas, comprar óleo sustentável seria algo "pré-competitivo", ou um quesito básico — um custo de negócio que todas as empresas assumiram para reduzir o risco de dano a suas marcas. Caso todas as empresas do setor concordassem em comprar óleo de palma sustentável, o custo de todas aumentaria, mas a marca de todas seria protegida e ninguém teria que se colocar em desvantagem competitiva.

Esses tipos de acordos cooperativos voluntários são, é claro, inerentemente frágeis.[16] Empresas individuais podem prometer fazer a coisa certa, mas acabam não cumprindo, deixando os desertores com uma vantagem de custos em curto prazo, e aqueles que escolheram cooperar sentindo-se otários (e bravos). Quando sugeri a um historiador de autorregulação que a cooperação transetorial pode desempenhar um papel central na solução dos grandes problemas do mundo, ele riu. Em sua visão, os industrialistas usaram a autorregulação muitas vezes apenas para difundir a ameaça da regulação governamental e para causar desvantagens a empresas menores e a potenciais entrantes, em vez de realizar mudanças fundamentais, e que, em geral, a autorregulação raramente é eficaz, a menos sob a sombra da regulação governamental.[17]

Porém, tempos urgentes exigem medidas urgentes. Em muitos lugares, os governos são corruptos e a regulação é raramente colocada em prática — e, embora muitos de nossos problemas sejam globais, temos poucos reguladores globais eficazes. Além disso, houve momentos e lugares em que a cooperação setorial provou-se bem-sucedida. Considere, por exemplo, a primeira tentativa de fazer uma faxina em Chicago.

Aprendendo com a História: Fumaça Preta na Cidade Branca

As grandes cidades industriais do século XIX eram incrivelmente poluídas, e algumas das primeiras tentativas de autorregulação da indústria foram provocadas pelo desejo de limpá-las. Tais esforços davam certo às vezes, e outras, não. Quando a elite empresarial de Chicago estabeleceu que limparia a cidade, por exemplo, houve um sucesso considerável no começo.[18]

No dia 24 de fevereiro de 1890, o congresso norte-americano selecionou Chicago como a sede da "feira mundial" que se tornou conhecida como a Exposição Universal (World's Columbian Exposition).[19] O homem mais rico de

Nova York prometeu US$15 milhões (cerca de US$400 milhões atualmente) para custear a feira se o Congresso a concedesse para sua cidade. A elite de Chicago — incluindo Marshall Field, Philip Armour, Gustavus Swift e Cyrus McCormick — não apenas igualou a oferta, mas também subiu diversos milhões de dólares em 24 horas para vencer a proposta de Nova York.[20]

Na esperança de que a feira traria proeminência internacional à cidade, os organizadores fizeram planos para criar uma elaborada "Cidade Branca" em Jackson Park, um local pantanoso a cerca de 11km dos limites da cidade de Chicago, e contrataram alguns dos arquitetos mais proeminentes do país para que projetassem um conjunto de prédios neoclássicos ao estilo *beaux-arts* que seriam cobertos com gesso parisiense e pintados de branco brilhante.

Conforme a data do evento se aproximava, muitos de seus apoiadores mais fervorosos começaram a se preocupar que os prédios imaculados seriam cobertos por uma cortina de fumaça espessa e oleosa. Chicago, como todas as cidades industriais da época, estava sujeita a uma poluição espantosa. Nas palavras de um historiador:

> Hoje, 100 anos depois, é difícil vislumbrar a completa sujeira e a pesada escuridão da fumaça que poluía a cidade no início da década de 1890... Os prédios que mais soltavam fumaça a vomitavam de suas chaminés, formando colunas pretas com fuligens sebosas que faziam os espectadores recordarem de vulcões em erupção. Havia uma fumaça preta tão densa que mal podia flutuar. Geralmente caía no chão, criando margens quase sólidas de fuligem, vapor e cinzas nas ruas da cidade.

Os empresários reclamavam, pois tinham que usar camisas coloridas e ternos escuros para esconder a fuligem. Lojas e fábricas tinham que manter portas e janelas firmemente fechadas, até mesmo no calor do verão, para tentar impedir que a fumaça causasse danos a seus produtos. Em 1892, J. V. Farwell, um dos principais mercadores de produtos secos de Chicago, estimou que tinha um custo anual de US$17 mil para substituir produtos estragados pela fumaça (o que daria US$$430 mil atualmente). Outra estimativa posterior sugeriu que a fumaça custou à cidade de Chicago mais de US$15 milhões (cerca de US$405 milhões atualmente) por ano. E, é claro, nenhuma delas inclui os custos enormes que a fumaça infligiu à saúde humana.

Feira mundial de Chicago, no fim do século XIX

O primeiro decreto antifumaça fora aprovado na cidade em 1882, mas raramente era executado. O Departamento de Saúde municipal estava sobremaneira desfalcado, havendo pouquíssimos vigilantes sanitários responsáveis para identificar violações, e a Procuradoria Geral raramente conseguia abrir os processos. Quando de fato o faziam, os que poluíam geralmente pressionavam (e com sucesso) os políticos locais para que persuadissem os juízes a liberá-los.

Em resposta, em janeiro de 1892, dois anos após Chicago ter ganho a feira, um grupo de proeminentes empresários da cidade formaram a Sociedade para a Prevenção de Fumaça, uma organização dedicada a "livrar-se do incômodo da fumaça" antes de abrir a feira, agendada para maio de 1893.[21] Todos os fundadores da sociedade eram diretores da exposição, com exceção de um, e muitos deles eram investidores importantes de ações e títulos municipais que foram usados para financiá-la.

O grupo começou exortando os empresários de Chicago a acabarem com suas fumaças como uma demonstração de "espírito público". Visto que o equipamento necessário para impedir a geração de fumaça podia ser difícil de instalar e operar eficientemente, a sociedade contratou — à sua própria custa — cinco engenheiros para demonstrar publicamente a tecnologia e oferecer assistência direta aos agentes poluidores. Em julho, os engenheiros já tinham enviado mais de 400 relatórios detalhados para estabelecimentos em toda a cidade, oferecendo recomendações específicas sobre como a poluição poderia ser controlada. Cerca de 40% das empresas que recebiam os relatórios implementavam as recomendações e "praticamente extinguiram o incômodo da fumaça". Outros 20% seguiram as recomendações, mas não conseguiram parar de poluir, e ainda outros 40% se recusaram a tentar.

Em seguida, a sociedade voltou-se à lei. Com a cooperação total da cidade, e novamente à própria custa, o grupo contratou Rudolph Matz, advogado cujo trabalho era levar os donos de negócios ao tribunal caso não tentassem seguir as recomendações que receberam dos engenheiros da sociedade. Matz agiu com vigor, iniciando 325 processos. Em pouco mais da metade dos casos, os proprietários concordavam em tentar diminuir a fumaça, e o processo era arquivado; já em 155 casos, os proprietários pagaram multas de US$50 em vez de concordarem em parar de poluir. Nesses casos, Matz geralmente processava de novo. O proprietário de um rebocador, por exemplo, estimou que tinha pago mais de US$700 em multas devido à recusa em passar a usar o carvão, significativamente mais caro, necessário para que operasse sem gerar fumaça. No fim de dezembro de 1892, a maior parte da fumaça do centro de Chicago estava controlada. Aproximadamente 300 a 325 focos de problemas tinham sido diminuídos, a fumaça de locomotivas fora reduzida em 75%, e 90% a 95% dos proprietários de rebocadores fizeram a mudança necessária.

Porém, quando o outono chegou àquela região, o pânico de 1893 abateu a cidade, iniciando uma profunda depressão que durou muitos anos. Cerca de 25% das empresas de ferrovias do país faliram, e, em algumas cidades, o desemprego entre trabalhadores industriais atingiu entre 20% a 25%. A Sociedade para a Prevenção de Fumaça começou a exigir julgamentos com júri, e, em diversos casos de grande visibilidade, os jurados se recusavam a declarar os réus culpados, apesar deles claramente não estarem fazendo nada para reduzir suas emissões. A partir dos registros públicos, não é possível dizer exatamente por que isso aconteceu, mas uma possibilidade é que os membros da Sociedade eram vistos cada vez mais como "podres de ricos" tentando controlar o governo municipal em seu próprio benefício. Acreditando que sem o apoio público sua causa estaria perdia, a Sociedade desmantelou-se em 1893.

A feira foi um sucesso enorme, estabelecendo um recorde mundial de presença de pessoas em evento a céu aberto, com mais de 750 mil visitantes. O contraste entre as brilhantes estruturas brancas da feira e a sujeira do centro de Chicago ganhou os créditos de ter ajudado a começar o movimento de melhoria cívica que surgiu na última década do século, inspirado pela ideia de que as cidades poderiam ser tão limpas e saudáveis quanto a Cidade Branca. Mas Chicago não resolveu de fato seus problemas de poluição do ar até a década de 1960.

Criando Cooperação em Escala Global

Até aqui, tudo certo. O caso da Cidade Branca é encorajador. Mas ele descreve os esforços dentro de uma comunidade relativamente pequena e unida com motivos muito convincentes para cooperação. Será que a cooperação pode ser sustentada em um ambiente muito mais global e difuso, como no caso do óleo de palma? A resposta é complicada. Cinco anos atrás, diversas pessoas do setor e eu consideramos o caso do óleo de palma um dos grandes exemplos de cooperação bem-sucedida no serviço de um bem comum. Hoje em dia, fica claro que tal veredito foi prematuro.

A Unilever teve êxito ao socializar seu problema — a vasta maioria de suas concorrentes concordou em mudar para o óleo sustentável, e a empresa alcançou a meta de usar 100% de óleo sustentável três anos antes do que havia estabelecido. No entanto, o cultivo de óleo de palma continua sendo uma grande causa de desflorestamento. Ficou claro que a única maneira de resolver esse problema é por meio de parcerias — com investidores, comunidades e governos locais. Os esforços autorregulatórios do setor aumentaram as chances de que tais parcerias darão certo, mas a situação ainda não está definida.

Começo esta seção descrevendo como essas dinâmicas se desdobraram, visto que são uma fonte poderosa de insight sobre as oportunidades e ameaças que limitam muitos dos esforços globais atualmente em andamento. Depois, faço a uma análise a respeito do sucesso das iniciativas sobre a carne e a soja, sugerindo que a habilidade desses setores em fazer parcerias com reguladores locais foi fundamental ao seu sucesso. Há centenas de esforços globais de autorregulação acontecendo no momento, tentando resolver problemas que vão desde a poluição dos oceanos, a pesca exagerada e a corrupção até as condições trabalhistas abusivas em praticamente todos os setores. É crucial desenvolvermos uma compreensão valiosa dos possíveis determinantes de seus sucessos se quisermos reimaginar o capitalismo.

Paul começou seus esforços de socializar seu problema de óleo de palma quando entrou em contato com os integrantes do Fórum de Bens de Consumo (Consumer Goods Forum — CGF), uma das maiores associações industriais do mundo. O fórum inclui atualmente mais de 400 fabricantes e varejistas de bens de consumo, de 70 países. No total, geram mais de US$3,87/€3,50 trilhões em receitas e empregam quase 10 milhões de pessoas.[22]

No início de 2010, em uma série de reuniões de pequenos grupos com colegas CEOs, Paul começou a defender a ideia de que parar o desflorestamento deveria ser uma questão central para o fórum. Seus esforços receberam grande ajuda de um ataque do Greenpeace à Nestlé. Em março de 2010, o Greenpeace lançou um comercial-paródia mostrando um funcionário administrativo entediado comendo um KitKat, mas que, na realidade, estava comendo o dedo todo ensanguentado de um orangotango. (O vídeo está disponível no YouTube, mas, já aviso, não é nada bonito.[23]) A intensa atenção da mídia galvanizou não apenas a Nestlé, mas também muitas outras empresas de bens de consumo. Scott Poynton, diretor de uma das ONGs que a Nestlé contratara para atacar o problema, recorda que, quando chegou à sede corporativa da Nestlé, a recepcionista o abordou e disse, simplesmente: "Não queremos matar orangotangos, não somos esse tipo de pessoa."[24]

Gavin e Paul apresentaram o grupo a Jason Clay, do World Wildlife Fund, cujo argumento era de que o caminho à sustentabilidade residia na cooperação pré-competitiva de um pequeno grupo das principais empresas. Ele destacou que, em todas as commodities mais negociadas do mundo, centenas de empresas compravam pelo menos 25% de toda a produção mundial. Sugeriu também que, se essas empresas exigissem que as commodities que compravam fossem produzidas de forma sustentável, setores inteiros seriam forçados a se mover em uma direção mais sustentável — e que persuadir centenas de empresas a agir seria muito mais fácil do que persuadir 25% dos consumidores a fazê-lo.

Gavin recorda-se de uma reunião em particular — um pequeno encontro na sede da Unilever que incluía os CEOs de 15 das maiores empresas de bens de consumo do mundo, como Nestlé, Tesco, P&G, Walmart, Coca e Pepsi — como "um momento mágico". Terry Leahy, CEO da Tesco, na época a terceira maior varejista do mundo, sugeriu que o foco fosse na sustentabilidade "através de lentes de carbono", e foi recebido com uma aprovação entusiasmada. Diversos dos CEOs presentes assumiram como missão pessoal persuadir seus pares a resolver o desflorestamento.

Nos meses seguintes, o grupo teve dificuldades para convencer os outros membros do fórum. Disseram-me que foi um processo ferozmente difícil e que as preocupações com antitruste significavam que as minutas de cada reunião e toda a documentação que geravam tinham que ser escrutinadas por advogados antitruste. Mesmo assim, o comitê diretivo incumbido de organizar uma proposta concreta em torno da ideia de Leahy finalmente chegou a um acordo. Em uma reunião do fórum carregada de emoção, Paul e os CEOs da Tesco, da Coca-Cola e do Walmart deram seu apoio total à proposta, argumentando de forma apaixonada para que os outros CEOs na sala se juntassem a eles. Em novembro de 2010, na 16ª conferência do clima da ONU, Muhtar Kent, CEO da Coca-Cola, anunciou que os integrantes do fórum estavam se comprometendo a atingir um desmatamento líquido zero até 2020 para as quatro commodities mais responsáveis por gerar o desflorestamento global: soja, papel e papelão, carne bovina e óleo de palma.[25] Paul e seus colegas haviam tido sucesso em persuadir praticamente todas as principais empresas ocidentais de bens de consumo a comprar e vender apenas óleo de palma sustentável — definido como óleo de palma sem desmatamento e cultivado sob condições trabalhistas bem reguladas.

Mas esse foi apenas o primeiro passo. A autorregulação é estável apenas quando todas as partes do acordo acreditam que cooperar está em seu interesse coletivo. Porém, enquanto essa for uma condição necessária, não será suficiente. Para que a cooperação seja duradoura, também deve-se levar em conta que os participantes não podem "pegar carona" facilmente, ao, por exemplo, prometer usar óleo sustentável, mas não fazê-lo de fato — e, para que isso ocorra, o grupo precisa conseguir saber quando uma empresa está trapaceando e poder sancionar ou punir tais empresas, caso sejam pegas.

Em vez de concentrar a atenção nas empresas de bens de consumo em si, Paul e seus colegas começaram a tentar criar um fornecimento sustentável e confiável, argumentando que assim seria relativamente fácil observar se as empresas estavam comprando dele. Como primeiro passo, começaram a se concentrar nas três empresas que cuidavam da vasta maioria do *comércio internacional de óleo de palma*: a Golden Agri-Resources (GAR), que além de seus negócios comerciais também era a maior produtora de palmas na Indonésia; a Wilmar, gigante agricultural de aproximadamente US$30 bilhões com base em Cingapura que manipulava praticamente metade de todo o óleo de palma negociado globalmente; e a Cargill, uma empresa norte-americana de capital fechado, maior comerciante de commodities agriculturais do mundo, com mais de US$100 bilhões em receitas. Eles acreditavam que, se pudessem persuadir as três empresas a se comprometer com o desmatamento zero, juntos levariam uma grande maioria dos fornecedores de óleo de palma rumo à sustentabilidade — e ao uso regular da certificação sustentável.

A GAR adotara uma política de queima zero em 1997, mas continuou a desmatar sem permissão, queimando e mexendo em áreas profundas de turfa e, dessa forma, liberando quantidades enormes de carbono. No fim de 2009, apesar das preocupações significativas quanto ao impacto comercial da decisão, a Unilever anunciou que não compraria mais da GAR a menos que a empresa mudasse suas práticas.[26] A ação enviou ondas de choque a todo o setor de óleo de palma, provocando tumultos e manifestações na Indonésia. Porém, em 2010, a Nestlé juntou-se à Unilever na pressão contra a empresa, e a Kraft e a P&G não demoraram a fazer o mesmo. A GAR entrou em contato com o Greenpeace, abrindo negociações que continuaram por um tenso ano. (Um observador descreveu a atmosfera como "pior que aquela entre árabes e israelenses".) Em fevereiro de 2011, a GAR prometeu não desmatar florestas de alto valor de conservação e turfeiras, e deixar de desflorestar áreas que armazenam grandes quantidades de carbono. As quatro empresas retomaram, então, as negociações com a GAR. Quando a empresa foi questionada por que se tornara a primeira empresa indonésia de óleo de palma a anunciar uma Política de Conservação Florestal, Agus Purnomo, diretor de sustentabilidade da GAR, disse:

> Porque nosso mercado primário, os melhores compradores, estavam nos exigindo isso. É porque queremos ir para o céu? Não. É claro que todo mundo quer ir para o céu, mas estamos fazendo isso porque foi o que nossos compradores nos pediram. É o que todas as empresas precisam fazer, satisfazer totalmente seus clientes.

Ao mesmo tempo, membros do CGF começaram a contatar a Wilmar e a Cargill em uma tentativa de persuadi-las a mudar suas políticas de fornecimento, complementando os esforços de inúmeras ONGs que vinham mirando a Wilmar há anos. Fortuitamente, em junho de 2013, camadas grossas de fuligem e névoa causadas por queimadas ilegais na Indonésia cobriram Cingapura, lar da Wilmar. O miasma estabeleceu recordes de poluição do ar na cidade-estado e cobriu os carros com cinzas, forçando as pessoas a ficarem dentro de casa. A atenção da mídia levou o CEO da Wilmar, Kuok Khoon Hong, a engajar-se diretamente com Paul, assim como com a Forest Heroes e a Forest Trust, duas das principais ONGs na área de óleo de palma. "Ele falou muito sobre como estava transtornado com a confusão em Cingapura e na China", recorda um dos ativistas. "Ele só precisava receber uma base lógica empresarial para seguir em frente." Em dezembro de 2013, a Wilmar assinou um pacto abrangente de "Não Desmatamento, Não Turfas e Não Exploração"[27] e, em julho de 2014, a Cargill, terceira maior comerciante de óleo de palma, publicou uma política atualizada comprometendo-se a usar óleo de palma livre de desmatamento e socialmente responsável.[28]

Traduzir esses comprometimentos em ação era o próximo obstáculo. O primeiro ponto de contenção foi definir exatamente o que contava como óleo de palma "sustentável". Era relativamente fácil, por exemplo, concordar que o óleo de palma produzido no ano anterior em terras que tinham florestas de alto valor de conservação não era sustentável. Mas o que era uma floresta de alto valor de conservação, e quem poderia definir isso? Seria considerado desmatamento se a terra fosse uma floresta secundária? Que tipos de condições trabalhistas tornavam determinada plantação sustentável?

Uma opção era usar os padrões desenvolvidos pela Mesa Redonda de Óleo de Palma Sustentável (Roundtable on Sustainable Palm Oil — RSPO), uma parceria de múltiplos stakeholders que fora fundada em 2004 para desenvolver padrões ao cultivo sustentável de óleo de palma. "No começo, foi muito, mas muito difícil", explicou o CEO da RSPO, Darrell Webber:

> Os sete grupos de stakeholders da cadeia de suprimento, que incluíam diversas ONGs ambientais e sociais, reuniram-se e, basicamente, ninguém confiava em ninguém. Houve muitos debates acalorados, muita discussão. Foi necessário mais de um ano para que o primeiro padrão fosse esboçado. Muitas dificuldades, ameaças de abandonar o barco e insatisfação. Porém, no fim das contas, a confiança foi criada. As pessoas começaram a entender as opiniões das outras partes muito melhor com o passar do tempo.

A RSPO emitiu as primeiras diretrizes globais para a produção sustentável de óleo de palma em 2005. Elas foram articuladas em 8 princípios e 43 "critérios práticos" que deveriam ser revisados a cada 5 anos, sendo adaptados para uso em cada país. Os produtores, que pagavam as auditorias, eram avaliados a cada cinco anos e, caso obtivessem a certificação, passavam a ser monitorados anualmente.[29] Exigiu-se que todas as organizações que assumiram a responsabilidade pelos produtos de óleo de palma certificados pela RSPO tivessem a certificação da cadeia de suprimento para que pudessem usar a marca registrada da RSPO. A certificação continuou totalmente voluntária, mas poderia ser retirada a qualquer momento no caso de infrações.

No entanto, os críticos alegavam que os padrões da RSPO eram comparativamente fracos e que a instituição era devagar para reagir aos novos desenvolvimentos. Em 2015, um relatório detalhado resumiu uma lista de falhas na supervisão, incluindo avaliações fraudulentas que encobriam violações dos padrões da RSPO, falhas na identificação das reivindicações dos direitos dos indígenas à terra, abusos trabalhistas e conflitos de interesse devido a relações entre os órgãos certificadores e as empresas produtoras.[30] Em resposta, diversos produtores individuais — em geral sob pressão de compradores ocidentais — concordaram em usar padrões mais estritos. Os compradores ocidentais também continuaram a pressionar a RSPO para restringir ainda mais seus critérios. Os participantes do setor descreveram tal processo como uma tentativa de subir continuamente o "piso" — ou os requerimentos mínimos, como os conquistados pelos padrões da RSPO — ao mesmo tempo que também forçava o "teto", ou a definição de sustentabilidade, com base nos melhores conhecimentos disponíveis.

Os fundamentos tinham sido lançados para a certificação do óleo de palma sustentável terceirizado, tornando relativamente fácil dizer se as grandes empresas de bens de consumo estavam honrando seus compromissos e se a tecnologia nessa área continuava a melhorar. Houve avanços importantes na habilidade de auditar a cadeia de suprimentos de qualquer empresa — rastrear o óleo até a usina onde foi processado e monitorar as plantações onde foi cultivado. A Wilmar, por exemplo, estava empregando drones regularmente para ajudar a garantir que suas plantações estivessem de fato sendo administradas sustentavelmente. Considerando a força do caso econômico para a mudança e a prontidão de muitas ONGs para acionar as empresas que não faziam a coisa certa, muitas pessoas — incluindo eu e Jeff Seabright, que havia assumido o cargo de diretor de sustentabilidade da Unilever no lugar de Gavin Neath — estavam confiantes de que as ações do Fórum de Bens de Consumo reduziriam drasticamente o desmatamento relacionado ao óleo de palma.

Porém, entre 2001 e 2012, as taxas de desmatamento na Indonésia, a maior produtora de óleo de palma, mais do que dobraram,[31] caindo apenas ligeiramente entre 2012 e 2015 e aumentando de forma significativa em 2016. As taxas caíram de novo em 2018, mas o país ainda está perdendo centenas de quilômetros quadrados de floresta a cada ano.[32] Entre 2010 e 2018, eles perderam quase 8 mil quilômetros quadrados, o equivalente a 480 toneladas métricas de emissões de CO_2, e 27% disso vieram de florestas tropicais primárias.[33] A parcela sustentável do óleo de palma mundial não se alterou desde 2015, e agora fica claro que muitos membros do Fórum de Bens de Consumo não vão conseguir honrar seus compromissos para 2020.[34] A cooperação em todo o setor permitiu que muitas empresas ocidentais cumprissem sua promessa de usar óleo sustentável, mas não resolveu o problema subjacente.

Diversos fatores parecem ser responsáveis por tal resultado. O primeiro é o fracasso em antecipar que, embora o caso de negócio para a mudança ao óleo sustentável fosse relativamente forte para os grandes compradores ocidentais e fornecedores de óleo de palma, persuadir os pequenos produtores — que cultivavam quase 40% da plantação de óleo de palma e que eram responsáveis por muito do desmatamento e das queimadas que ocorriam — a pararem de derrubar a floresta foi outro desafio.[35] Dois hectares de floresta tropical desmatada para a plantação de palmas poderia garantir o futuro de uma família, fornecendo renda suficiente para enviar os filhos à universidade. Além disso, os programas feitos para apoiar os pequenos produtores a se tornarem mais sustentáveis estavam tendo apenas um sucesso relativo.

Os pequenos produtores normalmente chegam a uma produtividade de menos de duas toneladas métricas por hectare, comparados às seis ou sete toneladas métricas obtidas pelas plantações com as melhores práticas, então, aumentar a eficiência deles é uma possível solução ao problema. Mas é difícil fazer isso. É necessário instruir centenas de milhares de pequenos produtores quanto a práticas de plantação e colheita em regiões que não têm o tipo de estruturas cooperativas intermediárias que foram tão úteis na transformação da produção de chá. Os pequenos produtores também precisavam ser financiados — primeiramente com sementes e equipamentos de melhor qualidade, e, depois, ao longo dos primeiros anos não produtivos do cultivo de óleo de palma. Embora a Cargill acreditasse que a melhoria da produtividade dos pequenos produtores era "o único caminho em frente" e afirmasse que seus esforços preliminares estavam demonstrando ter muito sucesso, a GAR —

que pilotara um projeto para financiar e instruir pequenos produtores em Kalimantan, parte do segmento indonésio da ilha de Bornéu — estava menos otimista. Durante o projeto-piloto, alguns pequenos produtores não conseguiam produzir de forma sustentável, enquanto outros tinham vendido suas colheitas para usinas independentes que prometeram um preço maior do que a GAR.[36]

O ambiente legal e político era ainda outro grande desafio. Mais de 90% do óleo de palma mundial é produzido na Indonésia e na Malásia, e, em ambos os países, é um pilar econômico importante. Em 2014, por exemplo, a agricultura compôs 13% do PIB da Indonésia[37] e empregou mais de 34% da população,[38] fornecendo dois terços da renda às famílias em áreas rurais para aproximadamente 3 milhões de pessoas. O óleo de palma era o segundo maior produto agrícola da Indonésia e o produto agrícola de exportação mais valioso ao país.[39] Na Malásia, a agricultura representava 7,7% do PIB da nação.[40] Muitos políticos em ambos os países acreditavam que havia um conflito direto entre o desenvolvimento da economia local e a sustentabilidade.

O pior era que a lei indonésia exigia que os produtores em terras arrendadas desenvolvessem *toda* a terra à qual tinham sido alocados, independentemente das políticas da empresa, e cada ministro do país usava um mapa diferente. Kuntoro Mangkusubroto, o ministro responsável pelo esforço, explicou:

> Cada ministro importante tem seu próprio mapa da Indonésia. Bem, é um país muito grande e cada um desses ministros tem sua própria missão, então talvez faça sentido que tenham suas próprias versões. Mas, quando o assunto é o desenvolvimento nacional, precisamos de um mapa. Precisamos que o mapa tenha uma conclusão que possa ser aceita pelo público, pelos políticos, pelo governo, por exemplo, que a cobertura da floresta é tanto, quantos milhões de hectares há em tal ilha, onde está o limite da floresta.

O uso de um único mapa oficial poderia ajudar a reduzir a emissão de licenças conflitantes, uma causa principal de disputas entre empresas e povos indígenas. Em 2010, o governo indonésio anunciou a iniciativa de um mapa, buscando reunir dados espaciais da Indonésia em um único banco de dados, mas o projeto — parcialmente financiado pelo Banco Mundial — ainda está em processo.[41]

Outro grande problema é que há muito dinheiro a ser ganho com a derrubada das florestas na Indonésia. Uma fração crescente de óleo de palma comercializado globalmente é vendida para empresas indianas e chinesas, e poucas delas demonstraram qualquer interesse pela compra do óleo sustentável. Além disso, embora algumas administrações indonésias tenham se comprometido com o objetivo de reduzir o desflorestamento, o setor de óleo de palma é uma fonte importante de apoio aos políticos locais e nacionais.[42] O ministro das florestas, que tem responsabilidade parcial pelo uso e alocação das terras, é notoriamente corrupto, e os funcionários públicos que estão se aposentando geralmente compram uma ou duas usinas de óleo de palma "para sua aposentadoria". As redes de patrocínio são endêmicas na Indonésia e, em geral, fazem uso das receitas do desmatamento e de madeiras ilegais para "molhar a mão" dos políticos. Era difícil saber como o CGF poderia lidar com tais tipos de problemas. O líder experiente de uma ONG se pronunciou da seguinte forma: "Imagine que você detectou do ar a extração ilegal de madeiras. Você liga para a usina local, e aí pede que façam o quê? Ir lá no meio da floresta, confrontar os homens armados que protegem a área e dizer que a usina vai se recusar a comprar óleo de palma produzido naquela terra daqui a seis anos?! Vou lhe dizer o que fazer ao encontrar madeireiros ilegais: você sorri, deseja-lhes tudo de bom e continua em seu caminho."

Mais de 70% de toda a extração de madeiras na Indonésia são ilegais.[43] Se há um grupo de produtores importantes que não veem qualquer benefício em se tornarem sustentáveis, se tem consumidores felizes em comprarem deles e se o governo não está disposto a pôr em prática suas próprias leis, será muito difícil impedir que as florestas sejam derrubadas.

Isso significa que a autorregulação fracassou no setor de óleo de palma? O esforço, até agora, não conseguiu interromper o desmatamento. Mas aumentou significativamente as chances de impedir sua continuidade — se descobrirmos uma maneira de trazer governos e/ou investidores à mistura. A coalizão precisa encontrar um modo de aumentar os incentivos de todos para que cooperem — por exemplo, ao fazer com que a produção de óleo de palma sustentável seja economicamente atrativa aos pequenos produtores, ao persuadir os consumidores indianos e chineses a pressionarem as empresas locais para que usem óleo sustentável ou ao persuadir os governos locais para que coloquem em prática as leis contra o desmatamento.

O caso de negócio para ação permanece forte, e anos de trabalho geraram conhecimentos profundos sobre como resolver os problemas na prática. Mas alguém precisa conseguir implementar a cooperação. A luta decana para reduzir o desmatamento relacionado à produção da soja e da carne bovina na Amazônia sugere que o segredo está na parceria com o setor público.

A história da soja começa em terreno conhecido. Em 2006, o Greenpeace publicou o relatório "Comendo a Amazônia", afirmando que a Archer Daniels Midland (ADM), a Bunge e a Cargill — as maiores comerciantes de commodities do mundo — estavam contribuindo ativamente para a destruição da Floresta Amazônica por meio de seus financiamentos à produção de soja.[44] Ao mobilizar manifestantes vestidos com fantasias de frangos com mais de 2 metros de altura em frente ao McDonald's (95% da soja são usados para a alimentação animal), o Greenpeace acusou as empresas ocidentais que compravam a soja brasileira de ajudar a destruir uma das maiores florestas tropicais do planeta, assim como de cozinhar o planeta.

O Greenpeace publicou seu relatório (e liberou seus frangos) no dia 6 de abril, exigindo que todo o setor alimentício excluísse a soja produzida na Amazônia de suas cadeias de suprimento. Três meses depois — no dia 25 de julho — um grupo que incluía não apenas a ADM, a Bunge e a Cargill, mas também o McDonald's e duas associações brasileiras que controlavam 92% da produção de soja no país anunciou uma "moratória da soja" — um acordo para não comprarem a soja produzida em terras desmatadas após julho de 2006 na Amazônia brasileira.

A moratória foi monitorada pelo Grupo de Trabalho da Soja (GTS), que incluía comerciantes de soja, produtores, ONGs, compradores e o governo brasileiro. Ao usar uma combinação de sistema de monitoramento aéreo e por satélites desenvolvido em uma parceria da indústria, de diversas ONGs e do governo, o GTS monitorou 76 municípios que eram responsáveis por 98% da produção de soja na Amazônia.[45] Os produtores que violavam a moratória eram impedidos de vender aos signatários dela, e poderiam ter dificuldades de obter financiamento. O acordo era renovado a cada dois anos e, em 2016, a moratória foi estendida indefinidamente, ou até que não fosse mais necessária.[46] Nos 10 anos após sua assinatura, a produção de soja na Amazônia brasileira quase dobrou,[47] mas menos de 1% da nova produção deu-se em terras recém-desmatadas.[48] A produtividade de soja — a quantidade produzida por hectare — também aumentou significativamente.[49]

Em 2009, o Greenpeace publicou "Slaughtering the Amazon" [Massacrando a Amazônia, em tradução livre], um relatório acusando o setor pecuário de desmatar florestas maduras na Amazônia.[50] Quase 60% de todas as terras agrícolas do mundo são usadas para a produção de carne bovina, e a produção pecuária causa 80% do desmatamento da Amazônia.[51] Procuradores do Ministério Público do Pará começaram a processar fazendeiros que tinham desmatado ilegalmente áreas florestais e a ameaçar processar as varejistas que compravam deles. Em resposta, Adidas, Nike, Timberland e diversas outras fabricantes de calçados que usavam o couro brasileiro anunciaram que cancelariam seus contratos a menos que tivessem a certeza de que o couro que estavam usando não implicava a destruição da Amazônia. A Associação Brasileira de Supermercados exigiu que a carne bovina que vendia fosse livre de desmatamento.

As ações das quatro maiores empresas do ramo de carnes caíram significativamente como resultado.[52] Juntas, elas assinaram o que veio a ser conhecido como o "Compromisso Público da Pecuária" (The Cattle Agreement), banindo a compra de gado proveniente de novas áreas desmatadas na Amazônia.[53] A pressão continuada dos consumidores — incluindo um compromisso feito em 2010 pelos membros do Fórum de Bens de Consumo a não comprar carne bovina de desmatamento — ajudou a manter a moratória em curso.

Aqui, novamente, foi o apoio ativo do governo brasileiro que se mostrou especialmente prestativo. A maioria da Amazônia brasileira é formalmente protegida pelo Código Florestal, que exige que os donos de terras mantenham permanentemente 80% de sua terra como floresta. Foi aprovado em 1965, mas era raramente posto em prática até a década de 2010, quando a combinação da moratória da soja e da carne bovina e o desenvolvimento de tecnologias sofisticadas para rastrear o desmatamento diariamente deu-lhe vida nova. O Compromisso Público da Pecuária teve um sucesso notável. Em 2013, 96% de todas as transações de abatedouros eram com fornecedores registrados no Cadastro Ambiental Rural, em comparação aos 2% antes do acordo.[54] Os dois acordos reduziram drasticamente o desmatamento na Amazônia em uma época em que as taxas de desflorestamento aumentaram de modo significativo em praticamente todos os outros lugares do mundo.[55]

Em ambos os casos, o apoio governamental foi crucial para o progresso — como deixa muito claro o aceleramento dramático da taxa de desmatamento da Amazônia após a eleição do presidente Jair Bolsonaro e o repúdio subsequente das políticas de seu predecessor.[56] Mas, nos dois casos, o apoio do governo foi catalisado e possibilitado pelas ações do setor privado. O compromisso do setor deu ao governo uma cobertura política para colocar a lei em prática — e forneceu um conhecimento técnico crucial, além de apoio contínuo.

Meu palpite é de que tal experiência provará ser o modelo para esforços autorregulatórios futuros. A cooperação em todo o setor estabelecerá uma demanda por produtos produzidos sustentavelmente. As principais empresas investirão no desenvolvimento de expertise técnica e na sofisticação operacional necessária para fazer a mudança. Mas, no fim, o apoio do governo será crucial para alcançar o progresso.

Um estudo, por exemplo, analisou a eficácia da regulação do setor privado nos setores de vestuário e de eletrônicos. Ele recorreu a 5 anos de pesquisas, a mais de 700 entrevistas, visitas a 120 fábricas e a dados quantitativos extensivos.[57] O autor concluiu que, embora há muito que poderia ter sido feito, os programas de compliance do setor privado não tinham chances de resolver o quadro geral de problemas trabalhistas na cadeia global de suprimentos. Em suas palavras:

> Após mais de uma década de esforços conjuntos de marcas globais e de ONGs de direitos trabalhistas, os programas particulares de compliance parecem em grande parte incapazes de cumprir sua promessa de melhorias sustentadas nos padrões trabalhistas... Os esforços de compliance causaram algumas melhorias nas condições de trabalho... (mas) essas parecem ter chegado a um limite: melhorias básicas foram alcançadas em algumas áreas (por exemplo, saúde e segurança), porém não em outras (como liberdade de associação e horas excessivas de trabalho). Além disso, tais melhorias parecem ser instáveis no sentido de que muitas fábricas entram e saem de programas de compliance com o passar do tempo.

Nos setores de óleo de palma e têxtil, esforços extensivos e bem financiados em autorregulação tiveram sucesso em causar grandes ganhos, mas não alcançaram seus objetivos iniciais. Em ambos os casos, começaram a buscar parcerias com as autoridades regulatórias locais para conseguirem ter cadeias de suprimento totalmente sustentáveis.

Com o óleo de palma, integrantes do Fórum de Bens de Consumo vêm se encontrando regularmente com uma vasta gama de stakeholders — incluindo ONGs, comunidades e políticos locais na Indonésia e na Malásia — para explorar possíveis caminhos adiante. Uma possibilidade é passar ao que é tecnicamente conhecido como abordagem "jurisdicional" — criando parcerias com políticos, ONGs e comunidades locais em uma tentativa de criar um caso de negócio para converter regiões inteiras às palmas sustentáveis. Conversas similares estão acontecendo nas empresas têxteis no contexto de algumas prometerem um sucesso antecipado. Um estudo do setor vestuário indonésio, por exemplo, descobriu que os esforços autorregulatórios tinham muito mais chances de aumentar os salários quando os sindicatos locais foram mobilizados a pressionarem por ação do governo.[58] Um estudo do setor açucareiro brasileiro descobriu que os esforços de auditores particulares complementaram as tentativas de reguladores locais a proibirem formas extremas de terceirização, e que os dois juntos pressionaram as empresas a adotarem padrões trabalhistas significativamente melhorados.[59]

O Que Faz a Diferença?

O que faz a diferença? Por que algumas organizações autorreguladoras têm sucesso enquanto outras fracassam? Uma resposta a essa questão emerge a partir da história do Instituto de Operações de Energia Nuclear dos EUA.[60] O instituto foi fundado em 1979, logo após o desastroso acidente com o reator nuclear conhecido como Three Mile Island. O desastre chocou o público e aterrorizou o setor nuclear. De fato, muitas das empresas de energia que operavam estações geradoras nucleares ficaram convencidas de que o setor não conseguiria sobreviver a outro incidente desses.[61]

Historicamente, o setor de energia nuclear é regulado pela Comissão Reguladora Nuclear, uma agência do governo dos EUA. Após o desastre de Three Mile Island, a Comissão procurou aumentar a segurança do setor, mas a instituição era basicamente focada na tecnologia, e a comissão independente criada para investigar o acidente concluiu que questões de cunho organizacional e gerencial foram as causas principais do acidente, e não problemas com tecnologia. Muitos colaboradores de estações nucleares tinham obtido suas experiências trabalhando com combustíveis fósseis e presumiram que deveriam administrar as estações nucleares do mesmo jeito que o fizeram com as estações de combustível fóssil, ou seja, o máximo possível até que encontrassem problemas — que seriam, então, resolvidos pelas equipes de manutenção e/ou técnicas. Muitos administradores e operadores pareciam não ter ideia do potencial destrutivo vastamente maior da energia nuclear. Quando uma das estações aprendia algo sobre como operar com mais segurança, a informação não era compartilhada com outras empresas. As 55 empresas de energia que operavam estações geradoras nucleares nos EUA criaram o Instituto de Operações de Energia Nuclear como uma organização autorreguladora para preencher tal espaço.

O Instituto era composto por ex-veteranos nucleares da Marinha. O programa nuclear da Marinha ficou famoso por seu recorde de nenhum acidente e por uma cultura que colocava a segurança em primeiro, segundo e terceiro lugares. Os oficiais (eram todos homens) desenvolveram padrões e procedimentos operacionais para o setor e forneceram apoio operacional para sua adoção por meio de um programa agressivo de treinamento e visitas às estações. Cada uma era avaliada extensivamente a cada ano. Após a visita, os funcionários do Instituto mostravam a cada estação como ela estava em comparação com seus pares com base em um conjunto de indicadores cruciais de desempenho — e, então, oferecia-se para trabalhar com a estação para melhorar o desempenho. Nas reuniões anuais do setor, o Instituto apresentava o resultado desses estudos para todos os CEOs presentes, colocando ainda mais pressão naqueles com resultados ruins para que resolvessem os problemas de suas estações. Caso considerasse que um executivo não estava cooperando, o Instituto também poderia ameaçar entrar em contato com o conselho de administração da empresa.

Entre 1980 e 1990, a taxa média de fechamentos emergenciais de estações caiu mais do que quatro vezes, e o Instituto recebeu grande parte dos louros por fazer melhorias de ordem significativa na segurança do setor de energia nuclear dos EUA. Ele ainda está em operação e continua totalmente financiado pelo setor nuclear.

Como mencionei anteriormente, o trabalho pioneiro de Elinor Ostrom também revelou muitos exemplos bem-sucedidos de cooperação em todo um setor. Em um de seus estudos mais famosos, ela examinou o setor de lagostas do estado do Maine, EUA. As ações de lagostas naquela região caíram drasticamente nas décadas de 1920 e 1930, em reação às regulações impostas pelo estado quanto ao tamanho e à quantidade de crustáceos que poderiam ser capturados. Então, os pescadores locais de lagosta se auto-organizaram para fazer cumprir esses limites. Eles concordaram em devolver ao mar as fêmeas em fase de reprodução após fazer uma marca em suas caudas, e estabeleceram um sistema para dividir as áreas de pesca entre eles mesmos, além de um mecanismo de fiscalização para evitar as violações. As ações de lagostas voltaram a níveis sustentáveis no fim do século XX e estão em pleno crescimento.[62]

Juntamente com a história de Chicago, esses dois casos ilustram de forma muito clara as quatro condições que devem existir para que a autorregulação tenha êxito. A primeira é que a cooperação sustentada deve ser do interesse de todos — e ser vista claramente por todos os envolvidos para que isso seja possível. É muito mais fácil cooperar se isso produz benefícios imediatos e, da mesma forma, se os custos da não cooperação também forem significativos. Um dos motivos pelos quais as estações nucleares estavam tão dispostas a cooperar após o desastre de Three Mile Island é que temiam que o deslize de *qualquer* estação nuclear pudesse fazer todo o setor fechar as portas.[63] Assim, tiveram fortes incentivos para que fizessem a cooperação dar certo. Foi o que também aconteceu no setor de lagostas, no qual a pesca predatória acabaria com o trabalho de todos, enquanto sua redução plausivelmente levaria a uma rápida reposição dos crustáceos. Um dos motivos por que praticamente metade de toda a pesca do mundo é realizada de forma sustentável é que, historicamente, a maioria das áreas pesqueiras se recuperou de forma relativamente rápida após o controle das atividades. Isso significa que os pescadores não precisam esperar muito tempo para ver os benefícios de suas autorrestrições.[64] No caso de Chicago, por outro lado, não é de surpreender o fato de que a Sociedade para a Prevenção de Fumaça fosse quase totalmente fundada por homens que tinham interesses financeiros significativos no sucesso da Cidade Branca, enquanto foram os donos dos rebocadores — que sem dúvidas tinham mais a perder e menos a ganhar com a mudança de comportamento — que dificultaram tanto a cooperação duradoura.

A cooperação também é muito mais fácil se todos os envolvidos no setor estiverem nele pelo longo prazo ou, mais tecnicamente, se for difícil de entrar e complicado para sair. Mais uma vez, foi claramente o que aconteceu nos casos das estações nucleares e das lagostas. As estações nucleares têm vida útil de 60 anos e não podem ser movidas do lugar. Os pescadores de lagostas contraíram dívidas para comprar barcos e equipamentos — ativos cujos valores cairiam a zero se a pesca entrasse em colapso.

Porém, essas duas condições são suficientes para garantir que todos cooperarão se os benefícios de tal ação garantirem que não está no interesse de ninguém trapacear ou pegar carona. Um dos motivos pelos quais entidades voluntárias como a Câmara de Comércio Internacional têm um sucesso frequente é que os benefícios que oferecem são tangíveis e imediatos, e a tentação de trapacear é ínfima. Quando isso não se dá, a cooperação só sobreviverá se for fácil perceber que alguém não está fazendo sua parte. No caso nuclear, as inspeções anuais feitas pelo Instituto de Operações de Energia Nuclear serviam não apenas para colocar cada estação no ritmo das tecnologias mais recentes, mas também para garantir que todas as estações estavam dando seu melhor para usá-las. É mais difícil observar a pesca de lagosta, mas o tamanho reduzido das comunidades de pesca facilitou relativamente a detecção de pessoas que estavam trapaceando.

A quarta e última condição é que deve ser relativamente fácil punir os membros da coalizão que não estão respeitando as regras. O pessoal da energia nuclear se tornou especialista no assunto. Em um famoso incidente, o Instituto enviou uma carta ao conselho de administração da estação Philadelphia Electric's Peach Bottom, destacando os anos de baixo desempenho. O conselho aposentou os executivos de alto escalão da estação, incluindo o CEO, e agiu rapidamente para resolver os problemas. Em outro incidente, após anos de trabalho privado com a administração para consertar o reator nuclear da estação Rancho Seco na Califórnia, o Instituto informou aos reguladores nucleares do governo sobre as inúmeras violações de segurança do reator. Os reguladores, então, conduziram sua própria inspeção da estação e subsequentemente ordenaram seu fechamento.

No caso das lagostas, pescadores ilegais que deixavam suas armadilhas de lagostas no território de outro pescador poderiam esperar uma série de sanções cada vez mais fortes. Uma etiqueta era presa à sua armadilha para sinalizar que fora pego. Caso persistisse, outros pescadores poderiam cortar a corda presa à boia, impossibilitando a retirada da armadilha. Aqueles que ainda assim continuavam poderiam esperar que seus barcos fossem danificados ou que visitas ameaçadoras fossem feitas a suas casas.

Perceba que foi a perda da habilidade de punir aqueles que persistiam em continuar poluindo que, em última instância, destruiu a coalizão de Chicago. Enquanto a opinião pública estava com a coalizão e os tribunais estavam condenando os poluidores, a grande maioria das empresas de Chicago permaneceu na linha. Mas, uma vez que a opinião se voltou contra a coalizão e ninguém mais foi condenado, o esforço caiu por terra.

Cooperações Intrarregionais

A ideia de que ações coletivas das empresas podem ser um poderoso primeiro passo rumo à parceria com governos locais não é, obviamente, algo novo. Empresas de ponta vêm trabalhando com reguladores e comunidades locais para criar bens públicos que beneficiem toda a comunidade por pelo menos 100 anos.

Em Minneapolis–St. Paul, por exemplo, que é por algumas medidas uma das cidades mais bem-sucedidas dos Estados Unidos, a comunidade empresarial possui um longo histórico de trabalhar em parceria com o governo local, especialmente em relação à educação. Apesar de a cidade estar localizada a milhares de quilômetros de qualquer costa e de ter um dos piores climas do país, 19 das empresas listadas na Fortune 500 — incluindo United Health Group, 3M, Target, Best Buy e General Mills — têm sua sede na cidade, assim como a Cargill, a maior empresa de capital fechado dos EUA. Considerando a isolação geográfica da cidade e seu terrível clima, os CEOs dessas empresas estão muito conscientes de que têm um interesse em comum em tornar a região um local atrativo para viver e trabalhar. Eles também têm um longo histórico de desenvolver o tipo de identidade compartilhada e espaços para reuniões privadas que sustentam a cooperação.[65]

Por exemplo, de acordo com Robin Johnson, presidente da Cargill Foundation, "O clima e a localização físicos,[66] o isolamento da comunidade com relação às costas e a ética de trabalho dos imigrantes escandinavos e alemães que se estabeleceram aqui podem ter provocado a ideia de que precisamos nos mexer para criar a comunidade para nós mesmos. Ninguém fará isso por nós. Temos de trabalhar juntos."

Kendall Powell, ex-CEO da General Mills, aprofundou-se:

> Se voltarmos o suficiente no tempo, os Cargills e os Macmillans da Cargill, George Pillsbury da Pillsbury, Cadwallader Washburn da General Mills, os Daytons da Dayton-Hudson (posteriormente Target), todos viveram aqui e administraram essas empresas até a maturidade. Consequentemente, organizações como o clube de Minneapolis tornaram-se lugares onde era relativamente fácil, caso houvesse um problema na comunidade, reunir meia dúzia de líderes de empresas e decidir o que a comunidade empresarial deveria fazer a respeito. Os chefes dessas organizações agora vêm de todos os lugares, mas as instituições e as tradições que deram vida ao senso de envolvimento comunitário ainda estão aqui, e ainda são conscientemente buscadas pelos líderes da comunidade.[67]

A Fundação do Aprendizado Inicial de Minnesota é um exemplo dessa cooperação em ação. Foi iniciada em 2003, quando Art Rolnick, chefe de pesquisa no Sistema de Reserva Federal de Minneapolis, publicou um artigo observando que menos da metade de todas as crianças que chegavam ao jardim da infância estava emocional, cognitiva ou socialmente preparada para a escola.[68] O CEO da Cargill, George Staley, assumiu a dianteira ao pedir fundos à comunidade empresarial para agir com relação ao problema. No fim da recessão de 2008, ele tinha levantado US$24 milhões e persuadido os CEOs da Ecolab, da Target e da General Mills a se comprometerem com cinco anos de reuniões trimestrais — presenciais — como membros do conselho.

Eles usaram o dinheiro para testar três iniciativas complementares. Concediam aos pais qualificados bolsas anuais de até US$13 mil para gastarem em quaisquer programas de educação de alta qualidade da primeira infância na área de Minneapolis–St. Paul. Eles lançaram um sistema de classificação de "Pais Conscientes" para identificar creches de alta qualidade, e apoiaram todas as famílias do programa por meio de visitas às suas casas. O esforço provou-se muito exitoso, com os beneficiários das bolsas demonstrando resultados significativamente melhores do que um grupo de comparação, o que levou os governos estadual e federal a firmarem grandes compromissos com a educação inicial no estado.

Em retrospectiva, Charlie Weaver, CEO da Ecolab, destacou a forma como o setor privado conseguiu apoiar o investimento em inovação e experimentação que pôde subsequentemente fornecer uma base para ação política, dizendo:

> O maior sucesso foi o levantamento de US$24 milhões. Sem os fundos para bancar as bolsas, estabelecer o sistema de classificação e dar aos pais a chance de escolher creches de qualidade, a ideia não teria sido testada e as creches de qualidade não teriam aberto naqueles bairros. Sem o dinheiro, teríamos apenas feito um relatório dizendo que a educação inicial é importante e não teríamos causado qualquer impacto posterior. A coisa mais importante foi conseguir provar a ideia antes de levá-la à legislatura para obter um apoio mais amplo.

Diversos prefeitos me disseram que Minneapolis–St. Paul tem diversas coisas em seu favor que facilitaram especialmente a criação desse tipo de cooperação. Por exemplo, é um local muito mais homogêneo em termos étnicos e raciais do que a maioria das cidades do país. Mas minha percepção é de que há literalmente centenas — talvez milhares — de cidades e esforços regionais em andamento que destacam algum tipo de parceria público-privada em busca da redução dos danos ambientais e/ou da redução da desigualdade por meio de um crescimento econômico aumentado. Todos esses esforços exigem pelo menos algum nível de cooperação entre as principais empresas da área para darem certo. A autorregulação — especialmente quando anda de mãos dadas com a apreciação do poder e do papel do Estado — pode ainda vir a ser uma ferramenta crucial na reinvenção do capitalismo.

Investidores como Fiscais

A cooperação entre os investidores é outra chave para o progresso. Mais de um terço do capital mundial investido — cerca de US$18 trilhões — é controlado pelos 100 maiores donos de ativos do mundo. Perto de dois terços desse dinheiro está em fundos de pensão, enquanto o outro terço está em fundos soberanos.[69] Os 15 maiores gestores de ativos controlam coletivamente quase metade do capital mundial investido. Eles incluem a BlackRock, que atualmente gere quase US$7 trilhões; o Vanguard Group, que controla US$4,5 trilhões; e a State Street, que tem US$2,5 trilhões sob gestão.[70] Uma proporção muito alta desse dinheiro, como vimos anteriormente no capítulo sobre a reestruturação das finanças, está em investimentos passivos. Nos EUA, por exemplo, 65% a 70% de todos os ativos estão em fundos de índice e de quase índice.[71] Tais investimentos estão completamente expostos a um risco geral do sistema. Seus donos não podem diversificar contra os riscos que as taxas acelerantes de degradação ambiental e desigualdade apresentam à toda economia. A melhor forma de aprimorar seus desempenhos é aperfeiçoando o desempenho da economia como um todo.

Em princípio, esses investidores têm um poder enorme para levar a economia toda a direções mais sustentáveis. Tudo que precisam fazer é encontrar um modo de cooperação. Se todos os 15 gestores de ativos ou todos os 100 donos de ativos decidirem juntos exigir que todas as empresas em seus portfólios — ou todas as empresas de um setor — parem de usar combustíveis fósseis, acabem com o desmatamento ou abracem estratégias trabalhistas high road, seria um passo enorme rumo ao desenvolvimento de sociedades mais igualitárias e sustentáveis. Hiro conseguiu causar uma mudança significativa no Japão com base no fato de possuir 7% dos ativos do país. Imagine o que poderia acontecer se os donos de mais da metade do capital do mundo exigissem a mudança. Obviamente, não é tão fácil assim. Veja, por exemplo, o esforço contínuo em usar o poder do investidor para deter o aquecimento global.

A Climate Action 100+ (CA100+) foi fundada em 2017 com o objetivo de persuadir os 100 emissores mais importantes de carbono do mundo, nas palavras de um repórter, a "cortar o risco financeiro relacionado à catástrofe".[72] O grupo é uma afiliação de mais de 300 investidores que, entre si, controlam quase a metade do capital mundial investido.[73] Eles têm três objetivos. O primeiro é garantir que todas as empresas nas quais investem tenham um processo em andamento a nível de diretoria para avaliar o risco climático da empresa e para supervisionar planos que lidarão com isso. O segundo é fazer com que todas as empresas revelem claramente tais riscos, enquanto o terceiro é persuadir todas elas a agirem para reduzir as emissões de GEE em toda sua cadeia de valor de forma rápida o suficiente para serem consistentes com o objetivo do Acordo de Paris de limitar o aumento médio da temperatura de modo que fique bem abaixo de 2°C.[74]

O caso de negócio para a participação na CA100+ é bem definido: os investidores que ingressaram acreditam que a mudança climática apresenta um perigo claro e presente ao valor de longo prazo de seus investimentos, algo impossível de ser contornado pela diversificação. Como Hiro, muitos acreditam que seu dever fiduciário para com seus beneficiários demanda que façam tudo a seu alcance para resolver o aquecimento global. Isso não significa que coordenar o grupo é totalmente fácil.

Seu trabalho real é feito por meio de uma combinação de cartas públicas, conversas formais e informais com a administração da empresa e o preenchimento das "resoluções dos acionistas" — propostas dos investidores para ações que são submetidas a voto de toda a base acionista na reunião anual geral da empresa. Os investidores individuais assumem responsabilidade por coordenar as ações com respeito a uma empresa em particular, desenvolvendo uma coalizão entre seus investidores para pressionarem por mudança.

Por exemplo, em dezembro de 2018, um grupo de investidores representando mais de US$11 trilhões publicou uma carta no *Financial Times*, dizendo, em parte:

> Exigimos que as elétricas, incluindo as geradoras, as operadoras e as distribuidoras planejem seu futuro para uma economia de zero carbono. Especificamente, solicitamos às empresas que estabeleçam planos de transição consistentes com o objetivo do Acordo de Paris, incluindo a compatibilidade de planos de despesas de capital. Esperamos obter cronogramas e compromissos explícitos para a rápida eliminação do carvão usado pelas elétricas nos países da Europa e da OECD no máximo até 2030, definindo como as empresas administrarão depreciações num futuro próximo ocasionadas pela infraestrutura de combustíveis fósseis.[75]

Seis meses depois, investidores da CA100+ pressionaram a Shell para que anunciasse metas de curto prazo para limitar as emissões de gases de efeito estufa, e persuadiram a BP a apoiar a resolução dos acionistas que obriga a empresa a revelar a intensidade de carbono em seus produtos, a metodologia usada para considerar o impacto climático de novos investimentos e os planos da companhia para estabelecer e mensurar metas de emissão. A resolução também exige relatórios anuais sobre o progresso da empresa com relação a esses objetivos e uma explicação sobre até onde o pagamento dos executivos está relacionado com a capacidade da companhia em alcançá-los.[76] A apresentação das resoluções dos acionistas pode não parecer algo que vai mudar o mundo, mas esses tipos de resoluções podem ser uma forma poderosa de comunicar prioridades e crenças dos investidores e de exercer pressão sobre a empresa. Qualquer equipe de gestores sabe muito bem que uma coalizão grande o suficiente de investidores pode, afinal, substituí-los.

Porém, o engajamento com as empresas dessa maneira é custoso, e a Climate Action 100+ enfrenta um problema clássico de "pegar carona": há um risco real de que qualquer investidor em particular será tentado a deixar que todos os outros investidores da coalizão façam o trabalho pesado. É relativamente fácil dizer quais investidores estão fazendo sua parte, mas não há uma forma infalível de punir aqueles que escolhem ficar às margens, apesar de seus compromissos. Meu sentimento é de que, neste momento, os principais membros estão usando uma mescla de persuasão moral e vergonha pública para que todos participem. Caso consigam, a Climate Action 100+ provará ter sido a ponta de um iceberg crucialmente importante.

Li a carta do CEO da BlackRock, Larry Fink, e o anúncio da Mesa Redonda de Negócios sobre uma nova proposta para a corporação como um teste do apetite de seus colegas por exatamente esse tipo de estratégia, e que um grupo com os 100 maiores investidores do mundo — ou com os 15 maiores gestores de ativo do mundo — atenderia a várias condições que tinham mais chances de apoiar a cooperação. O grupo seria relativamente pequeno, os retornos, potencialmente altos, e deveria ser completamente fácil observar se todos os integrantes do grupo estão de fato pressionando as empresas que possuem. Caso a coalizão possa se desenvolver de modo a punir os investidores que pegam carona, terão a certeza de sucesso — e talvez a pressão social dentro do grupo será suficiente para persuadir todos a cooperar. Disseram-me que há uma sala onde muitos deles se reúnem. O rumor é que ficam se olhando e dizem, "Você primeiro".

Meus alunos me perguntam se esse tipo de coisa não me deixa nervosa. Será que realmente queremos que os maiores donos de ativos do mundo exerçam tal tipo de poder coletivo? Para mim, essa é fácil de responder. Esses donos já estão exercendo um poder enorme — no serviço de pressionar as empresas em seu portfólio na corrida que nivela tudo por baixo. É crucialmente importante que tomem uma decisão deliberada de desencadear uma corrida ao topo. Um elemento central do capitalismo reinventado é o setor financeiro reinventado — que assuma suas responsabilidades coletivas perante o mundo de forma séria e que esteja disposto a agir de acordo com elas.

EM RESUMO, A AUTORREGULAÇÃO é uma forma potencialmente poderosa de mobilizar a comunidade empresarial mundial em apoio da criação de valores coletivos compartilhados. Nos setores de energia nuclear, têxtil, óleo de palma, carne bovina e soja, e em lugares como Minneapolis–St. Paul, a comunidade empresarial passou a crer que seria muito melhor se agisse em união para a criação de um bem público (ou para interromper a criação de um mal público). Esse tipo de cooperação continua esbarrando no governo, e um dos motivos pelos quais a busca de cooperação a nível setorial é potencialmente tão importante é que ela cria um apetite pela intervenção governamental. Nos casos do óleo de palma, da soja e da carne bovina, e cada vez mais nas empresas têxteis e de TI, os líderes setoriais estão pressionando ativamente pela regulação do governo. Empresas que se comprometeram a comportar-se bem têm fortes incentivos para pressionar por sanções contra suas concorrentes que não fazem o mesmo.

Será que conseguimos levar essa lógica ao próximo nível? Se nosso problema é que as instituições estão fracassando em equilibrar o poder do mercado, será que o setor privado pode ajudar a fortalecê-las? Se sim, deveria fazê-lo? Essas são as questões que abordo no próximo capítulo.

7

PROTEGENDO O QUE NOS FEZ RICOS E LIVRES

Mercados, Política e o Futuro do Sistema Capitalista

Se os homens fossem anjos, os governos não seriam necessários. Se os anjos governassem os homens, não seriam necessários controles internos nem externos. Na estruturação de um governo que deve ser administrado por homens com relação a homens, a grande dificuldade reside nisto: você deve primeiro permitir que o governo controle os governados; depois, obrigá-lo a controlar a si mesmo.

— JAMES MADISON, *PAPÉIS FEDERALISTAS*, Nº 10 e 51

No fim das contas, as questões centrais à reinvenção do capitalismo só podem ser resolvidas pela *limitação* do poder das empresas. Porém, nossa aceitação incondicional da maximização do valor para o acionista a praticamente qualquer custo — e a desvalorização sistemática do governo que seguiu em seu rastro — significa que em muitos países as instituições nacionais não estão atualmente equipadas para manter os mercados sob um limite. A mídia está sob ataques constantes e a própria ideia da democracia está saindo de moda.[1] Além disso, como observado anteriormente, muitos dos problemas que enfrentamos demandam soluções globais, e ainda temos apenas uma percepção preliminar de como poderão ser as instituições globalmente inclusivas. Uma quantidade enorme de poder está concentrada no setor privado em uma época em que as instituições nacionais estão sob pressão e nossas instituições globais permanecem relativamente fracas. O que pode ser feito?

O SEGREDO PARA a prosperidade das empresas e da sociedade em geral é compreender o livre mercado e a política livre como complementares, e não adversários. Os livres mercados precisam de governos democráticos e transparentes se quiserem sobreviver — assim como as outras instituições de uma sociedade inclusiva e aberta, incluindo o Estado de direito, o respeito compartilhado pela verdade e o compromisso para haver uma imprensa livre e vigorosa. De modo similar, os governos livres precisam do livre mercado. Sem o crescimento e a oportunidade que os mercados realmente livres e justos apresentam, muitas sociedades têm problemas para manter sua legitimidade ou para defender os direitos das minorias que estão no âmago da governança democrática efetiva.

Reinventar o capitalismo por meio do impulso para criar valor compartilhado, reestruturar as finanças e encontrar novas formas de cooperação farão uma diferença enorme, mas por si sós não são suficientes para a criação de uma sociedade justa e sustentável. A ação efetiva do governo é a peça que falta, mas a escolha não é entre os mercados e o governo. Mercados genuinamente livres e justos não podem sobreviver sem o governo. A escolha é entre a *inclusão* — um governo transparente, democrático, eficaz e amigo dos mercados, apoiado por uma sociedade forte e por uma mídia livre — e a *extração*, a regra de poucos em favor de poucos. O livre mercado precisa de uma política livre. Chegou a hora do setor privado desempenhar um papel ativo para apoiá-la.

Tanto a degradação ambiental como a desigualdade são problemas sistemáticos que não podem ser resolvidos sem ação governamental. Interromper a mudança climática exige a descarbonização do fornecimento mundial de energia, a atualização radical das construções mundiais, e transformação de como construímos as cidades, a reformulação das redes mundiais de transporte e a recriação completa da agricultura. São problemas gigantescos de bens públicos que nem mesmo a autorregulação mais sofisticada pode resolver. Precisamos que os governos forneçam os incentivos econômicos que levarão as empresas a agir, ou as regulações que forçarão todos a fazer a coisa certa. As empresas, por seu próprio interesse, devem tomar a dianteira. Sem um bom governo e uma política livre, o livre mercado não sobreviverá.

Projeta-se que a demanda por energia dobrará nos próximos 50 anos.[2] Interromper o aquecimento global significa garantir que cada nova estação construída seja livre de carbono. Também significa fechar ou descarbonizar as infraestruturas mundiais *existentes* de combustíveis fósseis. São essas as tarefas que apenas a ação do governo — seja na forma de um imposto sobre o carbono ou da simples regulação — pode realizar. As empresas conseguiram fazer um progresso real na desaceleração do desmatamento da Amazônia — mas apenas com a ajuda do governo. Agora que o governo brasileiro mudou suas políticas, as taxas de desmatamento foram às alturas.[3] Os empresários que construíram a Cidade Branca só conseguiram conter a poluição de Chicago enquanto puderam usar a ameaça de sanções legais para fechar os poluidores. Quando perderam o apoio político e os jurados se recusaram a condenar, a poluição voltou.[4]

A desigualdade apresenta um conjunto igualmente difícil de problemas sistemáticos profundamente interconectados que só podem ser resolvidos totalmente por meio da ação governamental. Oferecer educação e saúde para todas as crianças de modo que consigam competir na economia moderna são claramente requisitos básicos — mas que podem apenas ser efetivamente oferecidos pelo Estado. Além disso, não são suficientes para garantir uma real igualdade de oportunidades. Apenas cerca de 20% do sucesso de qualquer aluno são função de sua educação, enquanto cerca de 60% estão atribuídos às circunstâncias familiares — e, mais particularmente, à renda da família.[5] As crianças que crescem sem uma nutrição e cuidados adequados, e com pais que trabalham demais e sob estresse demasiado para conseguirem ajudá-las com as tarefas escolares, têm muito menos chances de terem sucesso.[6] Apenas o governo pode lidar com os fatores estruturais que causam a desigualdade e que aumentam as rendas na base da pirâmide de distribuição de renda.

Entre 1946 e 1980, a renda nacional total antes dos impostos nos EUA quase dobrou. A metade mais pobre da população viu suas rendas dobrarem de tamanho, enquanto os 10% mais ricos tiveram um aumento menor.[7] Entre 1980 e 2014, a renda nacional antes dos impostos cresceu 61%.[8] Mas a renda da metade mais pobre cresceu apenas 1%, enquanto a renda dos 10% do topo cresceu 121%, e a do 1% acima de todos mais que triplicou. O pagamento médio de CEOs — que era cerca de 10 vezes a compensação do trabalhador médio em 1978 — era de 312 vezes a mais que a compensação média em 2017.[9] Atualmente, mais da metade dos alunos de escolas públicas nos EUA qualificam-se para almoços gratuitos ou com preços reduzidos nas escolas — um indicador clássico de pobreza.[10]

Não podemos oferecer oportunidades reais até, e a menos que, possamos aumentar os salários. Muitas empresas acreditam — por mais incorreta que seja tal crença — que simplesmente não conseguem bancar o aumento de salários. Lembre-se de que o preço da ação do Walmart caiu 10% no dia em que a empresa anunciou que gastaria aproximadamente US$3 bilhões para aumentar seu salário mínimo em cerca de US$2,50 por hora.[11] Aumentar mais 50% para US$15/hora custaria outros bilhões. Em 2018, a empresa obteve cerca de US$20 bilhões de lucros operacionais. Pode parecer muito, mas é apenas 4% das vendas, e aumentar os custos trabalhistas em bilhões de dólares sem aumentar as vendas ou a produtividade poderia facilmente impulsionar uma fuga em massa das ações da empresa.[12] Talvez, se a empresa pudesse adotar os tipos de práticas trabalhistas que permitiram ao Costco e ao Mercadona pagar acima do esperado, o Walmart também poderia aumentar os salários, mas tal transformação seria grandemente disruptiva — e há muitas empresas que continuam acreditando que não podem pagar um salário decente a seus trabalhadores até, e a menos que, todas as concorrentes sejam forçadas a fazer o mesmo.

Além do mais, apenas aumentar os gastos em educação e os salários unilateralmente tem poucas chaces de reduzir a desigualdade de forma substancial sem as ações para resolver o espectro completo de fatores que causam a desigualdade, para começar, desde a globalização descontrolada e o declínio do trabalho organizado, até as mudanças no código tributário que favorecem os ricos, ao aumento da concentração em muitas indústrias e ao fracasso em investir em infraestrutura. Todos esses são problemas que só podem ser resolvidos por meio de ações políticas.

É CLARO, A ideia de que as empresas poderiam desempenhar um papel central no fortalecimento de instituições inclusivas, ou na criação de novas, pode parecer, em um primeiro olhar, um pouco improvável. A própria ideia de um governo vem sendo atacada há décadas. Ronald Reagan, por exemplo, declarou celebremente em seu discurso inaugural como presidente dos Estados Unidos que "nesta crise presente, o governo não é a solução; é o problema".[13] Grover Norquist, o líder influente dos Americans for Tax Reform, gracejou durante uma entrevista: "Não quero abolir o governo. Apenas quero reduzi-lo para um tamanho suficiente de modo que possa arrastá-lo para o banheiro e afogá-lo na banheira."[14]

A confiança no governo, e na ideia de que se pode confiar nos governos para resolver os problemas da sociedade, está em uma baixa recorde.[15] Mas essas percepções são a função de uma campanha sistemática para desacreditar o governo, e não do papel que ele poderia desempenhar — e vem desempenhando — na criação de sociedades justas e sustentáveis.

Uma das raízes mais importantes do triunfo das ideias de "livre mercado a praticamente qualquer custo" que caracterizaram os Estados Unidos nas décadas de 1980 e 1990 foi um movimento intelectual e cultural financiado pelo setor privado. Grande parte do patrocínio para a Sociedade Mont Pèlerin, um grupo internacional de acadêmicos que incluía economistas conservadores como Friedrich Hayek e Milton Freidman e que se reuniu regularmente por alguns anos para desenvolver uma base acadêmica rigorosa para suas ideias de mercados ultralivres, veio da comunidade empresarial.[16]

Nas décadas após a Segunda Guerra Mundial, empresários financiaram diversos programas de rádios e revistas populares que destacavam as ideias de Ludwig von Mises, Friedrich Hayek e outros pensadores neoliberais. Por exemplo Howard Pew, presidente da Sun Oil, financiou o programa de rádio de James Fifield, *Freedom Story*, e a revista de Billy Graham, *Christianity Today*. Tais plataformas combinavam conceitos hayekianos sobre o livre mercado com temas sociais e morais mais amplos, criando uma rede que apoiava o ativismo conservador. Recursos também foram direcionados para think tanks libertários como o American Enterprise Institute numa tentativa de comunicar ideias de livre mercado e antigoverno aos legisladores e jornalistas.

Ricos líderes empresariais comprometidos com o pensamento de livre mercado também fizeram um esforço combinado para influenciar a opinião acadêmica. Por exemplo, a John M. Olin Foundation, fundada pelo industrial homônimo, gastou centenas de milhões de dólares entre 1960 e 2005 para desenvolver e disseminar a expansão de direito e economia como uma disciplina legal, financiando os custos de uma maioria de seus primeiros programas e bolsas. Um diretor da Olin Foundation explicou que, embora direito e economia parecesse uma matéria neutra, ela possuía "um impulso filosófico na direção de livres mercados e governos limitados", e que era uma maneira de financiar bolsas legais conservadoras sem atrair reações dos reitores universitários. Universidades de ponta como Harvard Law School e Columbia Law School receberam financiamentos substanciais para os novos programas de direito e economia na esperança de que influenciariam outras instituições de ensino.

Charles e David Koch, donos exclusivos da Koch Industries e dois dos homens mais ricos dos EUA, eram — até o falecimento de David — os líderes de fato do esforço contínuo para reduzir o tamanho e o poder do governo estadunidense. O bastão agora ficou nas mãos de Charles, apenas. Ao longo das décadas de 1980 e 1990, os irmãos financiaram diversos esforços de organizações opositoras, como regulação ambiental, legislação de comércio de emissões e reforma da saúde. Começando em 2003, também passaram a organizar "seminários" semestrais para doadores, nos quais pessoas abastadas — em geral, líderes empresariais — eram expostas a ideias de mercados ultralivres, assim como a estratégias políticas práticas para suas implementações. Em 2010, mais de 200 doadores ricos eram frequentadores assíduos. A rede está comprometida a cortar impostos, bloquear ou eliminar a regulação de empresas, reduzir o financiamento de educação pública e iniciativas de bem-estar social, minar sindicatos trabalhistas públicos e privados, restringir o cadastro fácil de eleitores e reduzir dias e horas de votação. Ela continua a prosperar e financia rotineiramente investimentos projetados para gerar ideias, pesquisas e mudanças na educação superior. Mas seus esforços mais extensivos têm sido devotados à criação da Americans for Prosperity, "uma federação de organizações de propósito geral". Os membros da federação investem em propaganda, lobby e agitação popular. Em 2015, a federação tinha um orçamento de US$150 milhões e 500 funcionários. Naquele mesmo ano, 76% das novas organizações políticas de direita estavam afiliadas com a rede Koch, enquanto 82% dos novos financiamentos extrapartidários fluíam por meio do consórcio afiliado à Koch.[17]

A CRENÇA DE QUE o governo é ativamente destrutivo — que ele representa burocratas indiferentes, altos impostos e regulações infinitas — vem sendo construída, portanto, por uma campanha que dura mais de 50 anos. Tais percepções são um artefato do nosso momento presente, e não do papel que o governo poderia desempenhar — e vem desempenhando — no desenvolvimento de sociedades justas e sustentáveis. Duas acusações são atiradas contra os governos: que eles tendem à tirania e, especialmente, que buscam substituir o livre mercado pelo controle estatal ou por um planejamento central, e que são desesperadamente travados e ineficazes. Alguns governos são realmente tirânicos, outros estão falidos. Mas nem todos sempre foram assim, alguns não são assim agora e nenhum precisa ser assim no futuro.

Criando os Governos de Que Precisamos: A Visão Geral

A questão sobre qual tipo de sistema político dá o melhor suporte para o crescimento econômico e o bem-estar social é, obviamente, muito controversa. Nas décadas de 1980 e 1990, o pensamento político tanto no mundo desenvolvido como naquele em desenvolvimento concentrava-se no papel dos livres mercados na condução à prosperidade econômica e à liberdade política. O desenvolvimento econômico global era orientado em grande parte pelo "Consenso de Washington", uma visão do mundo que tinha um foco predominante no poder dos livres mercados para gerarem o crescimento. O Consenso levou entidades influentes, como o Banco Mundial e o Fundo Monetário Internacional (FMI), a pressionarem países em desenvolvimento para que aprovassem desregulamentações e privatizações abrangentes, abrissem os mercados nacionais ao comércio internacional e permitissem fluxos livres de capital como sendo as raízes do desenvolvimento — tudo isso sem uma atenção explícita à saúde da política local ou das instituições sociais.

Agora, fica claro que isso foi um equívoco.

Empiricamente, muitos dos Estados que implementaram o Consenso de Washington não se saíram tão bem quanto o esperado. Na Rússia pós-soviética em particular, a rápida liberalização dos mercados foi seguida por uma descida a uma forma extrema de capitalismo de compadres, enquanto os denominados Tigres Asiáticos — especialmente Taiwan, Cingapura e a República da Coreia — encontraram o sucesso econômico ao combinar o desenvolvimento de seus próprios mercados com uma pesada intervenção governamental. Um estudo de 2000, que descobriu que as diferenças nas instituições políticas e sociais explicavam cerca de 75% das diferenças de renda per capita em nações outrora colonizadas, provocou uma enxurrada de pesquisas adicionais.[18] Esse trabalho veio a confirmar o que historiadores e cientistas políticos nunca pararam de dizer — ou seja, que, embora o crescimento econômico e o bem-estar social sejam avançados enormemente pela presença dos livres mercados, também são crucialmente dependentes de um monte de instituições complementares.

Um consenso incrivelmente coerente surgiu a respeito dos pilares fundamentais sobre os quais qualquer sistema bem-sucedido deve estar embasado. Os acadêmicos agora diferenciam entre regimes de "acesso aberto" com base em instituições "inclusivas" — aqueles em países como Alemanha, Chile, República da Coreia e Estados Unidos — e regimes "fechados" com base em instituições "extrativistas", aqueles em países como Rússia, Venezuela, Angola, República Popular Democrática da Coreia e Turcomenistão.

A distinção entre instituições inclusivas e extrativistas foi enfatizada inicialmente por Daron Acemoglu e James Robinson em seu livro *Por Que as Nações Fracassam*. Eles definiram as instituições econômicas inclusivas como aquelas que apoiam o funcionamento eficaz de um livre mercado, e as instituições políticas inclusivas como as que permitem ao povo que participe do processo político e monitore o governo. Em contraste, as instituições extrativistas concentram tanto o poder político como o econômico nas mãos da elite.

Os regimes extrativistas são tiranias. Em uma sociedade extrativista, o poder político e econômico fica concentrado em uma pequena elite. O Estado de direito é colocado em vigor apenas esporadicamente, a mídia é uma ferramenta do Estado, os direitos das minorias são rotineiramente abusados e o direito ao voto — caso exista — é sistematicamente manipulado e controlado. O livre mercado raramente prospera sob o extrativismo, visto que quadros da elite controlam a lei, e geralmente a usam para criar vantagens sistemáticas para si mesmos e seus amigos, levando a sociedade a um capitalismo de compadres. As primeiras formas de sociedades organizadas eram extrativistas. No antigo Egito e na Europa feudal, o poder político era limitado aos poucos que controlavam as forças militares.[19] Eles se apropriavam de todos os excedentes econômicos disponíveis para uso próprio, o que, por sua vez, permitia que financiassem e mantivessem um sistema de controle político e econômico.[20]

Exemplos de Instituições Econômicas e Políticas, Inclusivas ou Extrativistas

	ECONÔMICAS	POLÍTICAS
Inclusivas	Asseguram direito à propriedade	Pluralismo democrático
	Sistemas de educação e treinamento profissional eficazes	Direitos eleitorais
		Freios e contrapesos no governo
	Mercados abertos com baixos custos de entrada	Imprensa livre
	Relações equilibradas e justas entre empregadores e funcionários	Liberdade de expressão e outros direitos pessoais
	Proteções ao consumidor	Judiciário imparcial
	Regulação ambiental	Proteção dos direitos das minorias
	Aplicação de práticas antitruste	
Extrativistas	Fracos direitos de propriedade	Governos monárquicos/oligárquicos/de partido único
	Capitalismo de compadres	
	Monopólios anticompetitivos difundidos	Sistema de elites ou nobreza
		Supressão das liberdades de expressão
	Trabalho forçado ou extrativista	
	Desprezo pelas externalidades	Redes de apadrinhamento
		Grupos de interesse influentes, mas opacos

Adaptado de Daron Acemoglu e James A. Robinson, *Why Nations Fail: The Origins of Power, Prosperity, and Poverty* (Nova York: Crown Books, 2012).
[Obra disponível em português com o título *Por Que As Nações Fracassam: As Origens do Poder, da Prosperidade e da Pobreza*]

Regimes inclusivos são abertos, democráticos e responsabilizáveis. Permitem a qualquer um — não importa quem sejam seus pais — que participe da vida política e econômica. São caracterizados por duas instituições centrais. A primeira é o governo participativo e a segunda é o livre mercado. Como sugeri anteriormente, as duas se complementam e precisam uma da outra para sobreviver. Ambas são frágeis. Os governos buscam continuamente mais poder, mais riqueza e mais controle — enquanto os mercados, de modo similar, buscam constantemente minar as regras que os restringem, para buscar menos regulações, menos impostos e mais poder. Elas precisam uma da outra — e das outras instituições de uma sociedade livre, caso queiram permanecer em equilíbrio: o imparcial Estado de direito; uma voz para os trabalhadores; a preservação dos direitos das minorias; uma imprensa livre e efetiva; e uma democracia vigorosa, aberta e eficaz.

De onde vêm as instituições inclusivas? Instituições de livre mercado e de política livre começaram a despontar em grande escala na Europa. Em alguns casos, uma classe mercantil emergente pressionou os governantes extrativistas a compartilhar o poder. Em outros, o potencial de inclusão política para estimular o crescimento econômico e para motivar o comércio fez com que os governos compartilhassem o poder como uma forma de aumentar sua capacidade de prosperar perante as ameaças militares.[21] Por exemplo, na Veneza medieval, uma instituição contratual chamada *colleganza* — precursora das sociedades anônimas de capital aberto — permitiu a financistas que fornecessem capital aos mercadores viajantes para o comércio em longas distâncias. Os lucros dessas jornadas desafiadoras eram compartilhados, dando aos comerciantes — que eram escolhidos por mérito, e não por posição social — o potencial de acumular riquezas significativas. Com o tempo, tal inclusão econômica levou à inclusão política, conforme a classe crescente de mercadores colocou restrições ao governante de Veneza (o Doge) ao eliminarem o governo hereditário e criarem um parlamento. Consequentemente, do século X ao século XIII, Veneza prosperou, até a *Serrata* ou o "fechamento" nos primeiros anos do século XIV, quando um grupo exclusivo de mercadores ricos conseguiu limitar o acesso à *colleganza* e ao parlamento. A mudança permitiu a essas famílias que dominassem a economia e a política venezianas pelos 200 anos seguintes — e marcou o início do longo declínio da cidade.[22]

Mantendo o Equilíbrio entre Governos e Mercados

Governo Livre

Estado de Direito
Imprensa Livre
Respeito aos Direitos das Minorias
Democracia Real
Uma Voz para os Trabalhadores

Livre Mercado

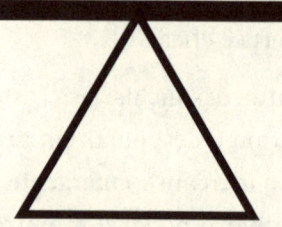

O surgimento de instituições inclusivas na Grã-Bretanha nos séculos XVII e XVIII foi outro divisor de águas. Na Guerra Civil Inglesa de 1642-1649 e na Revolução Gloriosa de 1688-1689, uma burguesia considerável de classe média para alta, composta por muitos que tinham ganho seu dinheiro no comércio, desempenhou um papel importante na condução das reformas democráticas.[23] Durante a Guerra Civil, ela executou o rei e levou o país a um governo parlamentarista. A monarquia foi restabelecida em 1660, mas com poderes significativamente restringidos, e, após a Revolução Gloriosa, uma aliança de interesses comerciais e aristocratas forçou a adoção de garantias constitucionais que controlaram ainda mais o poder monárquico e protegeram as eleições e a liberdade de expressão. Tanto a Revolução Americana (1775-1783) como a Revolução Francesa (1789-1799) podem ser, de modo semelhante, interpretadas como luta entre uma classe comercial crescente e uma monarquia tradicional. Em cada caso, essas revoluções políticas foram seguidas por revoluções comerciais — pelo rompimento do controle aristocrático e monárquico da economia em favor da concorrência econômica aberta a (quase) todos.

A história dos Estados Unidos é um exemplo clássico do poder das instituições inclusivas. Após a Guerra da Independência, o país estabeleceu freios e contrapesos sem precedentes sobre o poder político, os direitos fundamentais dos cidadãos e as eleições livres. A mobilidade política e econômica apoiada por tais instituições significava que, em princípio, qualquer homem comum (branco) poderia adquirir poder econômico — uma noção radical no século XVIII — e essa mobilidade lançou a pedra basilar para o enorme dinamismo da economia do país no século XIX. A crença compartilhada de que (desde que fosse homem e branco) seu potencial era limitado apenas por sua inteligência e seu esforço, juntamente com a disponibilidade difundida de terras baratas e a ausência de uma elite governante arraigada significava que os Estados Unidos tinham níveis bem extraordinários de mobilidade social.

Nos séculos XIX e XX, o regime institucional foi ainda mais fortalecido pela ampliação do financiamento público da educação, por meio de concessões, e pelo desenvolvimento de instituições como a vigorosa imprensa livre e uma vasta gama de legislações trabalhistas, de assistência social, de proteções aos consumidores e de antitruste. Como resultado parcial, os EUA têm não apenas uma economia extraordinária, inovadora e dinâmica, mas também um dos níveis mais altos de bem-estar social, comparados a qualquer outra nação desenvolvida.

Sob instituições inclusivas eficazes, governos competentes são parceiros valiosos na sustentação do livre mercado e também de uma sociedade livre. O Departamento de Defesa dos EUA, por exemplo, foi o primeiro cliente da indústria de computadores — que teve seu começo usando descobertas financiadas por fundos federais. Investimentos volumosos em pesquisa e desenvolvimento levaram a tecnologias revolucionárias que sustentam o iPhone e o iPad, a internet, o GPS, os displays touch screen e a maioria das tecnologias de comunicação. Cursos de extensão em agricultura financiados pelo governo federal foram determinantes na difusão de melhores práticas e técnicas que ajudaram a tornar a agricultura estadunidense a mais produtiva do mundo. O dinheiro do governo construiu as estradas, os portos e as pontes que sustentam a economia.[24]

A regulação governamental resolveu uma grande variedade de problemas ambientais. Em 1973, por exemplo, os químicos Frank Sherwood Rowland e Mario Molina descobriram que moléculas de clorofluorcarboneto (CFC) usadas em aerossóis e refrigerantes eram estáveis o suficiente para chegarem à estratosfera, e que sua presença lá causaria ruptura na camada de ozônio, que protege a vida na Terra da radiação ultravioleta do Sol. Níveis altos de raios ultravioleta causam câncer de pele nos humanos e danos significativos em outras vidas animais e vegetais. Rowland e Molina recomendaram o banimento dos CFCs o mais rápido possível.[25]

A ideia foi fortemente contestada pela indústria de CFC que, na época, tinha pelo menos US$8 bilhões em vendas e empregava mais de 6 mil pessoas. O presidente do conselho administrativo da DuPont foi citado, tendo dito que a teoria da redução da camada de ozônio é "um conto de ficção científica... um monte de asneiras... pura bobagem".[26] A DuPont, maior fabricante de CFC, especulou publicamente que os custos da retirada dos CFCs passariam de US$135 bilhões apenas nos Estados Unidos, e que "setores inteiros poderiam fechar".[27]

Porém, 12 anos depois, três cientistas descobriram um buraco na camada de ozônio acima da Antártica, que era muito maior do que qualquer um poderia imaginar. Uma estimativa sugere que, se a questão dos CFCs não fosse abordada, em 2030, 600 mil pessoas a mais morreriam de câncer de pele e 8 milhões a mais de pessoas teriam catarata. Também haveria danos significativos para as vidas vegetais e animais. Apesar da oposição contínua, o Protocolo de Montreal — um acordo internacional para a retirada de químicos que destroem a camada de ozônio — foi aprovado um ano depois para enfrentar a ameaça. O protocolo tem tido um grande sucesso. Provou ser relativamente fácil encontrar substitutos ao CFC, e espera-se que o buraco na camada de ozônio na Antártica volte ao seu status de 1980 até 2030. O protocolo também reduziu as emissões de GEE globais em cerca de 5,5%.[28]

Nos Estados Unidos, a aprovação do Clean Air Act (Lei do Ar Limpo) em 1990 foi igualmente eficaz. Por exemplo, o projeto para controlar a chuva ácida — o programa de permissão de comércio de SO_2 (dióxido de enxofre) — custou menos de US$2 bilhões por ano e trouxe benefícios de US$50 bilhões a US$100 bilhões anuais em mortalidade reduzida.[29]

As regulações do governo mantêm os suprimentos de comida e água em segurança — e garantem que os funcionários não sejam abusados rotineiramente no trabalho. A adoção de planos nacionais de aposentadoria e de planos de saúde financiados pelo governo para os idosos significa que milhões de pessoas não enfrentam mais o prospecto da fome e das doenças em sua idade avançada. Nenhuma regulação e nenhum programa do governo são perfeitos, é claro, e os reguladores governamentais às vezes podem ser complicados. Mas isso é inerente à natureza da instituição — o toma lá, dá cá do processo político em combinação com uma ênfase no bem público, em vez de no lucro privado, sempre significará que o governo parece menos "eficiente" do que o setor privado. Mas a eficiência não é o critério correto. O critério correto é se o governo é honesto, responsivo, transparente e democrático.

O crescimento econômico nas sociedades com instituições fortes e inclusivas é mais consistente, e as sociedades inclusivas são significativamente mais prósperas do que aquelas que vivem sob o extrativismo. Instituições inclusivas também são um forte determinante do bem-estar individual. Sociedades inclusivas são mais felizes e vivem mais. Têm menos desigualdade de renda, maior mobilidade socioeconômica e mais liberdades sociais.[30] Enquanto o PIB per capita é um forte determinante da satisfação de vida para os países pobres, quando o indicador é maior do que US$15 mil por ano, a felicidade individual está correlacionada não apenas com a renda, mas também com a presença de instituições políticas inclusivas.

Em resumo, os governos democráticos e as outras instituições de uma sociedade livre são uma fonte primária de crescimento econômico e de bem-estar individual. Os problemas que nos confrontam agora refletem o fato de que devemos criar instituições globais eficazes, caso queiramos resolver os problemas globais que enfrentamos — mas instituições inclusivas no mundo todo estão sob ataque constante.

As empresas devem se tornar parceiras ativas no reforço às instituições inclusivas que temos e na construção de novas das quais precisamos. Não é uma questão de dar apoio a políticas específicas ou de pressionar determinado conjunto de valores políticos. A questão é apoiar as fundações de nossa sociedade. As empresas precisam aprender a pensar sistematicamente. A questão não deveria ser "Esta política em particular me beneficiaria?", mas "Como podemos proteger as instituições que nos tornaram ricos e livres?".

Muitas companhias já estão engajadas com suas comunidades locais (como vimos anteriormente no exemplo de Minneapolis-St. Paul), trabalhando com os governos locais para a criação de bens públicos dos quais todas as sociedades precisam. Os esforços precisam ser expandidos tanto em termos nacionais como globais, concentrando-se em três questões essenciais. A primeira trata dos direitos das minorias e da inclusão. As empresas deveriam fazer o possível para garantir que todos na sociedade — independentemente de raça, sexo ou etnicidade — tenham a oportunidade de serem integrantes plenos dessa sociedade. A segunda é a necessidade de precificar ou regular grandes externalidades ambientais. A magia do livre mercado só funciona quando tudo está precificado adequadamente. Enquanto as empresas puderem queimar combustíveis fósseis, envenenar os oceanos e lançar seus resíduos sem punições, continuarão a causar o aquecimento global e a destruição da biosfera. Elas devem pressionar a existência de uma legislação que forçaria todas as empresas a se comportarem "bem". Por fim, e talvez o mais importante, as empresas devem fazer tudo a seu alcance para preservar e fortalecer a democracia e a sociedade civil.

Defendendo os Direitos das Minorias

O respeito pelos direitos das minorias é um dos pilares fundamentais de uma sociedade inclusiva e um indicador-chave da existência de instituições saudáveis. Desenvolver uma sociedade justa e sustentável exige não apenas a proteção dos direitos políticos e de propriedade, mas também os civis, ou de igualdade perante a lei. Nenhuma sociedade pode ser inclusiva se discrimina grupos na provisão de bens públicos como justiça, segurança, educação e saúde. As empresas têm um poder imenso e estão começando a se mexer na oposição à discriminação. A luta para proteger os direitos LGBTQ é um exemplo de como isso pode se parecer na prática.

Nos Estados Unidos, as opiniões sobre pessoas LGBTQ mudaram muito nos últimos 20 anos: 70% da população — incluindo maiorias em ambos os partidos políticos — agora dizem que a "homossexualidade deve ser aceita", um acréscimo de 46% com relação a 1994.[31] Além do mais, 61% favorecem o casamento entre pessoas do mesmo sexo, um aumento de 38% com relação a 2002, e uma maioria (bem pequena) acredita que pessoas trans devem ter direitos civis.[32]

Embora grande parte do trabalho pesado nessa frente tenha sido liderada pela enorme coragem e persistência das próprias pessoas LGBTQ, o movimento vem sendo ajudado por muitas das grandes corporações globais, que foram apoiadoras iniciais dos direitos dos gays. A AT&T adotou uma política que proibia a discriminação de funcionários com base na orientação sexual em 1975, e a IBM incluiu a orientação sexual como parte de sua política global de não discriminação em 1984.[33] Em 1992, a Lotus Development Corporation tornou-se a primeira empresa de capital aberto a oferecer benefícios a seus funcionários gays.[34] A IBM estendeu a cobertura dos planos de saúde para casais do mesmo sexo quatro anos depois, enquanto o Walmart começou a fornecer benefícios de plano de saúde geral na empresa para todos os parceiros domésticos de seus funcionários em 2013. Entre as empresas da Fortune 500, 85% incluem proteções de identidade de gênero em suas políticas de não discriminação (um aumento de 3% com relação a 2002).[35] Outros 62% oferecem cobertura de planos de saúde que incluem os transgêneros, índice que era 0% em 2002.[36] Quando o Corporate Equality Index [Índice de Igualdade Corporativa], que classifica as grandes empresas quanto a políticas pró-LGBT foi inicialmente introduzido em 2002, apenas 13 empresas alcançaram pontuações perfeitas, das 319 pesquisadas. Atualmente, muito embora o índice tenha sido revisado para torná-lo mais estrito, 366 das 781 empresas alcançaram 100%, incluindo 14 das 20 principais na classificação das maiores empresas dos EUA listadas na *Fortune*.

Porém, a batalha não foi ganha. Cerca de metade dos estimados 8,1 milhões de trabalhadores LGBTQ com 16 anos ou mais vivem em estados sem proteções legais contra discriminações trabalhistas por orientação sexual e/ou identidade de gênero, e o número de crimes de ódio contra pessoas LGBTQ não caiu significativamente.[37] Mais recentemente, diversas cidades e estados aprovaram legislações que parecem ser projetadas para legalizar a discriminação contra pessoas LGBTQ. Por exemplo, em março de 2015, Mike Pence, o então governador do estado de Indiana, EUA, assinou a Lei de Restauração da Liberdade Religiosa (Religious Freedom Restoration Act — RFRA). Isso se deu em uma cerimônia privada com a participação de diversos grupos que vinham se opondo publicamente ao casamento gay, e os críticos acusaram a legislação, pois ela permitiria que as organizações usassem a religião para justificar a discriminação com base na orientação sexual de uma pessoa.

Muitos CEOs — tanto em Indiana como em outros estados — foram a público numa tentativa de reverter a legislação. Imediatamente antes da lei ser aprovada, diversos CEOs de empresas de tecnologia sediadas em Indiana — incluindo aqueles da Clear Software, da Salesforce, da Cloud One e da Salesvue — enviaram uma carta ao Sr. Pence, instando-o a vetar a medida, dizendo:

> Como líderes de empresas de tecnologia, não apenas discordamos desta legislação em um nível pessoal, mas (acreditamos que) a RFRA impactará adversamente nossa habilidade de recrutar e reter os melhores e mais brilhantes talentos do setor tecnológico. Os profissionais de tecnologia são, por sua natureza, muito progressistas, e uma legislação antiquada como a RFRA tornará o estado de Indiana um lugar menos atrativo para viver e trabalhar.[38]

Após a aprovação da lei, Tim Cook, CEO da Apple (o primeiro CEO de uma empresa da Fortune 500 a revelar que é gay) tuitou que estava "profundamente decepcionado" com ela. O CEO da Yelp, Jeremy Stoppelman, destacou:

> É inconcebível imaginar que a Yelp criaria, manteria ou expandiria uma presença empresarial significativa em qualquer estado que encorajasse a discriminação de empresas contra nossos funcionários ou consumidores em grande escala... Essas leis impõem um precedente terrível que provavelmente prejudicará a saúde econômica mais ampla dos estados onde foram adotadas, as empresas que atualmente operam nesses estados e, mais importante, os consumidores que poderiam ser vitimizados sob tais novas leis.[39]

Os CEOs de empresas como Anthem Inc., Eli Lilly Company, Cummins, Emmis Communications, Roche Diagnostics, Indiana University Health e Dow AgroSciences — todas elas com operações significativas em Indiana — apelaram à liderança do Partido Republicano para que aprovasse leis que impedissem a "discriminação com base em orientação sexual ou identidade de gênero". Bill Osterle, CEO da Angie's List, um site de serviços domésticos que anunciara recentemente a expansão de suas operações em Indiana, disse que a empresa adiaria sua ampliação de US$40 milhões, colocando até mil novos empregos em risco.

Uma semana depois, os legisladores aprovaram uma emenda à lei, esclarecendo que ela não poderia ser usada para defender a discriminação contra pessoas LGBTQ.[40] Um mês depois, o governador de Arkansas também aprovou uma lei revisada de "Liberdade Religiosa" após a pressão pública do CEO do Walmart, que solicitou publicamente que o governador vetasse a versão original da lei com base no fato de que ela legitimava a discriminação contra pessoas LGBTQ.

Uma reação similar foi dada aos legisladores da Carolina do Norte quando aprovaram a Lei de Privacidade e Segurança de Instalações Públicas (Public Facilities Privacy and Security Act), mais comumente conhecida como a "HB2" ou a "lei do banheiro", em março de 2016. Ela eliminava um decreto local que tornava ilegal às empresas negarem serviços a pessoas LGBTQ e que também teria permitido às pessoas transgênero usarem banheiros que correspondessem à sua identidade de gênero. Sob a lei estadual, os transgêneros foram requisitados a usar os banheiros que correspondiam ao sexo registrado em suas identidades.

Um dia após a aprovação da lei, diversas empresas — incluindo American Airlines, Red Hat, Facebook, Apple e Google — emitiram declarações se opondo à HB2. Alguns dias depois, mais de 100 outros CEOs e líderes empresariais assinaram uma carta expressando suas preocupações quanto à lei. O cofundador do PayPal, Max Levchin, que dissera no ano anterior à CNN que se opor à lei de Indiana era "uma questão básica de decência humana", cancelou os planos de abrir um novo centro de operações em Charlotte, a maior cidade da Carolina do Norte e origem do decreto original, custando ao estado cerca de 400 novos empregos. Uma semana depois, o Deutsche Bank anunciou que estava cancelando seus planos de criar 250 empregos em Cary, Carolina do norte. Um ano depois, o estado aprovou uma revogação parcial da HB2.

Assumir esses tipos de posicionamentos públicos agressivos nem sempre é fácil ou barato. É quase certo que os funcionários e clientes do Walmart estão profundamente divididos quanto à questão dos direitos LGBTQ. Osterle, CEO da Angie's List, foi extremamente atacado. O presidente de um grupo conservador local disse: "Vejo o que ele fez... nada diferente de um ataque terrorista econômico." O blog One Million Moms rotulou a empresa como "causadora de bullying, simples assim" e convocou um boicote. Dan Schulman, CEO do PayPal, recorda: "Recebemos tantos elogios de, obviamente, muitas pessoas diferentes por [termos nos posicionado], mas também tivemos muitos discordando da decisão. Recebi diversas ameaças pessoais."

A discriminação é uma questão do ganha-pão das maiores corporações do mundo, visto que seus funcionários millennials são apaixonados pelo assunto e exigem que seus empregadores se posicionem a respeito. Mas opor-se à discriminação — seja com base em gênero, raça ou etnicidade — também é um valor moral central para muitos líderes empresariais.

No dia 14 de agosto de 2017, por exemplo, Ken Frazier, CEO da Merck, gigante farmacêutica dos EUA, anunciou que estava deixando o Manufacturing Council do presidente Trump. Era uma reação à sugestão do presidente — após confrontos violentos em Charlottesville, Virgínia, onde uma manifestação organizada por supremacistas brancos levou à morte de uma jovem — de que havia "culpa dos dois lados". Frazier publicou uma declaração, que dizia, em parte:

> A força do nosso país origina-se em sua diversidade e nas contribuições feitas por homens e mulheres de diferentes fés, raças, orientações sexuais e crenças políticas. Os líderes dos EUA devem honrar nossos valores fundamentais ao rejeitarem claramente expressões de ódio, intolerância e de supremacias grupais, que vão contra o

ideal norte-americano de que todas as pessoas são criadas iguais. Como CEO da Merck, e por uma questão de consciência pessoal, sinto a responsabilidade de me posicionar contra a intolerância e o extremismo.

Ao falar com a imprensa sobre o incidente um ano depois, Frazier — que é afrodescendente e cujo avô nasceu escravo — recordou: "Minha compreensão era de que não me posicionar quanto ao assunto seria visto como um apoio tácito ao que acontecera e fora dito. Acredito que as palavras e as ações têm consequências. Apenas senti, por uma questão de minha própria consciência, que não poderia permanecer."[41]

Considerando a posição de Frazier como o CEO de uma grande empresa farmacêutica, sua decisão não foi incólume. O presidente Trump fizera uma campanha ativa com a promessa de reduzir os preços dos remédios e, de fato, uma hora após a declaração de Frazier, tuitou: "Agora que Ken Frazier da Merck Pharma resignou do President's Manufacturing Council, terá mais tempo para REDUZIR OS PREÇOS DOS REMÉDIOS, QUE SÃO UM ROUBO!" Porém, dentro de uma semana, todos os outros CEOs do conselho tinham resignado. Todos foram atacados pessoalmente pelo presidente Trump.

Essas podem parecer ações pequenas. Mas sugerem uma disposição por parte de alguns líderes empresariais seniores a desafiar políticos poderosos a serviço de valores fortemente mantidos. Caso a política estadunidense começasse a caminhar rumo a um posicionamento mais inclusivo em questões de raça, gênero e etnicidade, suspeito que a disposição do setor privado para se engajar nessas questões seria vista como uma parte importante do movimento que as possibilitaram.

Alcance Global: O Setor Privado e a Política Climática

As empresas devem pressionar os governos em todos os lugares a responderem à mudança climática, insistindo que as políticas sejam baseadas na ciência moderna e defendendo fortemente normas amigáveis ao mercado que poderiam nos ajudar a evitar o desastre. Uma regulação adequada — algo como um imposto sobre o carbono ou a mitigação de suas emissões — permitiria não apenas que a economia global descarbonizasse com custos mínimos, mas também liberaria bilhões de dólares em novas oportunidades de mercado. A descarbonização será cara. Mas deixar a mudança climática com rédeas soltas custará bilhões de dólares a mais. Estimativas atuais sugerem que a mudança climática poderia custar à economia dos EUA até 10% de seu PIB até o fim do século e desestabilizar o suprimento mundial de alimentos.[42] O IPCC estima que manter as emissões de GEE em um nível que ofereça 66% de chances de não exceder um aquecimento de 2°C custaria de 3% a 11% do PIB mundial até 2100.[43] Porém, não fazer nada a respeito pode custar de 23% a 74% do PIB per capita global até 2100 em produções agrícolas perdidas, riscos à saúde, cidades inundadas e outras grandes disrupções.[44] Sem supervisão, a mudança climática também causará danos irreversíveis nas gerações futuras. Assim como a comunidade empresarial mundial se comprometeu com a inclusão global, também deveria se comprometer a garantir que deixemos um planeta saudável para nossos filhos.

Muitos no setor privado já estão começando a caminhar nessa direção. Em British Columbia, Canadá, o apoio do setor privado foi crucial para a implementação do imposto climático na província. Nos EUA, ele foi central à adoção da Iniciativa Regional de Gases de Efeito Estufa (Regional Greenhouse Gas Initiative — RGGI), ao sistema de comércio de emissões de carbono do Atlântico Nordeste/Central e à criação e aprovação do compromisso da Califórnia para ser 100% livre de carbono até 2045.

Em abril de 2019, Gary Herbert, o governador republicano de Utah, assinou a Lei de Energia Renovável da Comunidade. A legislação exigiu que a companhia de energia do estado, a Rocky Mountain Power, fornecesse 100% de energia renovável àquelas comunidades da região que a haviam solicitado — abrindo caminho para que outras cidades em todo o estado passassem a usar energia renovável. Sua aprovação encerrou três anos de negociações silenciosas entre empresas, as cidades que queriam passar para a energia renovável e a companhia elétrica.

Bryn Carey é um dos empresários que ajudou a criar o apoio político para a mudança. Em 2004, fundou a Ski Butlers, uma empresa de serviços de aluguel e entrega de equipamentos de esqui, em uma pequena garagem em Park City. Rapidamente percebeu que a mudança climática representava uma ameaça importante — não apenas para seu negócio, mas para o estado e para o esporte que amava. Utah é atualmente um dos cinco estados norte-americanos que estão se aquecendo mais rapidamente. Nos últimos 48 anos, a temperatura média aumentou mais de 1,66°C, e o manto de neve baixou significativamente, ameaçando não apenas o setor de esqui, mas também o suprimento de água do estado.[45] Em 2012, Carey passou meses tentando persuadir a comunidade empresarial de Park City para que apoiasse uma iniciativa de instalar painéis solares em todos os telhados da cidade, mas sem sucesso, chegando à conclusão de que apenas a política poderia motivar a ação. Em 2015, ele mobilizou seus próprios funcionários, ativistas locais e outros moradores — "dezenas" de pessoas no total — a comparecerem a uma reunião na Câmara Municipal. No ano seguinte, os vereadores aprovaram uma resolução que estabelecia um compromisso municipal de ter 100% do fornecimento com energia renovável até 2032.[46] Em julho de 2016, Salt Lake City aprovou uma resolução similar e, em 2017, diversas outras comunidades de Utah seguiram o exemplo.

Mas, em Utah, as cidades que desejassem mudar para a energia renovável tinham apenas duas opções: construir sua própria companhia elétrica do zero, ou comprar da Rocky Mountain Power, um monopólio regulado pelo estado, que era notório por queimar carvão. Em 2015, Salt Lake City vinha violando os padrões federais de qualidade do ar há mais de uma década, em grande parte devido ao uso municipal da eletricidade gerada pelo carvão. Em resposta, Jackie Biskupski, recém-eleita prefeita da cidade, sugeriu que a Rocky Mountain concordasse em financiar os investimentos que poderiam viabilizar os compromissos de Salt Lake City com a energia renovável.

Durante os dois anos seguintes, a prefeita — junto a diversos outros aliados das comunidades ambiental, empresarial e prefeitos de outras cidades que se comprometeram a usar energia renovável — negociou silenciosamente com a companhia elétrica algum tipo de lei que possibilitaria a ação. A coalizão foi ajudada pelo fato de que a economia da energia renovável está mudando muito rapidamente. Em dezembro de 2018, a PacifiCorp, entidade que possui a Rocky Mountain Power, publicou um relatório sugerindo que 13 de suas 22 unidades de carvão eram mais dispendiosas para operar do que as alternativas disponíveis, e que fechá-las lhe economizaria milhões de dólares.[47] Porém, nenhuma das unidades da empresa em Utah entrou na lista, visto que a companhia ainda não tinha pago totalmente a dívida incorrida para construí-las, e seria exigida uma compensação caso fossem fechadas prematuramente. A conta final fornecida àquelas comunidades que mudam para as renováveis continua a liquidar a dívida de carvão. Ao refletir sobre as negociações complicadas que possibilitaram o acordo, Biskupski recorda: "Tivemos momentos em que as pessoas queriam jogar a toalha? Claro que sim. Mas, quando isso acontece, é preciso trazer todos de volta e recordá-los de que esta é a jornada. Este é o comprometimento. As pessoas é que querem ar puro."[48]

Nos Estados Unidos, mais de 200 cidades e empresas estão comprometidas com uma energia 100% limpa e renovável[49] A "America's Pledge", instituição sem fins lucrativos dedicada a acompanhar os compromissos em todo o país, estima que tal atitude comporá 17% de redução nos níveis de GEE até 2025, comparados aos níveis de 2005. Ela sugere também que uma redução ainda maior por meio de estratégias de "alto impacto, curto prazo e que estão prontamente disponíveis para implementação pelos atores locais" poderia levar esse número a 21%.[50] O engajamento mais amplo com os objetivos da coalizão em toda a economia norte-americana tem potencial de levar a uma redução maior que 24% até 2025, em comparação com os níveis de 2005. Tal diminuição colocaria o país "a uma distância possível de ser alcançada rumo ao Paris Pledge". O relatório encerra afirmando que a "descarbonização pode ser liderada pelos esforços de baixo para cima dos reais atores econômicos… mas apenas com colaboração e engajamento profundos".

Em 2017, quando Trump declarou que retiraria os Estados Unidos do Acordo de Paris[51] — juntando-se à Síria e à Nicarágua como os únicos países não comprometidos a agirem contra a mudança climática — os CEOs de 30 empresas estadunidenses, incluindo Apple, Gap, Google, HP e Levi

Strauss — publicaram uma carta aberta instando-o a repensar a decisão. Elon Musk, CEO da Tesla, e Bob Iger, CEO da Disney, resignaram do President's Advisory Council em protesto.[52]

Um esforço colaborativo ainda mais ambicioso chamado "We Are Still In" [Nós Ainda Estamos no Acordo] agora "inclui 3.500 representantes de todos os 50 estados, envolvendo empresas grandes e pequenas, prefeitos e governadores, presidentes universitários, líderes de fé, líderes tribais e instituições culturais". Seu compromisso é catalisar ações em nível local para garantir que os EUA cumpram seus compromissos sob o Acordo de Paris.[53] No momento da escrita deste capítulo, mais de 2 mil empresas são signatárias do acordo, todas essas estando formalmente comprometidas para trabalharem com governos nacionais e comunidades locais para reduzir emissões de GEE. A coalizão participou das negociações internacionais sobre o clima na COP24 em dezembro de 2018, agindo como uma "delegação de apoio" e reunindo-se com governos nacionais e delegados da conferência para defender a ideia de um conjunto forte de regras para operacionalizar o Acordo de Paris.

Meus colegas que trabalham em negociações internacionais sobre o clima me dizem que essa demonstração de apoio do setor privado é crucialmente importante para manter as negociações vivas — mas que nossa situação permanece desesperadora. O setor privado deve fazer do enfrentamento da mudança climática sua primeira demanda de cada governo, em todas as oportunidades.

Apoiando a Democracia

Apoiar a inclusão e pressionar forte por políticas ambientais adequadas são passos cruciais. Mas a questão mais importante perante as empresas é prevenir a continuidade da destruição de nossas instituições. Nossas instituições políticas estão sob ataque em quase todos os lugares. O Gerrymandering [método que define o vencedor das eleições nos EUA] está apoiando legislaturas cada vez mais polarizadas e ferozes batalhas partidárias. Os políticos criam regras para restringir o comparecimento às urnas e atacar a liberdade de imprensa. A independência jurídica está cada vez mais comprometida. Mais e mais dinheiro flui para a política, criando a percepção — senão a realidade constante — de que os políticos estão à venda. Caso queiramos que nossas instituições políticas sejam genuinamente livres e justas, a voz de todos deve ser ouvida, mas eleitores potenciais estão ficando cada vez mais furiosos e cínicos.

Esses são desenvolvimentos perigosos para as empresas. Como disse anteriormente, a alternativa a um governo forte e democraticamente controlado não é o livre mercado triunfante. A alternativa é o extrativismo — a regra de poucos para pouquíssimos. As elites extrativistas não são fãs do livre mercado. Elas não conseguem resistir à tentação de criar regras em seu próprio favor, de acabar com a inovação e de suprimir os dissidentes. Elas deixaram as infraestruturas apodrecendo, subinvestindo em estradas, pesquisa e desenvolvimento, hospitais e escolas. Se a democracia morrer, então — no fim das contas — o mesmo ocorrerá com a liberdade, o livre mercado e a prosperidade que ele traz.

As empresas devem exigir que as regras do jogo sejam determinadas democraticamente. Isso quer dizer apoiar ativamente as medidas que facilitam o voto dos eleitores. As taxas de voto nos Estados Unidos, por exemplo, estão entre as mais baixas do mundo. Nas eleições de meio de mandato de 2014, apenas 33% da população com idade para votar de fato votou — o menor comparecimento às urnas de qualquer outra eleição nacional de qualquer democracia avançada (com exceção de Andorra) desde 1945.[54] Isso também significa rechaçar quaisquer esforços para a supressão dos direitos eleitorais. Em novembro de 2018, por exemplo, uma iniciativa na Flórida para restaurar os direitos eleitorais de criminosos condenados foi aprovada por quase 65%. Mas, em maio de 2019, o legislativo do estado aprovou leis insistindo que os condenados só poderiam votar se tivessem quitado todas as suas multas ordenadas pelo tribunal, anulando efetivamente a intenção da iniciativa. Isso deveria ser um sinal vermelho — as empresas deveriam protestar e resistir ativamente contra esses tipos de medidas.

Isso significa colaborar com aqueles que estão tentando reduzir a quantia de dinheiro na política. Nos Estados Unidos, gastos com lobby mais do que dobraram entre 2000 e 2010 (de US$1,57 bilhão para US$3,52 bilhões) e, desde então, estabilizaram-se em cerca de US$3,25 bilhões por ano.[55] Após o veredito da Suprema Corte no caso *Citizens United* em 2010, gastos externos com as eleições presidenciais dispararam de US$338 milhões em 2008 para US$1,4 bilhão em 2016.[56] Esses gastos excluem doações politicamente motivadas feitas por instituições de caridade isentas de impostos das empresas norte-americanas, que um estudo recente estimou chegar perto de US$1,6 bilhão em 2014.[57] Embora grande parte do crescimento nos gastos políticos tenham provavelmente se originado em pessoas muito ricas, e não em corporações empresariais, o fato de que agora há muito mais dinheiro corporativo na política está além da dúvida.[58] Tal enxurrada de gastos pode beneficiar empresas individuais, mas expõe o setor privado a acusações de corrupção e reduz grandemente a confiança no processo democrático. Deve-se resistir a isso.

Quanto dessa resistência já está em andamento? Minha sensação — e venho buscando isso ativamente — é de que não muito. Uma campanha chamada "Time to Vote" [Hora de Votar] ganhou o apoio de 300 empresas de todo o país, incluindo Walmart, Tyson Foods e PayPal, todas comprometidas com o aumento da participação dos eleitores por meio de programas como pagamento das horas usadas para ir votar, não haver reuniões nos dias de eleição e apoio para a votação por correio e antecipada.[59] Corley Kenna, diretora de comunicação global e relações públicas da Patagonia, uma das empresas envolvidas na iniciativa, disse à CNBC: "Esta campanha não é partidária, e não é política… Trata-se de apoiar a democracia, e não de apoiar candidatos ou pautas."[60] Um grupo de empresários capitaneados por Reid Hoffman, um dos primeiros funcionários do PayPal e um dos fundadores do LinkedIn, colocou centenas de milhões de dólares em iniciativas para impulsionar o comparecimento às urnas e levar novos candidatos à política.[61]

São sinais encorajadores, mas longe de serem parecidos com a ação coletiva que será necessária para apoiar as instituições inclusivas que já existem e para criar novas das quais precisamos. Quando estou trabalhando com empresários, esse é sempre o momento em que quase todo mundo fica seriamente nervoso. Querem saber se algo assim já aconteceu antes. Será que as empresas já conseguiram reconstruir sistemas políticos de formas que os tornaram mais inclusivos? Na verdade, sim.

Criando Sistemas Políticos Inclusivos

Houve diversos momentos em que as empresas desempenharam um papel vital ao ajudarem a criar sociedades inclusivas. A seguir, descrevo três deles brevemente, analisando a Alemanha após a Primeira e a Segunda Guerras Mundiais, a Dinamarca no fim do século XIX, e as Ilhas Maurício na década de 1960. Na Alemanha, as empresas enfrentavam um sistema tão estressado que havia sérias dúvidas quanto à sua sobrevivência. Mas elas criaram uma nova forma de trabalhar com seus funcionários e, juntos, desenvolveram um sistema que fez da Alemanha uma das sociedades mais prósperas e bem-sucedidas do mundo. Na Dinamarca, uma elite governante aguerrida ajudou a desenvolver um sistema no qual os trabalhadores, as empresas e o governo trabalharam juntos para transformar um dos menores e mais pobres lugares da Europa em um dos mais ricos e igualitários — além de ser um dos mais amigáveis ao mercado. Antes que você descarte os sucessos da Alemanha e da Dinamarca em função de suas linhagens europeias ou de suas sociedades fundamentalmente homogêneas, volto-me então à história das Ilhas Maurício — uma sociedade totalmente fraturada por suas linhas raciais que conseguiu desenvolver uma comunidade próspera e multicultural e um livre mercado forte —, agora um dos países mais bem-sucedidos da África. Em cada caso, líderes empresariais visionários tiveram a coragem e a imaginação de tentarem algo novo: comprometer-se com a colaboração a serviço de construir uma sociedade que funcionasse para todos. Em retrospecto, suas decisões parecem óbvias e até fáceis — mas, na época, de óbvias não tinham nada.

A Alemanha Cria a Cooperação entre Trabalhadores e Empresas

Após a derrota da Alemanha na Primeira Guerra Mundial, o caos político e econômico levou à abdicação do Imperador Guilherme II e ao colapso do Império Alemão. "Conselhos" aos moldes daqueles da União Soviética ganharam um controle político difundido, e diversos partidos socialistas obtiveram cada vez mais proeminência. Enfrentando o que acreditavam ser uma ameaça real da expropriação em grande escala e do desastre econômico, um grupo de proeminentes empresários iniciou contatos com os sindicatos trabalhistas em uma tentativa de restaurar a estabilidade.

Hugo Stinnes, o homem mais rico da Alemanha, desempenhou um papel especialmente importante em tal tentativa. Ele tinha extensas participações em carvão, ferro, aço, transporte marítimo, jornais e bancos; um analista descreveu-o como o Warren Buffett de sua época.[62] Juntamente com diversos outros líderes do setor privado, aproximou-se dos líderes sindicalistas moderados com propostas para uma nova ordem econômica. Em novembro de 1918, os dois grupos assinaram o Acordo Stinnes-Legien, que estabelecia turnos de oito horas de trabalho por dia, o reconhecimento dos sindicatos trabalhistas, o direito a estabelecer conselhos trabalhistas e a adoção de acordos setoriais coletivos.[63] Stinnes também lançou as bases para um sistema nacional de representação patronal. Conversas entre as principais empresas começaram em 1918 e foram concluídas em 1919, quando a representação patronal foi unificada sob a Associação da Indústria Alemã do Reich (AIAR). A AIAR organizava-se ao longo da indústria, e não em linhas regionais, estrutura essa que tendia a favorecer os interesses das grandes empresas, e a nova associação permitiu que Stinnes e seus aliados expandissem a influência do Acordo Stinnes-Legien a uma ampla faixa de outras empresas.[64]

Entre 1933 e 1945, o fascismo, a turbulência econômica e política e o desastre da Segunda Guerra Mundial causaram a decomposição desses acordos, conforme os nazistas acabaram com as associações patronais e com os sindicatos. Os principais empresários alemães desprezavam os nazistas, mas escolheram colaborar com o novo regime, colhendo ricos lucros em curto prazo, mas aquiescendo em um processo que, em última instância, destruiu o país e suas próprias riquezas. A Segunda Guerra Mundial deixou a Alemanha — e as empresas alemãs — em ruínas. Mais de 7 milhões de alemães morreram, o que representava mais de 8% da população. Do parque habitacional, 20% haviam sido destruídos. As produções industrial e agrícola chegaram a apenas um terço do que eram antes da guerra.[65]

Temendo tumultos radicais espalhados, os principais empregadores uniram suas forças com os trabalhadores mais uma vez. A Federação das Indústrias Alemãs (BDI) surgiu como a maior associação patronal enfatizando em grande parte a defesa da economia, enquanto a Associação da Federação Patronal Alemã (BDA) foi formada para gerenciar as relações trabalhistas. A Confederação dos Sindicatos Trabalhistas da Alemanha (DGB) foi fundada como uma organização tutelar para representar os sindicatos. As três organizações trabalharam juntas para reviver as tradições das relações funcionário-empregador e dos acordos coletivos que foram estabelecidas entre as guerras. Todas elas ainda existem atualmente.[66]

Uma das tarefas mais cruciais da reconstrução pós-guerra foi o reavivamento e a padronização do sistema de formação profissional. Antes da Segunda Guerra Mundial, ele não tinha sido padronizado por setor nem região. Havia sistemas diferentes de certificação para habilidades distintas, com uma variação considerável no tipo e na qualidade do treinamento. Após a guerra, uma entidade coordenadora nacional, liderada por diversas e grandes empresas industriais, e patrocinadas pela BDI e pela BDA, trabalhou para catalogar os trabalhos especializados, criar e disseminar materiais de treinamento e administrar exames de certificação. Todos os participantes da mesma vocação recebiam o mesmo treinamento básico e a mesma certificação, e os mecanismos eram desenvolvidos para tentar garantir que o treinamento fosse atualizado continuamente de modo a acompanhar os novos desenvolvimentos tecnológicos. O número de programas de treinamento profissional aumentou drasticamente, e leis aprovadas em meados da década de 1950 reconheceram o sistema.[67]

As associações empresariais e os sindicatos concordaram em fazer acordos anuais para definir os salários e as condições trabalhistas. Esses acordos têm valor legal e atualmente abrangem 57% de todos os funcionários da Alemanha. A maioria dos empregadores alemães também investe em treinamentos; fornece auxílio-creche; e disponibiliza espaço, materiais e tempo para os trabalhos dos conselhos realizados por funcionários. Empresas com capital aberto acima de um tamanho mínimo devem incluir representantes dos funcionários em seus conselhos administrativos em um sistema que veio a ser conhecido como "codeterminação".

Atualmente, a Alemanha tem uma das economias mais fortes e igualitárias do mundo. Em 2017, teve um dos níveis mais altos do mundo em PIB per capita, abaixo apenas da Irlanda, Noruega, Suécia e dos Estados Unidos.[68] A mobilidade de renda — medida do grau em que alguém que nasceu em uma família pobre tem chances de ganhar tanto dinheiro quanto alguém que nasceu em família rica — é menor do que nos países escandinavos, porém, maior do que nos Estados Unidos, no Reino Unido, na França, no Japão ou na China. Os níveis médios de salário estão entre os mais altos do mundo e as taxas de desemprego (não chegam a 5% no momento em que escrevo este capítulo) estão entre as mais baixas.

Apesar dos altos salários, as empresas alemãs são exportadoras extremamente bem-sucedidas. Em 2017, o país exportou US$1,3 trilhão de produtos, quase a metade do valor da produção econômica total.[69] (No mesmo ano, os Estados Unidos exportaram apenas US$1,4 trilhão, 12% de sua produção, enquanto a China exportou US$2,3 trilhões, 19,76% de sua produção.) De acordo com alguns indicadores, a Alemanha está classificada como a economia mais inovadora do mundo.[70] Quase 25% do PIB alemão está na manufatura (nos EUA, em comparação, a manufatura tem apenas 15% da produção). O Índice de Desempenho Logístico de 2016, do Banco Mundial, classifica o desempenho logístico e de infraestrutura da Alemanha como o melhor do mundo.[71]

Oito das 100 maiores empresas do mundo são alemãs, e o país vangloria-se de um *Mittelstand* altamente bem-sucedido, ou seja, o grupo de pequenas e médias empresas com sucesso global. Dos cerca de 2.700 "campeões escondidos" do mundo — empresas que estão entre as três melhores de seu setor, são a primeira em seu continente e possuem menos de €5 bilhões em vendas —, quase metade está na Alemanha. De acordo com uma medida, essas companhias relativamente pequenas criaram 1,5 milhão de novos empregos, cresceram 10% ao ano e registraram cinco vezes mais patentes por funcionário do que as grandes corporações. Quase todas sobreviveram à grande recessão de 2008–2009.[72]

Grande parte desse sucesso é motivado pelo sistema de formação profissional da Alemanha. O país atualmente possui um dos projetos de formação profissional mais sofisticados do mundo. Os alunos podem escolher entre centenas de profissões para um programa que dura de dois a quatro anos, durante os quais eles dividem o tempo entre instruções em sala de aula e treinamento prático no trabalho. Os treinadores são pagos por seu tempo — incluindo aquele gasto em sala. Os treinamentos e todas as empresas são modelados por perfis ocupacionais padronizados, ou grades curriculares, desenvolvidos pelo governo federal em colaboração com empregadores, educadores e representantes dos sindicatos, dando aos funcionários uma qualificação padronizada que lhes permite ir de uma empresa para outra.[73]

Essa história tem duas implicações principais para o nosso dilema. A primeira é que as empresas talvez nem sempre reconheçam onde estão os melhores interesses. Os desastres das duas guerras mundiais forçaram as elites empresarias alemãs a uma relação com sua mão de obra contra a qual muitos administradores modernos lutariam com unhas e dentes, mas foi um fator contribuidor importante para um sistema de instituições que criou uma das sociedades mais bem-sucedidas — e a mais igualitária — do mundo. Para mim, isso destaca o papel crucial que as empresas orientadas a um propósito podem desempenhar como catalisadoras para a revelação de novas formas de trabalho. Assim como a Nike estava cega aos benefícios de repensar a relação com sua cadeia de suprimentos na década de 1990, muitas outras empresas permanecem cegas aos papéis cruciais que os sistemas sociais e políticos mais amplos desempenham em seus sucessos. A segunda implicação é mais prosaica. Se o setor privado deve ter um papel central na reconstrução das instituições, precisará de associações fortes de funcionários que estejam comprometidos com uma atuação positiva e política nas conversas nacionais.

Felizmente, há diversas associações empresariais que poderiam desempenhar o mesmo tipo de papel nas conversas nacionais e internacionais que a BDI e a BDA desempenharam na Alemanha. No Reino Unido, a Confederação da Indústria Britânica representa mais de 190 mil empresas. A Câmara de Comércio dos EUA representa mais de 3 milhões de empresas e, em 2017, gastou mais dinheiro fazendo lobby no congresso do país do que qualquer outra organização.[74] A Mesa Redonda de Negócios também poderia atuar como um foco importante de ação.

Historicamente, nem a Câmara de Comércio dos EUA nem a Mesa Redonda de Negócios tomaram lados políticos além do interesse imediato de seus integrantes — e a nova declaração feita pela segunda não faz menção de qualquer responsabilidade pela saúde da democracia estadunidense —, mas a mesa redona foi a primeira organização empresarial com base ampla a reconhecer a ameaça imposta pela mudança climática, e a Câmara de Comércio adotou recentemente uma posição formal quanto ao assunto, reconhecendo sua realidade e convocando os Estados Unidos a "abraçarem a tecnologia e a inovação" e a "alavancarem o poder das empresas" para resolvê-lo.[75]

Os líderes empresariais devem insistir para que enfrentemos o aquecimento global. Isso significa dar um apoio vigoroso à ciência — mais de 70% dos norte-americanos dizem agora que o aquecimento global é "pessoalmente importante" para eles, mas 30% ainda negam que esteja acontecendo e/ou que os culpados são os seres humanos — e essa minoria permanece politicamente poderosa.[76] Enfrentá-lo também exige uma pressão forte em prol de controles globais de emissão de gás de efeito estufa projetados de forma sensata e amigável às empresas. Se a Mesa Redonda de Negócios e a Câmara de Comércio fracassarem na liderança desse encargo, será crucialmente importante criarmos associações alternativas que possam preencher a lacuna.

Globalmente, o Fórum Econômico Mundial (FEM) inclui "as 1 mil principais empresas do mundo" e se posiciona como "a plataforma global para a cooperação público-privada". O FEM está profundamente envolvido com projetos desenhados para criar valor compartilhado, e também está desempenhando papel principal em uma vasta gama de esforços de reformas colaborativas/públicas/privadas. A Global Battery Alliance, por exemplo, é uma plataforma global de colaboração projetada para "catalisar e acelerar ações em direção a uma cadeia de valor de bateria socialmente responsável, ambientalmente sustentável e inovadora";[77] o projeto para o fortalecimento dos sistemas globais de comida facilita diálogos multistakeholder e a Transformational Leaders Network engaja "mais de 150 líderes e especialistas de ação para trocarem conhecimentos, melhores práticas e experiências atravessando diversos setores e regiões".[78] Até onde eu sei, o FEM até agora ficou longe do que pode ser interpretado como ações políticas — e, de fato, é duramente criticado por seu fracasso em examinar os fatores estruturais que contribuíram para nossos problemas atuais [79] —, mas possui os integrantes e a capacidade de caminhar nessa direção, caso os líderes empresariais seniores decidissem que fazê-lo é importante.

A Câmara Internacional de Comércio (International Chamber of Commerce — ICC) é menos visível, porém tem o potencial para desempenhar um papel ainda mais vital. É a maior organização empresarial do mundo, representando mais de 45 milhões de empresas em mais de 100 países. Sua missão principal é formular e pôr em prática regras por meio das quais os negócios internacionais são conduzidos, e geralmente representa os interesses empresariais nas negociações com entidades globais como a Organização Mundial do Comércio, a Organização das Nações Unidas e o G20. A ICC está patrocinando alguns esforços intrigantes criados para melhorar a rastreabilidade na cadeia de suprimentos e comprometeu-se formalmente com a importância de "engajar totalmente o setor corporativo na implementação de ODSs [Objetivos de Desenvolvimento Sustentável]."[80] Pelo que eu sei, a ICC até agora ficou bem longe — ao menos publicamente — de qualquer coisa que possa parecer uma ação política explícita; ela poderia, por exemplo, insistir que os critérios de sustentabilidade informem as práticas comerciais globais, mas, em princípio, tem os contatos e o alcance global para desempenhar um papel central na construção de um sistema global mais sustentável.

É fácil ser cínico quanto ao potencial do setor privado em desempenhar um papel na condução de uma mudança sistemática. Certamente, uma interpretação da experiência alemã é que precisamos do equivalente de uma guerra mundial para mudar as atitudes das empresas. Felizmente, a experiência dinamarquesa sugere que esse não é necessariamente o caso.

Dinamarca: As Empresas Reagem à Fraqueza Nacional

A defesa que Bernie Sanders faz da Dinamarca já levou muitos líderes empresariais a revirar os olhos. Mas o país não é socialista, se por *socialismo* entende-se a posse pelo Estado dos meios de produção. Sua economia é um sistema muito forte pró-empresas no qual há um trabalho harmonioso entre as empresas, os trabalhadores e o governo para suster o crescimento econômico — dentro de uma estrutura que foi defendida pelo setor privado.

Na segunda metade do século XIX, a Dinamarca era uma nação em trauma. Em 1965, o país perdera a Segunda Guerra dos Ducados para a Prússia e a Áustria, perdendo os ducados de Schleswig e de Holstein — territórios que estavam sob alguma forma de controle dinamarquês desde o século XII. Essa foi uma na longa série de derrotas, e deixou a Dinamarca na situação de um país pequeno e pobre que não poderia mais aspirar ao status de grande potência.

Na década de 1890, a legislatura dinamarquesa estava dividida entre o Partido de Direita Dinamarquês — uma aliança desconfortável entre os grandes agricultores e os principais industrialistas dinamarqueses — e os Social Democratas — o partido da classe trabalhadora. Considerando a divisão, o rei dinamarquês manteve os conservadores no poder ao compor seu gabinete com membros do Partido de Direita Dinamarquês. Em 1890, o Partido Social Democrata tinha ganhado um número significativo de cadeiras e — temendo (corretamente) que logo seriam a minoria — os membros do Partido de Direita Dinamarquês começaram a buscar outros mecanismos por meio dos quais manter suas influências.

A criatividade de um único líder empresarial provou-se crucial na transformação desse momento de crise em uma mudança institucional exitosa. Em 1896, Niels Anderson, membro do parlamento e empreendedor no ramo ferroviário com uma habilidade especial para criar consenso, assumiu a liderança na formação da Confederação Dinamarquesa de Trabalhadores, ou a DA. Ele vendeu a ideia aos seus colegas como uma forma de influenciar a política pública na ausência de uma maioria legislativa (em 1901, os Social Democratas tiveram uma vitória arrasadora, como ele tinha previsto) e também como uma maneira de alcançar a paz industrial ao unificar a voz das empresas. Ele teve um sucesso marcante na realização de ambos os objetivos.

A DA conseguiu repelir uma proposta social-democrática para criar um sistema de seguro universal que fosse financiado por impostos para acidentes de trabalho, substituindo-a exitosamente por um conselho composto por representantes do governo, das empresas e dos trabalhadores. O seguro de acidentes não seria financiado pelos impostos; em vez disso, os funcionários escolheriam seu próprio seguro particular.[81] O sucesso persuadiu o empresariado dinamarquês — e também seu governo — de que a DA poderia ser um veículo importante para uma reforma das políticas que fosse amigável às empresas.

Porém, o sucesso mais importante de Anderson foi demonstrar que a DA conseguiria evitar o desconforto dos trabalhadores — ao fortalecer o movimento trabalhista! Em 1897, uma onda de greves atingiu as indústrias de metais. Membros da DA já tinham concordado que não contratariam trabalhadores de outros integrantes da DA durante as greves dos trabalhadores ou os lockouts, dando à DA uma frente unida na lida com os sindicatos, bem como persuadindo uma maioria de empresas dinamarquesas para que ingressassem na associação. Em seguida, a associação colocou-se como uma mediadora entre empregadores e funcionários, encorajando ativamente que os trabalhadores se organizassem melhor e pedindo aos sindicatos que recusassem trabalhar para empresas que não se juntassem à DA. A DA conseguiu negociar e encerrou a greve. Em 1898, a Confederação Dinamarquesa de Sindicatos, ou a LO, foi fundada com assistência e suporte ativos da DA.

Dois anos depois, um conflito enorme de três meses, conhecido como "O Grande Lockout", explodiu na indústria de aço. Juntas, a DA e a LO conseguiram negociar um "Compromisso de Setembro", que estabelecia um sistema nacional de acordos coletivos. Em 1907, o Estado deu à DA o poder de intervir em disputas setoriais, reforçando o papel da DA como a principal associação dos empregadores e dando à associação um papel central na negociação de relações entre empresas e trabalhadores.

Durante os 50 anos seguintes, a cooperação entre os trabalhadores, as empresas e o governo ficou cada vez mais rotineira — a tal ponto que, na década de 1960, os conservadores dinamarqueses estavam se gabando de que eram os responsáveis por um "passo decisivo na expansão do Estado de bem-estar social". Nas décadas de 1970 e 1980, a recessão econômica e o alto desemprego colocaram o Estado de bem-estar social dinamarquês sob pressões financeiras, e o Estado começou a cortar benefícios e a suspender a indexação salarial. Mas, em reação, os empregadores e os trabalhadores fecharam uma sequência de acordos bilaterais nos quais os primeiros aumentariam investimentos em treinamento. Na década de 1990, a DA desempenhou um papel central ao ajudar a criação de uma série de "políticas ativas do mercado de trabalho" (PAMTs) que foram criadas para levar os jovens desempregados a programas de treinamento e relacioná-los com vagas de emprego. A DA trabalhou de perto com a LO para criar suporte aos trabalhadores para as PAMTs e persuadiu as empresas integrantes a participarem, facilitando a comunicação entre o governo e as empresas individuais para garantir sua implementação tranquila.

Atualmente, a Dinamarca é uma das sociedades mais bem-sucedidas do mundo. O país tem um dos maiores salários médios do mundo — US$16,35 em 2015 —, apesar de não haver legislação sobre o salário mínimo.[82] O PIB per capita é maior que no Canadá, no Reino Unido e na França. Também possui a menor desigualdade de renda na OCDE, onde os 10% dos dinamarqueses mais ricos ganham apenas 5,2 vezes a mais do que os 10% mais pobres.[83] Os dinamarqueses têm de cinco a seis semanas de férias por ano, e até um ano de licença-maternidade/paternidade.[84]

O estabelecimento de políticas na Dinamarca é altamente colaborativo, unindo governo, empregadores e sindicatos em um processo conjunto que vem funcionando há mais de 100 anos. Essa abordagem possibilitou uma combinação singular de regulações trabalhistas brandas (que favorece as empresas) e um forte Estado de bem-estar social (que favorece os trabalhadores), sob a qual as empresas podem demitir os funcionários facilmente, mas o Estado fornece um apoio extensivo de reposicionamento no mercado por meio de programas de bem-estar social e treinamentos. Cerca de 80% da mão de obra está coberta por algum tipo de acordo coletivo. O seguro-desemprego dá aos trabalhadores 90% de seus salários por dois anos, e um conjunto elaborado de políticas governamentais, sindicalistas e corporativas permite que praticamente qualquer funcionário participe de treinamentos pagos e aprenda novas habilidades. A combinação tornou a economia dinamarquesa singularmente flexível e igualitária, e atualmente é calorosamente recebida pelas empresas do país.

Por exemplo, em 2017, o governo dinamarquês organizou um "Conselho de Disrupção" para gerar recomendações sobre como o país deveria lidar com o impacto cada vez mais rápido da tecnologia digital em sua economia. O conselho foi encabeçado pelo primeiro-ministro e incluía não apenas oito ministros, mas também outros 30 integrantes provenientes de toda a sociedade dinamarquesa, incluindo CEOs, parceiros sociais, especialistas e empreendedores. Foi coletado um conjunto extensivo de recomendações em quatro áreas: educação e treinamento, novas instituições do mercado de trabalho, globalização e "empresas produtivas e responsáveis". Essa última área incluía o primeiro acordo formal entre uma plataforma digital e seus funcionários. O acordo garantia que os usuários da plataforma tivessem direito a — entre outras coisas — aposentadoria e férias pagas.

Podemos aprender pelo menos três lições com a experiência dinamarquesa. A primeira é um lembrete da habilidade das instituições inclusivas para impulsionar a prosperidade. A Dinamarca é um país minúsculo sem recursos naturais significativos e, contudo, suas instituições sociais e políticas o transformaram em um dos países mais ricos do mundo. A segunda é a importância da complementaridade entre o mercado e o Estado. A Dinamarca é, ao mesmo tempo, ferozmente comprometida com o poder do livre mercado e com o papel que o governo tem em garantir as oportunidades econômicas e o bem-estar social. De fato, a combinação de um sistema nacional de saúde e dos retreinamentos profissionais apoiados pelo governo indiscutivelmente aumenta o poder e a flexibilidade do livre mercado, pois facilita muito para que os funcionários mudem de emprego e comecem em novas empresas.

A terceira lição é a mais crucial. O caso da Dinamarca destaca como as empresas podem desempenhar um papel central na estruturação política sem subverter o processo democrático. As empresas são uma voz importante e ativa na conversa, mas não buscam controlar o processo nem ter a palavra final. Sua primeira prioridade é a saúde do país, e não retornos financeiros imediatos. E, por mais de 100 anos, tal comprometimento tem sido fundamental para seu sucesso.

Ilhas Maurício: Uma História de Sucesso Particularmente Improvável

As Ilhas Maurício foram colonizadas pelos holandeses. Eles importaram os primeiros escravos, arrancaram os ébanos do local e mataram os últimos dodôs. Os franceses chegaram em 1721, importaram mais alguns escravos e começaram a cultivação de açúcar em grande escala. Os britânicos tomaram o controle das ilhas em 1814, mas usaram-nas apenas como uma estação de parada em sua rota para a Índia, e deixaram a elite francesa no comando. A escravidão foi abolida em 1835 e os donos de terras locais passaram, então, à importação de mão de obra para servidão por contrato. Entre 1834 e 1910, mais de 450 mil hindus e indianos muçulmanos chegaram às ilhas e, em 1911, quase 70% da população de aproximadamente 369 mil eram indo-mauricianos.

Eles não tinham representação política. Os britânicos governavam as ilhas por meio de conselhos legislativos compostos por um pequeno número de membros eleitos e por outro grupo nomeado pelo governador. O direito a voto limitava-se aos ricos donos de propriedades, ou cerca de 2% da população, e os primeiros indo-mauricianos não foram eleitos para o conselho até 1926.

Em 1937, uma queda no preço do açúcar levou a protestos difundidos durante os quais quatro manifestantes foram mortos e, no ano seguinte, uma greve geral foi interrompida de modo violento pelos britânicos. Tensões entre os franco-mauricianos, que eram donos das plantações de açúcar, e os indo--mauricianos, que trabalhavam nelas, permaneceram altas, e as perspectivas de um desenvolvimento futuro pareciam sombrias. Em 1962, James Meade, ganhador do Prêmio Nobel de economia,[85] publicou um artigo intitulado, "Mauritius: A Case Study in Malthusian Economics" [Ilhas Maurício: Um Estudo de Caso na Economia Malthusiana, em tradução livre], no qual sugeria que os mauricianos enfrentariam "uma catástrofe total a menos que um controle de natalidade fosse introduzido rapidamente".

A crise chegou em agosto de 1967, quando os britânicos insistiram em uma eleição aberta como o preço pela independência, e foi amargamente combatida. O Partido Trabalhista Mauriciano (PTM), composto em grande parte de indo-mauricianos, enfrentou o Parti Mauricien Social Démocrate (PDSD), uma coalizão fraca entre os barões do açúcar franco-mauricianos e a significativa população crioula — composta amplamente por descendentes dos escravos de fala francesa que foram levados para trabalhar nas plantações de açúcar.[86]

No evento, o PTM e seus aliados levaram 55% dos votos e 39 dos 62 assentos. A velha elite ficou profundamente decepcionada. Um proeminente empreendedor franco-mauriciano recordou posteriormente: "Na noite da eleição de 67, Gaëtan Duval [líder do PDSD] chorou. Quanto a mim, tive medo. Fiquei imaginando que estaria lá para ajudar os mauricianos." Cinco meses depois, apenas seis semanas antes da concessão formal da independência, protestos violentos entre crioulos e muçulmanos em Port Louis, a capital, deixaram 29 pessoas mortas e centenas feridas. Tropas britânicas tiveram que ser levadas para restaurar o controle. Quase 600 casas foram queimadas e houve mais de 2 mil prisões.[87]

Seewoosagur Ramgoolam, líder do PTM, tornara-se o primeiro a assumir o cargo de primeiro-ministro nas Ilhas Maurício agora livres, mas o país parecia estar em risco de colapso. Enfrentando circunstâncias semelhantes, o novo governo do Quênia criara um Estado de apenas um partido. A Tanzânia tinha nacionalizado as empresas possuídas pelas minorias. A Uganda expulsara do país todas as minorias. Já Ramgoolam fez algo diferente. Entrou em contato com o PDSD, sugerindo que, juntos, formassem um governo de união nacional.

Foi uma decisão arriscada. Ramgoolam enfrentou um país dividido e uma economia fraca que dependia de um setor empresarial profundamente suspeito de suas intenções. Muitos da esquerda mauriciana — incluindo diversos dos principais intelectuais hindus — favoreciam a nacionalização das grandes plantações. Não havia histórico de colaboração entre o governo e as empresas — e vários membros do próprio partido de Ramgoolam eram marxistas confessos, muito desconfiados de qualquer reaproximação com os "capitalistas" que dominavam a economia. Satcam Boolell, Ministro da Agricultura e um dos colegas mais confiados de Ramgoolam, disse a um repórter que apoiava o governo de coalizão, mas sob uma condição:

> Sou socialista e, para mim, a luta de classes continua: capitalistas contra trabalhadores... No entanto, para mim e para os outros, o interesse prioritário do país vem primeiro. Tal interesse atualmente

é eliminar o desemprego, a fome e a destituição. Minha condição é que os grandes empregadores açucareiros, os grupos da Associação de Produtores Mauricianos de Açúcar, concedam uma garantia formal de que empregarão os desempregados, aqueles que foram demitidos desde a introdução dos conselhos de salário, e que darão início a outros projetos. Apoiarei a coalizão se ela proporcionar trabalho para todos.

Os barões do açúcar decidiram cooperar. Os dois lados negociaram por dois anos antes que o PDSD concordasse em se unir ao PTM no poder. Foi um verdadeiro acordo de compartilhamento de poder, com pessoas-chave do PDSD assumindo o controle de alguns dos ministérios mais importantes do governo. Em essência, Ramgoolam prometeu deixar os barões do açúcar em paz não apenas se o ajudassem a diversificar a economia das ilhas, mas também se o apoiassem no compartilhamento amplo dos ganhos obtidos com o desenvolvimento. Os barões concordaram em fazer tudo que pudessem em apoio ao desenvolvimento mauriciano — e a manter os salários altos.

Não está claro o que exatamente levou os barões do açúcar a cooperar com o PTM. Consegui apenas vislumbrar indicações de uma possível resposta. Pode ter sido o fato de as ilhas serem pequenas o bastante — e sua elite suficientemente conectada por experiências educacionais compartilhadas e por laços sociais — que permitiu aos franco-mauricianos abraçarem um compromisso pelo bem dos mauricianos como um todo. Ramgoolam era um homem altamente instruído — formou-se em medicina da Universidade de Londres —, possuindo um longo histórico de engajamento com a política mauriciana; alguns relatos sugerem que ele era amigo pessoal de Claude Noel, proeminente franco-mauriciano e empreendedor de sucesso que conduziu as negociações originais entre o PTM e o PDSD. Talvez os franco-mauricianos fossem pura e incomumente perspicazes. Os próprios mauricianos — usando termos muito parecidos com aqueles usados pelos dinamarqueses — falam sobre o diálogo e o compromisso como sendo um aspecto essencial da "forma mauriciana de fazer as coisas".

Seja como for, o acordo teve um sucesso enorme. Os principais franco-maurícianos começaram a investir agressivamente em turismo internacional. Também encabeçaram o desenvolvimento de Zonas de Processamento de Exportação (ZPEs) — uma ideia que fora rejeitada pela comunidade de desenvolvimento, que a considerava impraticável.[88] Exportações das ZPEs cresceram mais de 30% ao ano de 1971 a 1975 e desempenharam um papel importante na diversificação da economia mauriciana para além do açúcar.

A tensão entre as elites e aqueles menos abastados, e entre os francófonos e os hindus, continua até hoje. Mas sempre esteve confinada em instituições com um funcionamento essencialmente bom. As eleições têm sido livres e justas, levando a transferências consistentes de poder — incluindo o Partido Marxista Mauriciano, o "Mouvement Militant Mauricien", em 1982. O judiciário é independente e há uma imprensa livre e agitada. Mesmo atualmente, há pelo menos nove jornais diários publicados nas ilhas, incluindo *India Times*, *Chinese Daily News*, *Independent Daily*, *Le Defi Quotidien*, *L'Express*, *Le Mauricien* e *Le Socialiste*.

Essas instituições — e a cooperação próxima sobre a qual se baseiam — são amplamente consideradas como tendo sido fundamentais para impulsionar a combinação singular da força econômica e social das Ilhas Maurício. O país está em 25º lugar no Índice de Facilidade de Fazer Negócios do Banco Central e é considerado a 8ª "economia mais livre do mundo".[89] O PIB real cresceu mais de 5% ao ano entre 1970 e 2009 e, em 2018, o PIB per capita era de US$9.697,00[90] — atrás apenas da Polônia, Turquia e Costa Rica. Entre 1962 e 2008, o coeficiente de Gini caiu de 0,50 para 0,38. (Em 2013, os Estados Unidos tinham um coeficiente de Gini de 0,41, a Alemanha, de 31,4 e a Dinamarca, de 28,5.)[91] A igualdade de gênero melhorou e a taxa de pobreza caiu de 40% para 11%. O país foi recentemente classificado em 11º (de 102 países) no Índice de Instituições Sociais e de Gênero da OECD — à frente do México, do Brasil e da China.[92]

O que podemos aprender com a experiência das Ilhas Maurício? Como anunciado, o fato é que as empresas podem ajudar a criar instituições inclusivas fora da Europa, mesmo quando a sociedade local não é racialmente homogênea. Essa também é uma história que ilustra a interconexão sutil entre interesses econômicos e o sentido compartilhado do que é certo. Na Alemanha, na Dinamarca e nas Ilhas Maurício, um forte sentido de autopreservação levou uma elite dominante a concordar com arranjos institucionais pelos quais não eram favoráveis, e que certamente teriam resistido de forma vigorosa se pudessem. Em cada caso, tais arranjos provaram-se muito bem-sucedidos — e geraram um sentido comum de destino compartilhado que fez com que essas formas fossem cada vez mais vistas como as certas, as únicas, as formas óbvias de se comportar.

A interconexão entre o autointeresse e um sentido compartilhado quanto à coisa certa é a energia que está impulsionando tantas empresas a explorar as primeiras quatro peças de um capitalismo reinventado — valor compartilhado, orientação a um propósito, reestruturação das finanças e autorregulação — e é o motivo pelo qual acredito que darão um apoio cada vez maior para a quinta — a criação de sociedades inclusivas. As empresas orientadas a um propósito que buscam valores compartilhados descobrem novos modelos de negócio que indicam o caminho para ganharem dinheiro, ao mesmo tempo que reduzem a poluição e a desigualdade. Elas desenvolvem empresas autenticamente comprometidas em fazer a coisa certa e dizem ao mundo — e a seus funcionários — que estão comprometidas em fazer uma diferença no mundo. Então, descobrem que precisam do governo se quiserem cumprir com seus compromissos. Em todo o mundo, grupos de empresas comprometidas de forma apaixonada em fazer uma diferença no mundo estão descobrindo que o valor compartilhado não é suficiente, que a autorregulação é instável e que os investidores não estão se mexendo suficientemente rápido. Estão descobrindo que, sem a cooperação total de um governo funcional e transparente, que se importa com o bem-estar social de seu país e de seu povo, muitos problemas ambientais não podem ser resolvidos e que podem fazer um progresso mínimo rumo à redução da desigualdade. Os esforços das empresas orientadas a um propósito para impulsionar a mudança são o estopim a partir do qual o fogo da reforma política global poderia surgir. Nossa situação é praticamente tão extrema quanto a enfrentada pela Alemanha em 1945, pela Dinamarca em 1895 ou pelas Ilhas Maurício em 1967.

Em 1971, o futuro Ministro da Suprema Corte dos EUA, Lewis Powell, em um artigo que veio a ser conhecido como o "Memorando de Powell", declarou que o sistema econômico norte-americano estava sob amplo ataque. Era um momento em que tal acusação parecia plausível. O governo era popular e forte, e a geração mais jovem desafiava ativamente o capitalismo. Esse ataque, sustentou Powell, exigia a mobilização para um combate político: "As empresas devem aprender a lição... que o poder político é necessário; que tal poder deve ser assiduamente cultivado; e que, quando necessário, deve ser usado agressivamente e com determinação — sem constrangimentos e sem a relutância que tem sido tão característica das empresas deste país." Além do mais, destacou Powell, o ingrediente crucial para o sucesso seria a organização: "A força repousa na organização, no planejamento de longo prazo e na implementação cuidadosos, na consistência da ação ao longo de um período indefinido de anos, na escala do financiamento disponível apenas por meio de esforços conjuntos e no poder político disponível apenas a partir da ação unida e das organizações nacionais."

Os líderes empresariais responderam ao chamado, e, ao fazê-lo, contribuíram com a pressão em prol do livre mercado à custa dos governos de tal modo que ajudaram a impulsionar a explosão da desigualdade que está alimentando o dragão populista que persegue o mundo atualmente. É chegada a hora para uma nova abordagem — algo tão organizado e focado no longo prazo quanto Powell recomendou, mas dedicado a objetivos muito diferentes.

Converso regularmente com CEOs e ex-CEOs. Alguns são republicanos ou conservadores — outros, democratas de várias estirpes. Em geral, possuem grandes valores e todos se preocupam profundamente com o estado do mundo. Eles compreendem que a viabilidade do sistema está em risco. Mas quase todos acreditam que não é seu trabalho fazer qualquer coisa a respeito. Estão errados. Reconstruir nossas instituições é vital para evitarmos o desastre em longo prazo e para criarmos um mundo no qual as empresas possam prosperar. Também é crucial criar uma sociedade justa e sustentável. É hora de agir. Não sei como isso se dará, mas um piloto plausível já está em andamento. É chamado Leadership Now [Liderança Agora], e é dirigido por Daniella Ballou-Aares.

Nos dias após a eleição norte-americana de 2016, Daniella Ballou-Aares foi abordada por dezenas de pessoas de suas redes profissional e social.[93] Ela tinha formação em engenharia e em consultoria estratégica, um MBA da Harvard e um histórico invejável de empreendedora, tendo ajudado no crescimento da Dalberg — uma empresa de consultoria estratégica —, de uma startup com sete pessoas a uma empresa de consultoria estratégica com 25 escritórios ao redor do globo. (Ela disse posteriormente, "Éramos jovens demais para iniciar uma empresa de consultoria estratégica, mas fomos em frente assim mesmo.") Porém, o que a fez ser tão procurada após a eleição foi o fato dela ter passado os cinco anos anteriores no governo, aconselhando o secretário de Estado dos EUA, buscando transformar a abordagem norte-americana à ajuda estrangeira e assegurando um acordo quanto aos Objetivos de Desenvolvimento Sustentável. A experiência fora ocasionalmente inspiradora, mas também a deixou com uma profunda inquietação sobre o estado das instituições políticas do país, além de uma preocupação quanto ao fato de que apenas poucos empresários que conhecia estavam prestando atenção. Nas palavras dela:

> Poucos meses após integrar o governo, pude ver que o sistema não estava funcionando. Nas imponentes salas de reunião da Casa Branca e do Departamento de Estado, debatíamos políticas e ideias importantes, mas ficava cada vez mais claro que não havia um caminho para realmente fazer a maioria das coisas sobre as quais falávamos, a maioria das ideias nunca conseguiriam passar pelo Congresso, e, mesmo se passassem, não passariam pela burocracia, porque o sistema era antiquado e incapaz demais para impulsionar a mudança. Além disso, o Congresso quase não tinha incentivos para fazer qualquer coisa, considerando a aceleração do gerrymandering e o tipo de manipulação que começava a acontecer nos financiamentos das campanhas. Basicamente, o Congresso aprovou apenas uma lei séria — da saúde — durante a administração de Obama.

Para Ballou-Aares, a eleição de 2016 foi profundamente preocupante, e ela começou a falar com um grupo de amigos da universidade sobre o que poderia ser feito. Disse:

Quando Trump venceu, de repente começou a haver um forte interesse pelo governo, em saber por que eu não estava trabalhando e os riscos inerentes. Sentimos que tínhamos um tempo para captar aquele medo e atenção e usá-los para engajar as pessoas a realmente fazerem parte no conserto do que não estava funcionando. Sabíamos que a questão não era só o Trump ou os democratas versus os republicanos. As pessoas se perguntavam: "Apenas faço doações a diversas organizações diferentes? Apoio candidatos? Participo de manifestações? Como posso realmente causar um impacto?"

No dia após a Marcha das Mulheres de 2017 em Washington, Daniella e um grupo de colegas de classe com ideias afins da Harvard Business School organizaram uma conferência de um dia para ouvir líderes políticos e de organizações sem fins lucrativos. Passaram os seis meses seguintes engajando especialistas em democracia, conduzindo análises e testando a ideia de uma nova empreitada política com seus contatos. Em meados de 2017, fundaram uma organização de associação dedicada a "identificar as formas mais impactantes de engajamento com o projeto de longo prazo de consertar nosso sistema político". Todos contribuíram com um pouco de dinheiro para dar início à organização — "Leadership Now" — e, conforme ela começou a ganhar tração, Daniella saiu da Dalberg para assumir como CEO em tempo integral.

O objetivo da Leadership Now é catalisar um novo compromisso com a democracia norte-americana e apoiar seus integrantes — empresários, em grande parte — no cumprimento desse compromisso. Os integrantes recebem oportunidades de aprender, engajar-se e investir tempo e recursos na reforma política. A organização recebe palestrantes, realiza séries de jantares e faz briefings sobre tópicos diversos, como o desenvolvimento de novos talentos políticos, além de disponibilizar os dados mais recentes sobre os gastos políticos. Ela desenvolveu um "mapa de mercado da democracia" caracterizando o dinheiro e os players que estão influenciando a democracia, e curou um "portfólio de investimento em democracia", uma lista de organizações que estão lutando pelas reformas e que os integrantes podem querer ajudar. Ela também identifica candidatos políticos que compartilham de seus valores e os recomenda a seus integrantes. Nas eleições intercalares de 2018, 13 dos

19 candidatos por ela recomendados foram eleitos ao Congresso — mais da metade mulheres, muitas com histórico empresarial e todas comprometidas com a reforma política. A organização realiza uma conferência anual durante a qual os integrantes se reúnem para debater estratégias, ouvir políticos e especialistas em política e apenas para se conhecer melhor. O grupo testemunhou aumentos substanciais de contribuições financeiras de seus integrantes a organizações e candidatos dedicados a reformar o sistema. Tudo é voltado ao desenvolvimento de uma comunidade conectada que está disposta a trabalhar unida em longo prazo e que pode se tornar uma defensora eficaz da reforma política. Nas palavras de Daniella:

> Tudo gira em torno da responsabilidade e do compromisso. Não estamos apenas recrutando pessoas para serem integrantes de uma organização. Estamos selecionando indivíduos que demonstram o compromisso de fazer parte do conserto de sua democracia, e que reconhecem que será necessário um trabalho pesado durante uma década ou mais para tanto.

Atualmente, o grupo tem 150 integrantes pagantes e está presente em seis cidades — Boston, Houston, Nova York, Los Angeles, São Francisco e Washington, DC. São explicitamente não partidários. Os integrantes fazem um compromisso sério de engajamento com a reforma política e aderem aos objetivos do grupo — o compromisso de defender e renovar a democracia ao encerrar o gerrymandering, garantir o acesso aos eleitores e buscar a reforma do financiamento das campanhas —, às duas crenças de que "fatos e a ciência importam" e que "a diversidade é um ativo", e à importância de concentrarem-se na saúde de longo prazo da nação e do planeta.

Certamente, há muitas formas pelas quais o setor privado pode se colocar para apoiar as instituições de sociedades inclusivas no mundo todo. De fato, minha caixa de entrada está repleta de notícias a respeito de planos preliminares e experimentos meticulosos seguindo essas linhas. Minha esperança é de que a Leadership Now em breve se torne apenas um dentre muitos outros esforços.

8

PEDRINHAS NUMA AVALANCHE DE MUDANÇA

*Encontrando Seu Próprio Caminho
Rumo à Mudança do Mundo*

Ter esperança durante tempos ruins
não é apenas tolice romantizada...
A história humana não é apenas de
crueldade, mas também de compaixão,
sacrifício, coragem e bondade. O que
escolhemos enfatizar nessa complexa história
determinará nossas vidas. Se virmos apenas
o pior, isso destruirá nossa capacidade de
fazermos qualquer coisa. Se nos lembrarmos
daqueles momentos e lugares — e há tantos
— em que as pessoas se comportaram de
forma magnífica, isso nos dará a energia para
agirmos e, pelo menos, a possibilidade de
fazermos com que este mundo que gira como

> um peão vá numa direção diferente.
> E, se agirmos, não importa quão pequena
> seja a ação, não teremos de esperar por
> algum futuro grandioso e utópico. O futuro
> é uma sucessão infinita de presentes,
> e viver agora como acreditamos que os
> seres humanos deveriam viver, desafiando
> tudo que é ruim ao nosso redor é, por si só,
> uma vitória maravilhosa.
>
> — HOWARD ZINN, *YOU CAN'T BE NEUTRAL ON A MOVING TRAIN*, 1994

> Um pequeno passo para o homem, mas um salto gigante para a humanidade.
>
> — NEIL ARMSTRONG

Como será a aparência de um capitalismo reinventado? É impossível saber, é claro, mas, sob o risco de parecer utópica, permita-me pintar um quadro de como o mundo poderá estar bem diferente daqui a vinte anos.

Em um mundo que reinventou o capitalismo, caso você esteja em uma empresa, trabalhará para uma companhia altamente comprometida e profundamente arraigada em valores compartilhados, que oferece ótimos empregos e que dá como certa a ideia de que, embora lucratividade seja essencial, o principal objetivo da empresa deveria ser criar valor, e não ganhar dinheiro a qualquer preço. Todos compartilham de uma compreensão comum quanto à necessidade de equilibrar os retornos em curto prazo com o bem público e o potencial em longo prazo do negócio. As empresas que negam a realidade da mudança climática, que tratam mal seus funcionários ou que apoiam ativamente regimes políticos corruptos ou opressivos são evitadas por seus pares e punidas por seus investidores.

Acordos flexíveis e colaborativos em todo o setor garantem que todas as organizações mantenham padrões comuns, de modo que há incentivos fortes para que todos busquem nivelar as coisas por cima. Os consumidores se recusam a comprar de empresas que pegam atalhos. Funcionários em potencial verificam constantemente as classificações ambientais e sociais das empresas onde estão considerando trabalhar e, visto que sua companhia está na vanguarda da resolução de diversos problemas importantes, ela se tornou um ímã de talentos. Você e seus colegas de trabalho conseguiram desenvolver mecanismos por meio dos quais expressar uma voz coletiva e forte não apenas dentro da empresa, mas em todo o setor. Tal voz é bem-vinda como uma contribuidora importante para a saúde de longo prazo da sociedade e do livre mercado.

Sempre que possível, sua empresa trabalha de perto com o governo, cooperando em fóruns abertos e públicos na criação de políticas que maximizam o crescimento econômico ao mesmo tempo controlam a poluição e fortalecem a saúde da sociedade mais ampla e de suas instituições. A companhia fez sua parte para apoiar a reforma política, corroborando impostos mais altos, a supressão da corrupção e um acesso democrático total sempre e em todos os lugares possíveis.

Há um reavivamento da participação democrática: escolas em todos os lugares consideram a "educação moral e cívica" uma de suas matérias mais importantes, as taxas de participação eleitoral foram às alturas e a conversa pública é respeitosa, baseada em fatos e extremamente movimentada. Todos os governos controlam a degradação ambiental com políticas baseadas no mercado quando possível e com regulações diretas quando não, e investem nos bens públicos que mantêm as sociedades fortes e os mercados genuinamente livres e justos. Quanto mais e mais empresas reagem a esses incentivos e focam a transformação de seus modelos de negócio para criar ótimos empregos, minimizar os danos ambientais e criar produtos e serviços necessários para apoiar um mundo sustentável e igualitário, a mudança climática começa a diminuir, a desigualdade, a cair, e o crescimento econômico continua forte.

Visto que a comunidade empresarial firmou um compromisso de passar a usar energia livre de carbono, o progresso foi muito mais rápido do que todos esperavam — os países da OCDE estão no caminho para descarbonizarem suas redes elétricas até 2050 e a nova capacidade em construção na África, na China, na Índia e no Brasil é extraordinariamente livre de carbono. As práticas agrícolas foram transformadas. Um forte compromisso para garantir que o custo dessas mudanças seja igualmente dividido levou a grandes investimentos em retreinamento e relocação para aqueles que foram mais afetados. Tais investimentos ajudaram a espalhar prosperidade e a mitigar o apelo do populismo autoritário.

O reconhecimento compartilhado de que a paz e a segurança do mundo dependem da possibilidade de que todos participem do livre mercado levou não apenas a investimentos significativos em educação e saúde, mas também a uma expansão gigantesca em parcerias público/privadas para estimular o empreendedorismo e o desenvolvimento de novas empresas no contexto de um forte apoio social. Investimentos tanto públicos como privados estão cada vez mais concentrados nos 85% da população que vivem com menos de US$8 por dia[1] e nas oportunidades desafiadoras, mas animadoras e lucrativas, inerentes ao aumento de seu padrão de vida sem destruir a biosfera.

Nesta altura, provavelmente você está achando que eu tomei muito daquele suquinho com sabor de propósito. Mas, se decidirmos reinventar o capitalismo, conseguiríamos fazê-lo. Aqueles de nós que estão se saindo bem no atual sistema são provavelmente os que estão em pior posicionamento para ver como as mudanças poderiam vir rapidamente. No início da década de 1960, por exemplo, quando um psicólogo sul-africano pediu a um grupo de alunos que predissessem como a política no país se desdobraria, aproximadamente 65% dos africanos negros no grupo e 80% dos descendentes de indianos previram o fim do apartheid. Mas apenas 4% dos africanos brancos fizeram a mesma previsão.[2]

Acredito que seja totalmente possível que causaremos uma ruína total sobre nossas cabeças. Mas, como talvez você se lembre do prólogo, tenho esperança. Acredito que também seja totalmente possível que mudaremos as coisas. Temos a inteligência, a tecnologia e os recursos para criarmos um mundo justo e sustentável — e, ao fazê-lo, criarmos um crescimento econômico enorme.

A raça humana já conquistou coisas muito mais difíceis. Em 1800, 85% da humanidade viviam em pobreza extrema. Em 2018, apenas 9% estavam na mesma condição.³ Em 1800, mais de 40% de todas as crianças morriam antes de comemorar o 5º aniversário. Atualmente, apenas 1 em cada 26 morre tão jovem assim.⁴ Meu pai nasceu em 1935. Durante sua vida, a população mundial mais do que triplicou — de cerca de 2,3 bilhões para aproximadamente 7,7 bilhões. Porém, durante o mesmo período, o PIB mundial aumentou 15 vezes, e o PIB per capita aumentou de aproximadamente US$3 mil para perto de US$15 mil.⁵ Isso é dinheiro suficiente para permitir a cada homem, mulher e criança do planeta que tenham os requisitos básicos para a felicidade humana: o suficiente para comer, um abrigo decente e segurança física.

Somos mais pacíficos e inclusivos do que nossos ancestrais teriam acreditado ser possível. Em 1800, a escravidão era legal em quase todos os lugares, e as mulheres não tinham o direito de votar. Agora, o trabalho forçado é permitido apenas em três países, e as mulheres podem votar em todos os lugares onde há eleições. Quase ninguém vivia em uma democracia em 1800. Atualmente, mais da metade da humanidade vive; praticamente todas as crianças recebem algum tipo de educação primária; e 86% da população mundial sabem ler e escrever. Os jovens têm muito mais chances de crer que a mudança climática é uma ameaça imediata, de apoiar o casamento inter-racial e gay e os direitos das mulheres — e muito menos chances de apoiar líderes populistas, em comparação com seus pais.⁶ Não nos explodimos durante a Guerra Fria. Erradicamos a varíola; chegamos à Lua; e inventamos a internet, a IA e os celulares. Criamos corações e placas de Petri e reduzimos o preço médio dos módulos fotovoltaicos em 100 vezes.⁷

A Oportunidade de US$12 Trilhões

O mais importante, há um ótimo caso de negócio em salvarmos o mundo. Alcançar os Objetivos de Desenvolvimento Sustentável da ONU é uma oportunidade de US$12 trilhões.⁸ A energia renovável atualmente é um negócio de mais de US$1,5 trilhão⁹ e, em 2017, gerou 26,5% da eletricidade global, representando 70% de toda a nova capacidade de geração elétrica.¹⁰ Números como esses fazem das renováveis uma máquina de criação de empregos. Mais de 3 milhões de norte-americanos agora trabalham no setor de energia limpa, mais de três vezes o número empregado no setor de combustíveis fósseis.[11] Aumentar a eficiência com a qual a energia é usada poderia criar milhares de novas empresas e milhões de novos empregos, além de reduzir em até 50% as demandas elétricas mundiais.[12]

Mudar de carne bovina para "carne branca", como porco ou frango, poderia cortar gastos com saúde em US$1 trilhão por ano, causar emissões de GEE significativamente menores e reduzir grandemente a pressão para encontrar novas terras para a agricultura.[13] A alimentação baseada em plantas é atualmente um negócio de US$4,5 bilhões[14] e poderia ser um setor de US$85 bilhões até 2030.[15] Produtores de trigo na Holanda, na Alemanha e no Reino Unido colhem mais de quatro vezes na mesma área do que produtores na Rússia, na Espanha e na Romênia.[16] As produções na África são ainda menores. Quadruplicar a produção de alimentos é provavelmente um objetivo irrealista, mas diversos projetos-piloto sugerem que dobrá-las — mesmo diante de tensões climáticas — é eminentemente possível.[17] Cerca de um terço de todo o alimento produzido globalmente é perdido — para pragas, deterioração na cadeia de suprimentos ou desperdício dos consumidores. Prevenir apenas um quarto dessa perda poderia alimentar perto de 1 bilhão de pessoas por ano, economizar quase US$250 bilhões e reduzir significativamente as emissões de GEE.[18]

Esses são números grandes. Na prática, demonstram ser uma enorme oportunidade econômica: centenas de esforços que poderiam criar milhões de novos empregos. Tudo que precisamos fazer é reinventar o capitalismo. Tudo que você precisa fazer é ajudar.

Pedrinhas numa Avalanche de Mudança

"O que posso fazer?" é a pergunta que mais me fazem e, certamente, é a mais importante. É fácil cair na armadilha de pensarmos que apenas os heróis (e heroínas!) podem mudar o mundo. Quando contamos a história dos movimentos pelos direitos civis nos EUA, falamos sobre Martin Luther King e

Rosa Parks. Quando falamos sobre o New Deal, mencionamos Franklin D. Roosevelt. Daqui a 50 anos, quando os historiadores registrarem a história de como resolvemos o aquecimento global, reduzimos drasticamente a desigualdade e redesenhamos nossas instituições, vão se concentrar em alguns eventos essenciais — talvez, nas supertempestades de inverno que atingiram a Costa Leste dos Estados Unidos, tornando o conserto do aquecimento global uma prioridade completamente bipartidária, ou no verão em que as plantações não deram fruto em toda a África, levando milhões de pessoas à Europa e deixando claro que todos no planeta precisam receber as ferramentas necessárias para se alimentarem. Talvez contarão a história do CEO que liderou a coalizão que ajudou a negociar um acordo trabalhista global, ou dos presidentes chinês e estadunidense que sentaram-se juntos para viabilizar um imposto global sobre as riquezas, ou, ainda, dos líderes do movimento social que tornaram politicamente impossível não resolver a mudança climática.

No entanto, tal ênfase reflete a estrutura de nossas mentes e a natureza da comunicação moderna, e não a maneira como a mudança de fato ocorre. Usamos histórias para criarmos um sentido à realidade ruidosa, bagunçada e complicada do mundo, e as histórias precisam de personagens principais — pessoas com que podemos nos identificar e pelas quais torcemos.

O mundo real, na verdade, não funciona assim. Líderes eficazes surfam as ondas de mudança que encontram quebrando ao seu redor. Martin Luther King não criou o movimento pelos direitos civis. Este cresceu durante décadas de trabalho feito por milhares de afro-descendentes e seus aliados, cada um realizando o trabalho perigoso e difícil de lutar pela mudança. Rosa Parks não foi uma heroína solitária que simplesmente decidiu permanecer em seu assento certo dia. Era uma trabalhadora profundamente comprometida com os direitos civis cuja decisão naquela noite foi tomada em colaboração próxima com uma rede de experientes mulheres ativistas. Nelson Mandela não terminou o apartheid na África do Sul sozinho. Teve como suporte 50 anos de lutas nas quais milhares de pessoas participaram e centenas morreram.

Lembra-se de Erik Osmundsen, o CEO que assumiu uma empresa corrupta de coleta de resíduos e a tornou líder em reciclagem? Sempre que visita minhas aulas, ele começa dizendo que não se trata dele. Pelo contrário, insiste, trata-se da equipe de pessoas com a qual trabalha, aquelas que estão dispostas a fazer o trabalho real — as atividades em geral chatas e cotidianas — de fazer uma faxina no setor de resíduos. A mídia nos diz que a mudança é drástica, motivada por indivíduos e realizada em minutos. Porém, a mudança real ocorre de reunião em reunião. Lembre-se de Michael Leijnse — um funcionário de nível relativamente baixo cujo nome raramente aparecia na mídia —, mas que, ao encabeçar o chá sustentável na Lipton, mostrou que aquilo era tanto possível como lucrativo e, ao fazê-lo, deu a seu CEO um motivo para acreditar que poderia cortar pela metade o impacto ambiental da Unilever ao mesmo tempo que aumentava suas vendas.

Quando Sophia Mendelsohn começou na JetBlue, seu trabalho era criar um programa de reciclagem. Mas ela deu-se ao trabalho de se reunir com todos que podia, buscando compreender como o foco na sustentabilidade poderia ajudar a empresa como um todo e tentando garantir que tudo que fazia resolvesse um problema para um de seus colegas. Dentro de alguns anos, conseguiu encabeçar uma grande mudança em como a companhia se mensurava e administrava. Greta Thunberg era uma aluna de 15 anos quando começou a protestar contra a mudança climática do lado de fora do Parlamento sueco. Se realmente é uma emergência climática, disse, por que não estamos fazendo nada? Um ano depois, estima-se que 1,6 milhões de alunos de 125 países não foram à escola para fazer uma greve pelo clima global. Conheço uma empresa multinacional que transformou completamente sua estratégia de sustentabilidade porque seus funcionários consideravam constrangedor demais defender as ações da empresa perante seus filhos.

Você é vital, e há muito que pode fazer. Permita-me ser precisa.

Seis Passos para Fazer uma Diferença[19]

<u>Descubra seu próprio propósito</u>. O que é importante para você? Pelo que está disposto a lutar? O que valoriza acima de tudo? Independentemente do que escolha fazer, esteja certo de que isso se alinha com a parte mais profunda de

quem você é. Fico surpresa em ver a frequência com que os líderes orientados a um propósito que conheço estão profundamente arraigados em uma tradição de fé ou uma prática espiritual.

Outro caminho rumo ao propósito é refletir sobre as maneiras como os problemas de nossa era atual ecoaram ao longo de sua própria vida. Talvez haja um lugar que você adorava e que perdeu, ou que foi destruído. Pode ser que tenha crescido em um local pobre, e viu alguns de seus amigos serem machucados ou mortos. Quem sabe, sua família enfrentou doenças, discriminação ou ódio. Muitos de nós estão destroçados, e no profundo quebrantamento do mundo vemos ecos de nossas próprias dores e perdas. Nos tornamos curadores de nossas próprias feridas, bem como das dos outros.

Alguns lutam por seus filhos. Outros são motivados simplesmente por um sentido ardente sobre o que é correto. Se ainda não tem um sentido claro sobre o que quer defender e por quê, tire um tempo para trabalhar consigo mesmo — seja sozinho ou com outras pessoas — para aprender mais. Conduzir a mudança é um trabalho pesado. Você precisará estar conectado com o fogo interno, caso não queira se apagar.

<u>Faça algo agora</u>. Decida andar menos de avião ou de carro, ou se esforce para comprar apenas de empresas que tratam bem seus funcionários. Faça isolamento térmico em sua casa e, se possível, coloque painéis solares no telhado ou adquira sua energia elétrica de um fornecedor "verde". Calcule o quanto deixa de carbono, estime quanto dano está causando e, caso possa bancar, comprometa-se em compensar por isso. Dar um primeiro passo levará a outros. Fazer algo que seja até mesmo um pouquinho fora de sua zona de conforto mudará a forma como pensa sobre si mesmo. Fazer um sacrifício, mesmo que pequeno, o ajudará a persuadi-lo de que pode fazer alguma diferença e que sua voz conta. Algo tão simples quanto comer menos carne pode ajudá-lo a decidir ser mais ativo no trabalho — o que, por sua vez, geralmente abre portas para que assine petições ou proteste.[20]

Visto que somos primatas sociais, suas ações persuadirão outros a mudarem os próprios comportamentos. Em uma pesquisa, por exemplo, metade das pessoas que responderam conhecer alguém que tinha parado de pegar avião por causa da mudança climática disseram que passaram a usar menos esse tipo de transporte como resultado.[21] Pessoas que estavam comendo em um café e que ouviram que 30% dos norte-americanos haviam decidido comer menos carne, tinham duas vezes mais chances de pedir uma alimentação vegetariana.[22] As chances de alguém comprar painéis solares aumentam para cada casa em um bairro cujos vizinhos já os instalaram.[23]

Descubra outras pessoas que compartilham de seus objetivos e passe tempo com elas. Não dá para salvar o mundo sozinho. Não consigo persuadir nem meu marido a apagar as luzes sempre que sai de um cômodo. (Ele está se esforçando.) Todos precisamos de aliados — seja porque há força nos números ou porque não há melhor antídoto para o desespero do que trabalhar em parceria com outros para impulsionar a mudança. Não é coincidência que há muito mais chances de as pessoas perderem peso quando se unem a um grupo de apoio como Vigilantes do Peso, ou de ficarem sóbrias caso participem do Alcoólicos Anônimos.[24] Comece um clube do livro. Ofereça uma série de jantares. Participe de uma organização sem fins lucrativos em cujos objetivos você acredita e cujo trabalho você realmente apoia. Todos os grandes movimentos políticos e sociais são alimentados por pessoas dispostas a fazer o trabalho pesado de se unir para apoiar umas às outras na exigência por mudança.

<u>Leve seus valores ao trabalho</u>. Comece uma nova empresa com uma visão diferente. Participei de muitas reuniões nas quais a ameaça de uma startup apaixonada com migalhas de orçamento é o argumento decisivo que persuade uma empresa muito maior a abraçar a necessidade por mudança. A startup minúscula de Robin Chase, Zipcar, transformou como pensamos sobre a posse de automóveis. Startups como First Solar e Bloom Energy convenceram milhares de que era possível ganhar dinheiro com renováveis e conservação energética, ajudando a iniciar setores totalmente novos.

Você não precisa ser o CEO para impulsionar a mudança. Se trabalha em uma grande organização, pode ser um "intrapreendedor" — alguém que percebe a oportunidade de mudança e cria uma equipe em torno dela. Escolha um problema: trocar as lâmpadas? Reduzir o risco na cadeia de suprimento? Melhorar a produtividade ao reorganizar o trabalho e deixar mais saliente o propósito da empresa? Depois, encontre alguns amigos e trabalhe na questão. Todas as mudanças bem-sucedidas vêm de um projeto de demonstração. Seja a demonstração. Não vai demorar até que alguém entre em seu escritório e pergunte se faz sentido fazer uma faxina da cadeia de suprimentos, pagar mais às pessoas ou dar a todos o dia de folga para votarem. Faça as perguntas ou a análise que empurre a empresa na direção certa. Quase sempre são as pessoas na linha de frente que sabem o que pode ser feito, e não aquelas nos escritórios de canto.

Caso seja consultor, faça seus clientes pensarem sobre os riscos e oportunidades que os grandes problemas representam. Seja o catalisador da mudança por meio de como eles pensam sobre o mundo. Se é contador, faça a mesma coisa.

Ajude a reestruturar os mercados de capital. Trabalhe para um investidor de impacto, para um escritório familiar, para um capitalista de risco ou para uma empresa de private equity que compreenda que há muito dinheiro a ser ganho em salvar o mundo. Ray Rothrock, um velho amigo que trabalha na Venrock Ventures, ajudou a levantar centenas de milhões de dólares para financiar uma empresa chamada Tri Alpha Energy que está desenvolvendo uma tecnologia baseada em fusão que poderia disponibilizar energia elétrica com carga de base comercialmente competitiva.[25]

Trabalhe para uma ONG e faça as empresas mudarem por meio da vergonha, como faz o Greenpeace, ou ajude-as a entender como começar a mudar, como as organizações Proforest ou Leaders' Quest o fazem.[26] Michael Peck fundou a 1worker1vote para apoiar as cooperativas possuídas por trabalhadores em todo o país. Sara Horowitz fundou a Freelancers Union, levantando US$17 milhões para começar um programa de seguros para seus mais de 400 mil integrantes, além de lutar por melhores salários e condições. Nigel Topping dirige a We Mean Business, uma coalizão de sete organizações internacionais sem fins lucrativos que estão trabalhando juntas para catalisar ações empresariais contra a mudança climática.

<u>Trabalhe no governo</u>. Não chegaremos longe sem reconstruir confiança no governo em todos os níveis. Pessoas inteligentes e capazes que entendam que as empresas podem ser parte da solução —, mas que as externalidades

devem ser adequadamente precificadas e que o poder das empresas precisa ser equilibrado pelo poder da democracia se a sociedade como um todo quiser prosperar — serão absolutamente centrais para fazer isso acontecer.

<u>Envolva-se com a política</u>. Eu sei, a ideia pode ser intimidadora. Mas é absolutamente essencial. Ganhe coragem com os exemplos dos outros. Lembre-se do que Daniella Ballou-Aares conseguiu realizar em apenas alguns anos. Um tempo atrás, estava tomando chá com Kelsey Wirth, uma velha amiga que é apaixonada pela causa do aquecimento global. Ficamos reclamando de como os políticos eram lentos para começarem a abordar a causa e concordamos que era absolutamente crucial encontrar uma maneira de aumentar a pressão pública. Ela especulou que mobilizar as mães poderia ser o caminho, visto que elas estão dispostas a fazer quase qualquer coisa para cuidar dos filhos. Saí do encontro após uma agradável reclamação. Mas Kelsey — juntamente com um pequeno grupo de colegas mães — fundou a Mothers Out Front, um grupo que atualmente inclui mais de 19 mil mães e que possui equipes funcionando em 9 estados. O grupo engaja mães, de forma profunda e pessoal, por meio de reuniões individuais, festas domésticas e encontros comunitários, além de apoiá-las para que se envolvam politicamente de maneiras eficazes.

Em Massachusetts, por exemplo, há atualmente mais de 23 mil vazamentos de gás.[27] O gás natural é, na verdade, metano — um gás de efeito estufa que prende o calor 86 vezes mais do que o CO_2. Das emissões de gases de efeito estufa de Massachusetts, 10% deve-se ao metano e — para piorar a situação — o gás perdido custa aos consumidores pelo menos US$90 milhões por ano. Um grupo de mães da organização Mothers Out Front decidiu consertar esses vazamentos. Integrantes do grupo encontraram-se com ativistas, vereadores municipais e deputados estaduais, pressionando por uma legislação que resolvesse o problema. Elas persuadiram um vereador essencial de Boston a marcar uma reunião com as comprometidas mães que exigiam mudança. Elas ameaçaram uma das principais companhias de eletricidade do estado com uma "supertormenta" nas redes sociais. No fim de 2016, 37 cidades de Massachusetts tinham aprovado resoluções em favor da nova legislação, e a legislatura do estado aprovou recentemente um projeto de lei de energia que inclui muitas das provisões essenciais pelas quais a Mothers Out Front vinha lutando.

Os políticos disseram a Kelsey que a grande maioria de seus eleitores nunca entra em contato — e que estão surpreendentemente abertos à persuasão quando 20 pessoas articuladas e altamente comprometidas participam não apenas da primeira reunião do projeto de lei, mas da próxima e da seguinte também. As mulheres que conheci que trabalham para o grupo me disseram que isso é uma das melhores coisas de suas vidas. Elas gostam de conhecer outras mães. Elas desfrutam do sentimento de fazerem diferença. Acima de tudo, elas valorizam saber que estão fazendo algo para garantir que seus filhos herdem um mundo sustentável.

Encontre um grupo que seja politicamente ativo de uma forma que faça sentido para você e junte-se a ele. Pressione para que todos votem por impostos sobre o clima ou por salários decentes. Trabalhar em uma comunidade nos ensina que a organização é o princípio fundamental de qualquer mudança social. Precisamos aprender como pegar um objetivo, dividi-lo em suas partes componentes, dar às pessoas certas a posse de cada parte e lutar até vermos uma resolução. As pessoas lhe dirão que é tarde demais, que nunca vai dar certo ou que as coisas nunca vão mudar. Mas nunca é tarde demais. As coisas sempre podem piorar. Um mundo que esquenta seis graus em vez de dois será catastroficamente muito pior. A mudança é lenta até que se torna rápida. A avalanche não parece nada além de umas pedrinhas se movendo, até que a colina inteira se junta.

<u>Cuide de si mesmo e lembre-se de encontrar a alegria</u>. Não julgue seu sucesso com base em se salvou o mundo ou não. Nenhum de nós consegue isso. Há cerca de 8 bilhões de seres humanos maravilhosos, incríveis e ocasionalmente loucos neste planeta. Cada um de nós tem um limite até onde pode agir.

Você conhece a história da jovem que viu uma praia coberta de estrelas-do-mar perdidas e começou a jogá-las de volta ao mar, uma a uma? Sua amiga tirou sarro dela, dizendo: "O que está fazendo? Veja o tamanho da praia, não dá para salvar todas essas estrelas-do-mar. Você não pode nem começar a fazer uma diferença!" A jovem parou por um instante, pensou e inclinou-se novamente para pegar outra estrela-do-mar. "Não sei quanto a isso", respondeu, "mas sei que estou fazendo uma diferença para esta aqui."[28]

Você não precisa transformar sozinho a estrutura das corporações modernas para fazer a diferença. Se puder transformar até mesmo uma partezinha de uma única empresa em um lugar melhor para trabalhar, você mudará vidas.[29]

Sei que isso é difícil. Conheço a tentação para nos desesperarmos. Meu trabalho é ler notícias ruins e, às vezes, pode ser difícil sair da cama. Mas, na maioria das vezes, esse trabalho me enche de alegria. Sou casada com o amor da minha vida, o que me ajuda enormemente, mas também tive a oportunidade de desenvolver uma forma de pensar sobre meu próprio papel no mundo que me faz continuar em frente quando sou tentada a jogar tudo para o alto.

Meu primeiro marido foi John Huchra, nascido na parte pobre de Nova Jersey. Seu pai era condutor ferroviário e sua mãe, dona de casa. Por meio de seu intelecto natural e muitíssimo esforço, tornou-se professor de astronomia em Harvard, e passava 200 noites por ano observando nos maiores telescópios do mundo. Era bom no que fazia. Há uma galáxia chamada "lentes de Huchra" em sua homenagem. Juntamente com seus colaboradores, ele desenhou um mapa do Universo próximo que revelou um "Grande Muro" de galáxias de 600 milhões de anos-luz de comprimento por 250 milhões de anos-luz de largura. Foi uma das maiores estruturas cósmicas jamais descobertas e mudou o cenário da astronomia. Os astrônomos sempre presumiram que, se observassem além da Via Láctea, as galáxias estariam espalhadas de forma mais ou menos equilibrada no Universo. Porém, o mapa de John sugeriu que as galáxias estavam, em vez disso, confinadas a grandes camadas arqueadas ao redor de vácuos enormes com milhões de anos-luz de espessura. A descoberta chegou à primeira página do *New York Times* e ajudou a lançar as fundações das observações atuais baseadas em matéria escura do Universo.[30] John passou a ser um dos astrônomos mais citados do século XX.

Em 1991, quando tivemos nosso primeiro encontro, eu ignorava completamente todos esses fatos. Ele era apenas um rapaz a quem eu tinha sido apresentada. Como nós dois éramos acadêmicos, perguntei a ele quantos artigos tinha publicado. Ele hesitou e chutou algo em torno de 300. Visto que eu tinha cerca de seis artigos publicados na época, tive que reprimir uma forte vontade de me levantar e sair correndo dali, mas o fato é que nos casamos um ano depois, quando ele tinha 44 anos. Ele adorava estar ao ar livre — especialmente fazendo trilhas e andando de caiaque — e, três anos após nosso casamento, nosso filho Harry nasceu. John achava que nunca se casaria, muito menos que teria filhos, e adorava Harry intensamente. Alguns pais sentem ambivalência com relação a seus filhos. Até onde eu posso dizer, isso nunca aconteceu com John. Juntos, assistíamos a filmes toda sexta-feira à noite. Subornávamos Harry com pequenas figuras de Lego para irmos escalar as montanhas de New Hampshire. Juntos, fazíamos cookies de chocolate e cheesecake, e dávamos muitas risadas e nos sentávamos sem fazer absolutamente nada.

John se tornou o presidente da Associação Astronômica Americana e, em 2006, liderou a delegação que foi a Praga e que formalmente tirou Plutão da lista de planetas. Harry estava junto. Em 2009, John fazia parte do grupo que foi a Roma encontrar-se com o papa — uma demonstração de que a hierarquia católica estava disposta a mostrar seu apoio pela astronomia depois daquele lance com Galileu. John nascera em um lar católico polonês e estava todo feliz pela chance de falar com o papa. Em outubro de 2010, fomos à 25ª reunião da minha classe da Harvard Business School. Ainda me lembro de como estava feliz naquela noite. Tinha saído recentemente do MIT e ido para a Harvard Business School, e estava gostando muito, nosso filho tinha acabado de iniciar o ensino médio e estava indo bem, e eu estava apaixonada. É isso, lembro-me de ter pensado. É para isso que nós dois nos esforçamos tanto e por muitos anos. Achava que tínhamos dominado a vida.

Cinco dias depois, três semanas antes do meu aniversário de 50 anos, cheguei em casa depois de uma viagem a trabalho e encontrei John caído no chão. Achei que ele estava brincando com os gatos. Quando vi que não se mexia, liguei para a emergência, gritando no telefone para que enviassem uma ambulância rápido, muito rápido — para que pudessem cuidar dele, acordá-lo, fazer algo... Quando o vi no hospital — após uma noite que foi um pesadelo mais real que qualquer sonho —, ele estava morto. Segurei sua mão. Fizemos seu enterro três dias depois. Harry tinha apenas 14 anos.

Perder John foi uma das coisas mais difíceis que aconteceu comigo. As coisas comuns da vida pareciam ser uma traição. Como poderia ir ao supermercado quando John estava morto? O círculo apertado e caloroso de nossa família fora destroçado. Sentia-me como se tivesse saído da vida em uma linda casa repleta de familiares e amigos e ido acampar em uma planície aberta sob uma chuva torrencial. Ondas enormes de luto me atingiram — chorei quase diariamente durante um ano. Tinha inveja daqueles que ainda tinham intactos seus parceiros, suas famílias.

Porém, aprendi. Aprendi que não tinha dado atenção, nem de longe o suficiente. Um homem apaixonado, divertido e bondoso tinha compartilhado sua vida comigo, e eu passara tempo demais me preocupando se ele levaria o lixo para fora. Todo o riso e o amor se foram, e eu não tinha valorizado cada um dos momentos. Aprendi que as pessoas são muito mais amáveis e carinhosas do que achava. Gente que eu mal conhecia vinha do outro lado da cidade para me dar uma lasanha durante uma época na qual mal conseguia falar. Parecia que o mundo tinha cedido sob meus pés e que centenas de mãos se ofereciam para me pegar.

Aprendi que muitas coisas piores acontecem, o tempo todo. Uma mulher que conhecia — mãe de um dos amigos de Harry da escola — me parou no estacionamento algumas semanas após o funeral e expressou seus sentimentos por minha perda. Depois, me disse que estava deixando seu marido porque ele vinha batendo nela há mais de 15 anos. Um colega me disse que perdeu o pai quando tinha 6 anos de idade. Outro mencionou que perdera o filho.

Aprendi que a tragédia não é a morte. A tragédia é não viver. Todo mundo morre. Mas nem todo mundo vive. John atirou-se à vida. Certa vez, foi de avião à Califórnia tentar persuadir uma turma de ensino médio a fazer mais cursos de ciências. Outra vez, foi ao México uma semana antes do Natal para ajudar uma aluna da pós-graduação a terminar sua tese. Em um mundo em que muitas pessoas acumulam, John doou seu conhecimento (e seu tempo) a todos que lhe pediam. Amava nosso filho com uma paixão feroz que permanece com Harry até hoje — Harry disse várias vezes que teve um pai de tal modo que muitos de seus amigos não tiveram. John era cientista de nível mundial, mas nunca se gabou de quem era ou do que fizera. Ele mergulhou na beleza do mundo. Ia a qualquer lugar e fazia qualquer coisa, especialmente quando isso significava carregar 25 quilos de equipamentos montanha acima embaixo de chuva. Até onde posso dizer, ele nunca se preocupou com dinheiro ou status. Queria fazer ciência de primeira, apoiar seus alunos — e todos que precisassem de sua ajuda — e amar o mundo natural e sua família. Ele se doava, sem parar. Um dia antes de seu funeral, vi-o — ainda não sei se foi um sonho ou uma visão — caminhando em uma estrada rumo a montanhas distantes. Ele olhou sobre os ombros para mim e riu. "Procure minha presença nas árvores e na chuva", disse, e partiu para o horizonte.

Quando me perguntam o que me faz continuar, digo que sou budista e que o budismo vem junto com notícias boas e ruins. A boa é que não vamos morrer. A ruim é que isso se dá porque não existimos. Acredito — e você tem a liberdade de interpretar isso como uma crença metafísica, embora eu acredite que também seja um fato físico — que não somos "reais" do modo que pensamos que somos. Somos amontoados de partículas minúsculas temporariamente padronizadas em estruturas de energia rodopiante. Pensamos que estamos separados. Achamos que existimos. No entanto, somos músicas que o Universo canta — gloriosas —, mas que terminarão. Tudo que podemos fazer é tentar cantar da melhor forma que conseguimos.

As raízes do nosso dilema atual são o medo e a separação. Tememos que nunca teremos o suficiente. Sentimos que estamos separados e sós. Mas não estamos. Não posso lhe dizer que tentar resolver os grandes problemas de nosso tempo o tornarão rico ou famoso — embora isso possa acontecer. Posso lhe dizer que você terá companhias maravilhosas na jornada, que sentirá mais esperança e mais desespero do que espera e que, no fim das contas, você morrerá sabendo que viveu a vida em plenitude.

Henry David Thoreau disse, certa vez, "A maioria dos homens [e mulheres] vivem vidas de silente desespero e vão ao túmulo com a música ainda em si." Mas, com você, isso não precisa acontecer. Sério.

Notas

Prólogo

1. Gordon Kelly, "Finland and Nokia: An Affair to Remember", *WIRED*, 4 de outubro de 2017, www.wired.co.uk/article/finland-and-nokia; "Nokia Smartphone Market Share History", *Statista*, www.statista.com/statistics/263438/market-share-held-by-nokia-smartphones-since-2007/.

Capítulo 1: "Quando os Fatos Mudam, Eu Mudo de Opinião. E o Senhor, o Que Faz?"

1. OMS (Organização Mundial da Saúde), "Health Benefits Far Outweigh the Costs of Meeting Climate Change Goals", www.who.int/news-room/detail/05-12-2018-health-benefits-far-outweigh-the-costs-of-meeting-climate-change-goals; Painel Intergovernamental sobre Mudanças Climáticas (IPCC), *Climate Change 2014: Impacts, Adaptation, and Vulnerability. Part A: Global and Sectoral Aspects. Contribution of Working Group II to the Fifth Assessment Report of the Intergovernmental Panel on Climate Change*, editado por C. B. Field, V. R. Barros, D. J. Dokken, K. J. Mach, M. D. Mastrandrea, T. E. Bilir, M. Chatterjee, K. L. Ebi, Y. O. Estrada, R. C. Genova, B. Girma, E. S. Kissel, A. N. Levy, S. MacCracken, P. R. Mastrandrea e L. L.White (Cambridge, Reino Unido e Nova York: Cambridge University Press, 2014).

2. IPCC, *Climate Change 2014*; WWAP (Programa Mundial de Avaliação da Água da UNESCO), *The United Nations World Water Development Report 2019: Leaving No One Behind* (Paris: UNESCO, 2019), www.unenvironment.org/news-and-stories/press-release/half-world-face-severe-water-stress-2030-unless-water-use-decoupled.

3. K. K. Rigaud, A. de Sherbinin, B. Jones, J. Bergmann, V. Clement, K. Ober, J. Schewe, S. Adamo, B. McCusker, S. Heuser e A. Midgley, *Groundswell: Preparing for Internal Climate Migration* (Washington, DC: Banco Mundial, 2018).

4. Brooke Jarvis, "The Insect Apocalypse Is Here", *New York Times*, 27 de novembro de 2018, www.nytimes.com/2018/11/27/magazine/insect-apocalypse.html.

5. S. Díaz, J. Settele, E. S. Brondizio, H. T. Ngo, M. Guèze, J. Agard, A. Arneth, et al., editores, "Summary for Policymakers of the Global Assessment Report on Biodiversity and Ecosystem Services of the Intergovernmental Science-Policy Platform on Biodiversity and Ecosystem Services" (Bonn, Alemanha: IPBES Secretariat, 2019).

6. Hans Rosling, Ola Rosling e Anna Rosling Rönnlund, *Factfulness: Ten Reasons We're Wrong About the World — and Why Things Are Better Than You Think*, 1ª edição. (Nova York, Flatiron Books, 2018).

7. OMS, "Banco Mundial and WHO: Half the World Lacks Access to Essential Health Services, 100 Million Still Pushed into Extreme Poverty Because of Health Expenses", 13 de dezembro de 2017, www.who.int/news-room/detail/13-12-2017-world-bank-and-who-half-the-world-lacks-access-to-essential-health-services-100-million-still-pushed-into-extreme-poverty-because-of-health-expenses; Kate Hodal, "Hundreds of Millions of Children in School but Not Learning", *Guardian*, 2 de fevereiro de 2018, https://www.theguardian.com/global-development/2018/feb/02/hundreds-of-millions-of-children-in-school-but-not-learning-world-bank; ONU, "Lack of Quality Opportunities Stalling Young People's Quest for Decent Work — Relatório da ONU / UN News", 21 de novembro de 2017, https://news.un.org/en /story/2017/11/636812-lack -quality-opportunities-stalling-young-peoples-quest-decent-work-un-report; James Manyika et al., "Jobs Lost, Jobs Gained: Workforce Transitionsin a Time of Automation", McKinsey Global Institute (2017).

8. Steven Levitsky e Daniel Ziblatt, *How Democracies Die*, 1ª edição. (Nova York: Crown Publishing, 2018); Yascha Mounk, *The People vs. Democracy: Why Our Freedom Is in Danger and How to Save It* (Cambridge, MA: Harvard University Press, 2018).

9. "GDP per capita (Current US$)", Dados do Banco Mundial, https://data.worldbank.org/indicator/NY.GDP.MKTP.CD; "Population, Total", Dados do Banco Mundial, https://data.worldbank.org/indicator/SP.POP.TOTL; "GDP per Capita (Current US$)", Dados do Banco Mundial, https://data.worldbank.org/indicator/NY.GDP.PCAP.CD.

10. Larry Fink, "A Sense of Purpose", BlackRock, www.blackrock.com/hk/en/insights/larry-fink-ceo-letter.

11. O ICBC (Banco Industrial e Comercial da China) é o maior banco do mundo.

12. Aparentemente essa história é um mito. Billy Perrigo, "Did Martin Luther Nail His 95 Theses to the Church Door?" *Time*, 31 de outubro de 2017, https://time.com/4997128/martin-luther-95-theses-controversy/.

13. "Business Roundtable Redefines the Purpose of a Corporation to Promote 'An Economy That Serves All Americans'", *Business Roundtable*, 19 de agosto de 2019, www.businessroundtable.org/business-roundtable-redefines-the-purpose-of-a-corporation-to-promote-an-economy-that-serves-all-americans.

14. "Council of Institutional Investors Responds to Business Roundtable Statement on Corporate Purpose", Council of Institutional Investors, 19 de agosto de 2019, www.cii.org/aug19_brt_response.

15. Andrew Pollack, "Drug Goes from $13.50 a Tablet to $750, Overnight", *New York Times*, 20 de setembro de 2015, www.nytimes.com/2015/09/21/business/a-huge-overnight-increase-in-a-drugs-price-raises-protests.html.

16. Kate Gibson, "Martin Shkreli: I Should've 'Raised Prices Higher'", CBS News, CBS Interactive, 4 de dezembro de 2015, www.cbsnews.com/news/martin-shkreli-i-shouldve-raised-prices-higher/.

17. Stephanie Clifford, "Martin Shkreli Sentenced to 7 Years in Prison for Fraud", *New York Times*, 9 de março de 2018, www.nytimes.com/2018/03/09/business/martin-shkreli-sentenced.html.

18. Gretchen Morgenson, "Defiant, Generic Drug Maker Continues to Raise Prices", *New York Times*, 14 de abril de 2017, www.nytimes.com/2017/04/14/business/lannett-drug-price-hike-bedrosian.html.

19. Joyce Geoffrey et al., "Generic Drug Price Hikes and Out-of-Pocket Spending for Medicare Beneficiaries", *Health Affairs* 37, nº 10 (2018): 1578-1586.

20. Danny Hakim, Roni Caryn Rabin e William K. Rashbaum, "Lawsuits Lay Bare Sackler Family's Role in Opioid Crisis", *New York Times*, 1º de abril de 2019, www.nytimes.com/2019/04/01/health/sacklers-oxycontin-lawsuits.html.

21. "Big Oil's Real Agenda on Climate Change", Influence Map, 2019, https://influencemap.org/report/How-Big-Oil-Continues-to-Oppose-the-Paris-Agreement-38212275958aa21196dae3b76220bddc.

22. Anne Elizabeth Moore, "Milton Friedman's Pencil", *The New Inquiry*, 18 de abril de 2017, https://thenewinquiry.com/milton-friedmans-pencil/.

23. Sam Costello, "Where Is the iPhone Made? (Hint: Not Just China)", *Lifewire*, 8 de abril de 2019, www.lifewire.com/where-is-the-iphone-made-1999503.

24. Para uma articulação inicial deste modelo, veja, por exemplo, G. Stigler, *The Theory of Price* (London: Macmillan, 1952).

25. Christina D. Romer e Richard H. Pells, "Great Depression", *Encyclopœdia Britannica*, 16 de outubro de 2019, www.britannica.com/event/Great-Depression; "Unemployment Rate for United States", *FRED*, 17 de agosto de 2012, https://fred.stlouisfed.org/series/M0892AUSM156SNBR.

26. Há um debate acalorado sobre se a ênfase no valor ao acionista *causou* tal explosão de crescimento. Outras possibilidades incluem a globalização, os grandes avanços da tecnologia e a difusão mais geral do livre mercado.

27. F. Alvaredo, L. Chancel, T. Piketty, E. Saez e G. Zucman, *World Inequality Report 2018* (Cambridge, MA: The Belknap Press of Harvard University Press, 2018).

28. Alvaredo et al., *World Inequality Report 2018*.

29. Paul R. Epstein, Jonathan J. Buonocore, Kevin Eckerle, Michael Hendryx, Benjamin M. Stout III, Richard Heinberg, Richard W. Clapp et al., "Full Cost Accounting for the Life Cycle of Coal", *Annals of the New York Academy of Sciences* 1219 (1): 73-98, via Wiley Online Library, acesso em fevereiro de 2017; a queima de 500 gramas de carvão emite certa de um quilo de CO_2, dependendo do tipo de carvão.

30. OMS, "COP24 Special Report: Health and Climate Change" (2018); Irene C. Dedoussi et al., "The Co-Pollutant Cost of Carbon Emissions: An Analysis of the US Electric Power Generation Sector", *Environmental Research Letters* 14.9 (2019): 094003; e veja, por exemplo, J. Lelieveld, K. Klingmüller, A. Pozzer, R. T. Burnett, A. Haines e V. Ramanathan, "Effects of Fossil Fuel and Total Anthropogenic Emission Removal on Public Health and Climate", *PNAS* 116, nº 15 (9 de abril de 2019): 7192–7197.

31. Peabody Energy, *Relatório Anual de 2018*, www.peabodyenergy.com/Peabody/media/MediaLibrary/Investor%20Info/Annual%20Reports/2018-Peabody-Annual-Report-02.pdf?ext=.pdf.

32. "The Carbon Footprint of a Cheeseburger", *SixDegrees*, 26 de setembro de 2017, www.sixdegreesnews.org/archives/10261/the-carbon-footprint-of-a-cheeseburger; "GLEAM 2.0 — Assessment of Greenhouse Gas Emissions and Mitigation Potential", *Results / Global Livestock Environmental Assessment Model (GLEAM) / Food and Agriculture Organization of the United Nations*, FAO, www.fao.org/gleam/results/en/.

33. *CEMEX Carbon Disclosure Project Annual Report*, 2018.

34. 46m tonnes CO_2e * \$80/ton * 1,1 tonnes/ton.

35. *CEMEX Annual Report*, 2018, www.cemex.com/investors/reports/hom#navigate.

36. *Climate Change*, Marks e Spencer, https://corporate.marksandspencer.com/sustainability/business-wide/climate-change.

37. *Key Facts*, Marks e Spencer, https://corporate.marksandspencer.com/investors/key-facts.

38. Hans Rosling et al., *Factfulness*.

39. Alvaredo et al., *World Inequality Report 2018*.

40. Raj Chetty, "Improving Opportunities for Economic Mobility: New Evidence and Policy Lessons", *Bridges* (Outono de 2016).

41. Raj Chetty et al., *Mobility Report Cards: The Role of Colleges in Intergenerational Mobility*, NBER Working Paper nº w23618 (Cambridge, MA: National Bureau of Economic Research, 2017).

42. "Disparities in Life Expectancy in Massachusetts Driven by Societal Factors", Harvard T. H. Chan School of Public Health News, 19 de dezembro de 2018, www.hsph.harvard.edu/news/hsph-in-the-news/life-expectancy-disparities-massachusetts-societal-factors/; https://data.worldbank.org/indicator/sp.dyn.le00.in.

43. "Too Much of a Good Thing", *Economist*, 26 de março de 2016, www.economist.com/briefing/2016/03/26/too-much-of-a-good-thing.

44. Ben Casselman, "A Start-up Slump Is a Drag on the Economy. Big Business May Be to Blame", *New York Times*, 20 de setembro de 2017, www.nytimes.com/2017/09/20/business/economy/startup-business.html?module=inline.

45. Alan B. Krueger, "Reflections on Dwindling Worker Bargaining Power and Monetary Policy", *Luncheon Address at the Jackson Hole Economic Symposium* 24 (2018); Jan De Loecker e Jan Eeckhout, *The Rise of Market Power and the Macroeconomic Implications*, NBER Working Paper nº w23687 (Cambridge, MA: National Bureau of Economic Research, 2017).

46. Martin Gilens e Benjamin I. Page, "Testing Theories of American Politics: Elites, Interest Groups, and Average Citizens", *Perspectives on Politics* 12, nº 3 (2014): 564–581.

47. Jacob Hartmann, "Disney's Fight to Keep Mickey", Chicago Stigler Center Case nº 3 (Novembro de 2017).

48. "Lobbying Spending Database — Walt Disney Co, 1998", OpenSecrets.org.

49. Em 1997, o lucro líquido da Disney com "conteúdos criativos" foi de US$878 milhões. *Relatório Anual de 1997 da Walt Disney Company*, https://ddd.uab.cat/pub/decmed/46860/iaDISNEYa1997ieng.pdf. Presumindo que 50% desse lucro teria sido perdido a partir de 2023 sem a aprovação do projeto de lei, e que com a aprovação ele será retido, além de descontar as fontes futuras constantes em 6%.

50. Tim Lee, "15 Years Ago, Congress Kept Mickey Mouse out of the Public Domain. Will They Do It Again?" *Washington Post*, 23 de abril de 2019, www.washingtonpost.com/news/the-switch/wp/2013/10/25/15-years-ago-congress-kept-mickey-mouse-out-of-the-public-domain-will-they-do-it-again/.

51. Resumo de George A. Akerlof et al como Amicus Curiae em Apoio aos Requerentes, Eric Eldred et al. contra John D. Ashcroft, Procurador-Geral, 537 U.S. 186 (2003).

52. "Fossil Fuel Interests Have Outspent Environmental Advocates 10:1 on Climate Lobbying", *Yale E360*, 18 de julho de 2018, https://e360.yale.edu/digest/fossil-fuel-interests-have-outspent-environmental-advocates-101-on-climate-lobbying; https://influence map.org/index.html.

53. Hiroko Tabuchi, "The Oil Industry's Covert Campaign to Rewrite American Car Emissions Rules", *New York Times*, 13 de dezembro de 2018, www.nytimes.com/2018/12/13/climate/cafe-emissions-rollback-oil-industry.html.

54. Seguindo as referências anteriores e presumindo que o custo social do carbono é de US$80/tonelada.

55. Nichola Groom, "Washington State Carbon Tax Poised to Fail after Big Oil Campaign", *Reuters*, 7 de novembro de 2018, www.reuters.com/article/us-usa-election-carbon/washington-state-carbon-tax-poised-to-fail-after-big-oil-campaign-idUSKCN1NC1A9.

56. Jonas Hesse, Mozaffar Khan e Karthik Ramanna, "Political Standards: Corporate Interest, Ideology, and Leadership in the Shaping of Accounting Rules for the Market Economy", *Journal of Accounting & Economics* 64, nº 20 (2015): 2-3.

57. "U.S. and World Population Clock", *Population Clock*, www.census.gov/popclock/; "Gross Domestic Product", *FRED*, 30 de outubro de 2019, https://fred.stlouisfed.org/series/GDP.

58. "Gross Domestic Product for Russian Federation", *FRED*, 1º de julho de 2019, https://fred.stlouisfed.org/series/MKTGDPRUA646NWDB; "Russian Federation", Dados do Banco Mundial, https://data.worldbank.org/country/russian-federation.

59. ONU, "About the Sustainable Development Goals — United Nations Sustainable Development", www.un.org/sustainabledevelopment/sustainable-development-goals/.

60. Coral Davenport e Kendra Pierre-Louis, "U.S. Climate Report Warns of Damaged Environment and Shrinking Economy", *New York Times*, 23 de novembro de 2018, www.nytimes.com/2018/11/23/climate/us-climate-report.html?module=inline.

61. "Migration, Environment and Climate Change (MECC) Division", International Organization for Migration, 15 de fevereiro de 2019, www.iom.int/complex-nexus#estimates.

Capítulo 2: Reinventando o Capitalismo na Prática

1. A maior parte do material que se segue foi retirada de "Turnaround at Norsk Gjenvinning", de G. Serafeim e S. Gombas, Harvard Business School Case nº 9-116-012 (janeiro de 2017).

2. Ouvi essa frase pela primeira vez de Peter Senge. Obrigada, Peter!

3. Rebecca Henderson e Tony L. He, "Shareholder Value Maximization, Fiduciary Duties, and the Business Judgement Rule: What Does the Law Say?" Harvard Business School Background Note 318-097 (janeiro de 2018).

4. Global Reporting Initiative, "Sustainability and Reporting Trends in 2025", Global Reporting.org (2015), www.globalreporting.org/resourcelibrary/Sustainability-and-Reporting-Trends-in-2025-2.pdf.

5. Richard Locke, *The Promise and Limits of Private Power: Promoting Labor Standards in a Global Economy* (Cambridge, Reino Unido e Nova York: Cambridge University Press, 2013).

6. "Trending: Cocoa Giants Embrace Sustainability, but Consumers Remain Key to Lasting Progress", *Sustainable Brands*, 12 de dezembro de 2017, https://sustainablebrands.com/read/supply-chain/trending-cocoa-giants-embrace-sustainability-but-consumers-remain-key-to-lasting-progress.

7. Rebecca Henderson e Nien-he Hsieh, "Putting the Guiding Principles into Action: Human Rights at Barrick Gold (A)", Harvard Business School Case nº 315-108, março de 2015 (Revisado em dezembro de 2017).

8. Yuval N. Harari, *Sapiens, A Brief History of Humankind* (Londres: Harvill Secker, 2014) é especialmente interessante nessa questão.

9. Um relatório descreveu as condições deploráveis dos trabalhadores no setor avícola. O trabalhador médio tinha que realizar a mesma tarefa a cada 20 segundos, processando mais de 14 mil frangos por dia. O salário médio era de US$11 por hora, enquanto a rotatividade era de 100% ao ano. Os funcionários não têm plano de saúde, apesar do fato de que acidentes de trabalho são cinco vezes mais comuns do que em outros setores, e também são forçados a usar fraldas, visto que as pausas para ir ao banheiro são estritamente reguladas. "Lives on the Line: The High Human Cost of Chicken", Oxfam America, 23 de maio de 2018, www.oxfamamerica.org/livesontheline/.

10. John Miller, *The Glorious Revolution*, 2ª edição. (Harlow, Reino Unido: Longman, 1997).

11. *Enciclopédia Britânica*, Massachusetts Bay Colony / Facts, Map, & Significance [online], acesso em 22 de outubro de 2019, www.britannica.com/place/Massachusetts-Bay-Colony.

Capítulo 3: O Caso de Negócio para a Reinvenção do Capitalismo

1. Brian Eckhouse, "Solar Beats Coal on U.S. Jobs", Bloomberg.com, 16 de maio de 2018, www.bloomberg.com/news/articles/2018-05-16/solar-beats-coal-on-u-s-jobs.

2. Richard Vietor, "Clean Energy for the Future", Harvard Business School (HBS) Nota Técnica (agosto de 2019).

3. Ian Johnston, "India Just Cancelled 14 Huge Coal-Fired Power Stations as Solar Energy Prices Hit Record Low", *Independent*, 24 de maio de 2017, www.independent.co.uk/environment/india-solar-power-electricity-cancels-coal-fired-power-stations-record-low-a7751916.html.

4. Mark Kane, "Global Sales December & 2018: 2 Million Plug-in Electric Cars Sold", *InsideEVs*, 31 de janeiro de 2019, https://insideevs.com/news/342547/global-sales-december-2018-2-million-plug-in-electric-cars-sold/.

5. Kate Taylor, "3 Factors Are Driving the Plant-Based 'Meat' Revolution as Analysts Predict Companies Like Beyond Meat and Impossible Foods Could Explode into a $140 Billion Industry", *Business Insider*, 24 de maio de 2019, www.businessinsider.com/meat-substitutes-impossible-foods-beyond-meat-sales-skyrocket-2019-5. Em 2019, a Beyond Meat, que produz um hambúrguer sem carne e à base de plantas parecendo-se bastante em gosto e textura ao de carne real, teve um dos IPOs mais bem-sucedidos dos últimos 10 anos. No primeiro dia de negociações, a ação escalou 163%, e a empresa fechou o dia com um valor de US$3,83 bilhões; Bailey Lipschultz e Drew Singer, "Beyond Meat Makes History with the Biggest IPO Pop Since 2008 Crisis", Bloomberg.com, 2 de maio de 2019, www.bloomberg.com/news/articles/2019-05-02/beyond-meat-makes-history-with-biggest-ipo-pop-since-08-crisis.

6. Meu relato sobre a Unilever e sua experiência no setor de chás são retirados de meu estudo: Rebecca Henderson e Frederik Nelleman, "Sustainable Tea at Unilever", HBS Case nº 9 712-438, novembro de 2012.

7. "Tea Consumption by Country", *Statista*, www.statista.com/statistics/940102/global-tea-consumption/.

8. "Tea Market: Forecast Value Worldwide 2017–2024", *Statista*, www.statista.com/statistics/326384/global-tea-beverage-market-size/; Jasan Potts et al., *The State of Sustainability Initiatives Review 2014: Standards and the Green Economy* (Winnipeg, Canadá: International Institute for Sustainable Development, 2014), www.iisd.org/pdf/2014/ssi_2014.pdf; e "Unilever's Tea Beverages Market Share Worldwide 2012–2021", *Statista*, www.statista.com/statistics/254626/unilevers-tea-beverages-market-share-worldwide/.

9. www.walmart.com/ip/Lipton-100-Natural-Tea-Black-Tea-Bags 100-ct/10307788.

10. Jason Clay, *World Agriculture and the Environment* (Washington, DC: Island Press), 102–103.

11. Rachel Arthur, "Tea Production Rises: But FAO Warns of Climate Change Threat", Beveragedaily.com, William Reed Business Media Ltd., 30 de maio de 2018, www.beveragedaily.com/Article/2018/05/30/Tea-production-rises-but-FAO-warns-of-climate-change-threat.

12. Alan Kroeger et al., "Eliminating Deforestation from the Cocoa Supply Chain" (Washington, DC: Banco Mundial, 2017).

13. Columbia Law School Human Rights Institute, *The More Things Change*, janeiro de 2014, https://web.law.columbia.edu/sites/default/files/microsites/human-rights-institute/files/tea_report_final_draft_smallpdf.pdf; "Study Report on Tea Plantation Workers-2016-Ilo.org" (2016), www.ilo.org/wcmsp5/groups/public/—asia/—ro-bangkok/—ilo-dhaka/documents/publication/wcms_563692.pdf.

14. Kericho não é, obviamente, o paraíso. Veja Verita Largo e Andrew Wasley, "PG Tips and Lipton Tea Hit by 'Sexual Harassment and Poor Conditions' Claims", *Ecologist*, 17 de novembro de 2017, https://theecologist.org/2011/apr/13/pg-tips-and-lipton-tea-hit-sexual-harassment-and-poor-conditions-claims.

15. "Unpacking the Sustainability Landscape", *Nielsen*, 11 de setembro de 2018, www.nielsen.com/us/en/insights/reports/2018/unpacking-the-sustainability-landscape.html.

16. "Unpacking the Sustainability Landscape", *Nielsen*.

17. "Global Consumers Seek Companies That Care About Environmental Issues", *Nielsen*, 11 de setembro de 2018, www.nielsen.com/us/en/insights/news/2018/global-consumers-seek-companies-that-care-about-environmental-issues.html.

18. Em dois experimentos de campo em grande escala conduzidos pela fabricante de roupas Gap, as etiquetas com informações sobre um programa para reduzir a poluição da água aumentaram as vendas em 8% entre as consumidoras, embora não tivessem tal efeito em pontas de estoque ou com consumidores homens. J. Hainmueller e M. J. Hiscox, "The Socially Conscious Consumer", F*ield Experimental Test of Consumer Support for Fair Labor Standard* (Massachusetts Institute of Technology Political Science Department Working Paper 2012-15, 2012). Em uma grande rede de supermercados dos EUA, as vendas de dois cafés a granel mais populares aumentaram em quase 10% quando havia a etiqueta Fair Trade [Comércio Justo]. Jens Hainmueller, Michael J. Hiscox e Sandra Sequeira, "Consumer Demand for the Fair Trade Label: Evidence from a Field Experiment", *SSRN Electronic Journal* 97, nº 2 (2011): A SSRN e um experimento com o eBay sugeriram que os consumidores estavam dispostos a pagar 23% a mais pelo café rotulado como Fair Trade. M. J. Hiscox, M. Broukhim e C. Litwin, "Consumer Demand for Fair Trade: New Evidence from a Field Experiment Using eBay Auctions of Fresh Roasted Coffee", *SSRN Electronic Journal*, (2011). Veja também Maya Singer, "Is There Really Such a Thing as 'Ethical Consumerism'?" *Vogue*, 5 de fevereiro de 2019, www.vogue.com/article/ethical-consumer-rentrayage-batsheva-lidia-may.

19. Tania Braga, Aileen Ionescu-Somers e Ralf W. Seifert, "Unilever Sustainable Tea Part II: Reaching out to Smallholders in Kenya and Argentina", acesso em novembro de 2011, www.idhsustainabletrade.com/idh-publications.

20. "Britain Backs Kenya Tea Farmers", SOS Children's Village, 14 de março de 2011, www.soschildrensvillages.org.uk/charity-news/archive/2011/03/britain-backs-kenya-tea-farmers.

21. A Root Capital era um fundo de investimentos sociais sem fins lucrativos que fornecia financiamentos para negócios rurais em países em desenvolvimento. Ela investia em uma classe de capital que é classificado entre o microcrédito e os empréstimos comerciais; Tensie Whelan, Rainforest Alliance, entrevista feita pela autora, Cambridge, MA, 24 de outubro de 2011.

22. Rebecca M. Henderson e Frederik Nellemann, "Sustainable Tea at Unilever", HBS Case nº 712-438, dezembro de 2011 (Revisado em novembro de 2012).

23. Idem.

24. O que não significa dizer que a Unilever é perfeita ou que não surgiram problemas. Em 2011, por exemplo, uma ONG holandesa publicou um relatório afirmando que as funcionárias em Kericho sofreram assédios sexuais sistemáticos.

25. "Tea in the United Kingdom", *Euromonitor International*, janeiro de 2011, www.euromonitor.com.

26. O melhor tipo, na minha opinião.

27. Usando a taxa de câmbio de €1 = A$1,31, do dia 2 de dezembro de 2011.

28. "Tea in Italy", fevereiro de 2011, *Euromonitor International*, acesso em novembro de 2011, www.euromonitor.com.

29. "Unilever's Purpose-Led Brands Outperform", site da Unilever Global Company, www.unilever.com/news/press-releases/2019/unilevers-purpose-led-brands-outperform.html.

30. Susan Rosegrant, "Wal-Mart's Response to Hurricane Katrina: Striving for a Public-Private Partnership", Kennedy School of Government Case Program C16-07-1876.0, Case Studies in Public Policy and Management (Cambridge, MA: Kennedy School of Government, 2007).

31. Suzanne Kapner, "Changing of the Guard at Wal-Mart", *CNNMoney*, Cable News Network, 18 de fevereiro de 2009, https://money.cnn.com/2009/02/17/news/companies/kapner_scott.fortune/. Minha fonte para grande parte da história que se segue é meu estudo de caso (e as referências nele): Rebecca Henderson e James Weber, "Greening Walmart: Progress and Controversy", HBS Case nº 9 316-042, fevereiro de 2016.

32. Kapner, "Changing of the Guard at Wal-Mart" (2009).

33. "Our History", *Corporate*, https://corporate.walmart.com/our-story/our-history.

34. Business Planning Solutions, "The Economic Impact of Wal-Mart" (Washington, DC, 2005).

35. Henderson e Weber, "Greening Walmart: Progress and Controversy" (revisado em fevereiro de 2017).

36. Joel Makower, "Walmart Sustainability at 10: The Birth of a Notion", *GreenBiz*, 16 de novembro de 2015, www.greenbiz.com/article/walmart-sustainability-10-birth-notion.

37. Alison Plyer, "Facts for Features: Katrina Impact" (The Data Center, 28 de agosto de 2015), www.datacenterresearch.org/data-resources/katrina/facts-for-impact/.

38. Edward Humes, *Force of Nature: The Unlikely Story of Wal-Mart's Green Revolution* (Nova York: Harper Business, 2011), 97–99; Michael Barbaro e Justin Gillis, "Wal-Mart at Forefront of Hurricane Relief", *Washington Post*, 6 de setembro de 2005, www.washingtonpost.com/archive/business/2005/09/06/wal-mart-at-forefront-of-hurricane-relief/6cc3a4d2-d4f7-4da4-861f-933eee4d288a/.

39. "Former Laggard Wal-Mart Turns into Ethical Leader — Covalence Retail Industry Report 2008", *Covalence SA*, 11 de dezembro de 2008, www.covalence.ch/index.php/2008/12/11/former-laggard-wal-mart-turns-into-ethical-leader-covalence-retail-industry-report-2008/.

40. G. I. McKinsey, "Pathways to a Low-Carbon Economy. Version 2 of the Global Greenhouse Gas Abatement Cost Curve", *McKinsey & Company, Stockholm* (2009).

41. Pelo editor, "Commissioning HVAC Systems", *FM Media*, 22 de janeiro de 2015, www.fmmedia.com.au/sectors/commissioning-hvac-systems/.

42. Robert G. Eccles, George Serafeim e Tiffany A. Clay, "KKR: Leveraging Sustainability", HBS Case nº 112-032, setembro de 2011 (Revisado em março de 2012).

43. "Global Industrial Energy-Efficiency Services Market Predicted to Exceed USD 10 Billion by 2020: Technavio", *Business Wire*, 26 de dezembro de 2016; "Europe's Energy Efficiency Services Market to Reach €50 Billion by 2025", Consultancy.eu, 2 de abril de 2019; "A $300 Billion Energy Efficiency Market", CNBC, 19 de março de 2019, www.cnbc.com/advertorial/2017/09/19/a-300-billion-energy-efficiency-market.html; *Energy Efficiency Market Report 2018* (Paris: International Energy Agency [IEA], 2018), https://web store.iea.org/download/direct/2369?fileName=Market_Report_Series_Energy_Efficiency_2018.pdf.

44. Adam Tooze, "Why Central Banks Need to Step Up on Global Warming", *Foreign Policy*, 6 de agosto de 2019, https://foreignpolicy.com/2019/07/20/why-central-banks-need-to-step-up-on-global-warming/.

45. Tooze (2019).

46. "Florida's Sea Level Is Rising", *Sea Level Rise*, https://sealevelrise.org/states/florida/.

47. Akhilesh Ganti, "What Is a Minsky Moment?" *Investopedia*, 30 de julho de 2019, www.investopedia.com/terms/m/minskymoment.asp; John Cassidy. "The Minsky Moment", *New Yorker*, 27 de janeiro de 2008, www.newyorker.com/magazine/2008/02/04/the-minsky-moment.

48. Christopher Flavelle, "Bank Regulators Present a Dire Warning of Financial Risks from Climate Change", *New York Times*, 17 de outubro de 2019, www.nytimes.com/2019/10/17/climate/federal-reserve-climate-financial-risk.html

49. Essa história baseia-se bastante em meu caso "CLP: Powering Asia", George Serafeim, Rebecca Henderson e Dawn Lau, 9-115-038, fevereiro de 2015.

50. "The First Mobile Phone Call Was Placed 40 Years Ago Today", Fox News, 20 de dezembro de 2014, www.foxnews.com/tech/2013/04/03/first-mobile-phone-call-was-placed-40-years-ago-today.html.

51. O custo normalizado da eletricidade é a proporção entre os custos vitalícios e a geração elétrica vitalícia usando uma taxa de desconto que capta o custo médio do capital. International Renewable Energy Agency, "Renewable Power Generation Costs in 2018" (Abu Dhabi: IRENA, 2019).

52. IRENA, "Renewable Power Generation Costs in 2018"; IRENA, "Future of Wind: Deployment, Investment, Technology, Grid Integration and Socio-economic Aspects" (A Global Energy Transformation paper, Abu Dhabi: IRENA).

53. Veja, por exemplo, "New Energy Outlook 2019: Bloomberg NEF", e McKinsey Energy Insights, Global Energy Perspective, janeiro de 2019.

54. "China Pushes Regions to Maximize Renewable Energy Usage", *Reuters*, 30 de agosto de 2019, www.reuters.com/article/us-china-renewables/china-pushes-regions-to-maximize-renewable-energy-usage-idUSKCN1VK087.

55. "World Energy Outlook 2017 China: Key Findings", International Energy Agency, www.iea.org/weo/china/.

56. "New Energy Outlook 2019: Bloomberg NEF".

57. AutoGrid, *CLP Holdings Signs Multi-Year Strategic Commercial Agreement with AutoGrid to Deploy New Energy Solutions Across Asia-Pacific Region*, 12 de dezembro de 2018, www.prnewswire.com/in/news-releases/clp-holdings-signs-multi-year-strategic-commercial-agreement-with-autogrid-to-deploy-new-energy-solutions-across-asia-pacific-region-702571991.html.

58. Nico Pitney, "A Revolutionary Entrepreneur on Happiness, Money, and Raising a Supermodel", *Huffington Post*, 7 de dezembro de 2017, www.huffingtonpost.com/2015/01/30/robin-chase-life-lessons_n_6566944.html.

59. "Avis Budget Group to Acquire Zipcar for $12.25 Per Share in Cash", *Zipcar*, 2 de janeiro de 2013, www.zipcar.com/press/releases/avis-budget-group-acquires-zipcar.

60. Jackie Krentzman, "The Force Behind the Nike Empire", *Stanford Magazine*, janeiro de 1997, https://alumni.stanford.edu/get/page/magazine/article/?article_id=43087.

61. *Nike Annual Report 1992*, NIKE, https://s1.q4cdn.com/806093406/files/doc_financials/1992/Annual_Report_92.pdf.

62. As proporções de P/L mensuradas como média anual de PL.

63. Edward Yardeni et al., "Stock Market Briefing: S&P 500 Sectors & Industries Forward P/Es", Yardeni.com, 26 de agosto de 2019, www.yardeni.com/pub/mktbriefsppesecind.pdf.

64. Recomendo muito a leitura dessas cartas, caso você esteja interessado em empreendedores de sucesso e no que é necessário para criar uma empresa global realmente bem-sucedida. Estão todas disponíveis no site da Nike, e são uma leitura fascinante: https://investors.nike.com/investors/news-events-and-reports/default.aspx.

65. Jeffrey Ballinger, "The New Free-Trade Heel", *Harper's Magazine*, agosto de 1992, http://archive.harpers.org/1992/08/pdf/HarpersMagazine-1992-08-0000971.pdf?AWSAccessKeyId=AKIAJXATU3VRJAAA66RA&Expires=1466354923&Signature=GuzAGJL99jmQtdjxkHswI0WLZJA%3D.

66. Mark Clifford, "Spring in Their Step", *Far Eastern Economic Review* 5 (1992): 56-57.

67. Adam Schwarz, "Running a Business", *Far Eastern Economic Review* (20 de junho de 1991).

68. Ele menciona que "respondemos quanto às questões no exterior em um suplemento incluso no relatório anual da reunião", mas não consegui encontrar um exemplar.

69. Richard Locke, *The promise and perils of globalization, the Case of Nike*, MIT Working Paper, julho de 2002, IPC 02-007.

70. John H. Cushman, Jr., "International Business; Nike Pledges to End Child Labor and Apply U.S. Rules Abroad", *New York Times*, 13 de maio de 1998, www.nytimes.com/1998/05/13/business/international-business-nike-pledges-to-end-child-labor-and-apply-us-rules-abroad.html.

71. Amir Ismael, "Making Green: Nike Is the Biggest and Most Sustainable Clothing and Sneaker Brand", *Complex*, 1º de junho de 2018, www.complex.com/sneakers/2015/08/nike-is-the-most-sustainable-clothing-company.

72. Tim Harford, "Why Big Companies Squander Good Ideas", *Financial Times*, 6 de setembro de 2018, www.ft.com/content/3c1ab748-b09b-11e8-8d14-6f049d06439c.

Capítulo 4: Valores Comuns Profundamente Arraigados

1. David Gelles, "He Ran an Empire of Soap and Mayonnaise. Now He Wants to Reinvent Capitalism", *New York Times*, 29 de agosto de 2019, www.nytimes.com/2019/08/29/business/paul-polman-unilever-corner-office.html.

2. O material que se segue usa como base Rebecca M. Henderson, Russell Eisenstat e Matthew Preble, HBS Case nº 318-048, fevereiro de 2018.

3. Knowledge@Wharton, "Aetna CEO Mark Bertolini on Leadership, Yoga, and Fair Wages".

4. James Surowiecki, "A Fair Day's Wage", *New Yorker*, 2 de fevereiro de 2015, www.newyorker.com/magazine/2015/02/09/fair-days-wage.

5. Lisa Rapaport, "U.S. Health Spending Twice Other Countries' with Worse Results", *Reuters*, 13 de março de 2018, www.reuters.com/article/us-health-spending/u-s-health-spending-twice-other-countries-with-worse-results-idUSKCN1GP2YN.

6. Ajay Tandon et al., "Measuring Overall Health System Performance for 191 Countries" (Genebra: Organização Mundial da Saúde, 2000).

7. Mark Bertolini, *Mission Driven Leadership: My Journey as a Radical Capitalist* (Nova York: Currency, Penguin Random House, 2019).

8. Jesse Migneault, *Top 5 Largest Health Insurance Payers in the United States*, HealthPayerIntelligence, 13 de abril de 2017, https://healthpayerintelligence.com/news/top-5-largest-health-insurance-payers-in-the-united-states.

9. MarquiMapp, "Aetna CEO Takes Health Care Personally", CNBC, 3 de agosto de 2014, www.cnbc.com/2014/08/01/aetna-ceo-takes-health-care-personally.html.

10. Jayne O'Donnell, "Aetna CEO Got Summer's First Merger Agreement, Raised Minimum Wage and More", *USA Today*, Gannett Satellite Information Network, 8 de setembro de 2015, www.usatoday.com/story/money/2015/09/07/aetna-ceo-bertolini-yoga-meditation-motorcycles-minimum-wage/29782741/.

11. David Gelles, "Mark Bertolini of Aetna on Yoga, Meditation and Darth Vader", *New York Times*, 21 de setembro de 2018, www.nytimes.com/2018/09/21/business/mark-bertolini-aetna-corner-office.html.

12. Meera Viswanathan et al., "Interventions to Improve Adherence to Self-Administered Medications for Chronic Diseases in the United States: A Systematic Review", *Annals of Internal Medicine* 157, nº 11 (2012): 785-795.

13. Idem.

14. Aurel O. Iuga e Maura J. McGuire, "Adherence and Health Care Costs", *Risk Management and Healthcare Policy* 7 (2014): 35.

15. Rebecca M. Henderson, Russell Eisenstat, and Matthew Preble, "Aetna and the Transformation of Health Care", HBS Case nº 318-048, fevereiro de 2018.

16. Idem.

17. Idem.

18. Rebecca Henderson, "Tackling the Big Problems: Management Science, Innovation and Purpose" (Pré-artigo preparado para o 65º Aniversário da Management Science, outubro 2019).

19. Gelles, "Mark Bertolini of Aetna on Yoga, Meditation and Darth Vader" (2018).

20. Surowiecki, "A Fair Day's Wage" (2015).

21. Em 2014, a CVS anunciou que não mais venderia produtos de tabaco, abrindo mão de aproximadamente US$2 bilhões anuais em vendas. Veja Elizabeth Landau, "CVS Stores to Stop Selling Tobacco", CNN, Cable News Network, 5 de fevereiro de 2014, www.cnn.com/2014/02/05/health/cvs-cigarettes/index.html.

22. Jan-Emmanuel De NeveGeorge Ward, "Does Work Make You Happy? Evidence from the World Happiness Report", *Harvard Business Review* (20 de setembro de 2017), https://hbr.org/2017/03/does-work-make-you-happy-evidence-from-the-world-happiness-report.

23. Rebecca Henderson, "Tackling the Big Problems" (outubro de 2019).

24. A descrição que se segue baseia-se em comunicações pessoais com os executivos da KAF, bem como no caso da HBS: Thomas DeLong, James Holian e Joshua Weiss, "King Arthur Flour", HBS Case nº 9-407-012 (maio de 2007).

25. www.instagram.com/kingarthurflour/?hl=en.

26. www.facebook.com/GeneralMills/; www.instagram.com/generalmills/; Christian Kreznar, "How King Arthur Flour's Unusual Leadership Structure Is Key to Its Success". *Forbes*, 5 de fevereiro de 2019, www.forbes.com/sites/christiankreznar/2019/01/30/how-king-arthur-flours-unusual-leadership-structure-set-it-up-for-success/#48e0e2045c95.

27. "Mission & Impact", King Arthur Flour, www.kingarthurflour.com/about/mission-impact.

28. Alana Semuels, "A New Business Strategy: Treating Employees Well", *Atlantic*, 7 de maio de 2018.

29. "Baker's Hotline", King Arthur Flour, www.kingarthurflour.com/bakers-hotline.

30. www.nationmaster.com/country-info/stats/Economy/GDP-per-capita-in-1950.

31. Para obter as referências sobre o relato da Toyota e da GM na sequência, por favor confira Susan Helper e Rebecca Henderson, "Management Practices, Relational Contracts, and the Decline of General Motors", *Journal of Economic Perspectives* 28, nº 1 (2014): 49-72.

32. As técnicas de gestão de mão de obra empregadas pela Toyota têm sido estudadas extensivamente por economistas do trabalho e especialistas em relações industriais. Juntas, são geralmente denominadas "sistemas de trabalho de alto desempenho". Não há uma única definição desse termo, mas três elementos dominantes foram

identificados na literatura. Em geral, as empresas com sistemas de trabalho de alto desempenho (1) implementam sistemas eficazes de incentivo, (2) dão bastante atenção ao desenvolvimento de habilidades e (3) usam equipes e criam oportunidades difundidas para a comunicação distribuída e a resolução de problemas. Veja, por exemplo, T. A. Kochan, H. C. Katz e R. B. McKersie, *The Transformation of American Industrial Relations* (Nova York: Basic Books, 1986); John Paul Macduffie, "Human Resource Bundles and Manufacturing Performance: Organizational Logic and Flexible Production Systems in the World Auto Industry", *Industrial & Labor Relations Review* 48, nº 2 (1995): 197-221; Brian E. Becker et al., "High Performance Work Systems and Firm Performance: A Synthesis of Research and Managerial Implications" (Research in personnel and human resource management, 1998); C. Ichniowski, K. Shaw e G. Prennushi, "The Effects of Human Resources Management Practices on Productivity: A Study of Steel Finishing Lines", *American Economic Review* 87, nº 3 (1997): 291-314; J. Pfeffer, *The Human Equation* (Boston: Harvard Business School Press, 1998); Eileen Appelbaum et al., *Manufacturing Advantage: Why High-Performance Work Systems Pay Off* (Ithaca, NY: Cornell University Press, 2000); e S. Black and L. Lynch, "How to Compete: The Impact of Workplace Practices and Information Technology on Productivity", *Review of Economics and Statistics* 83, nº 3 (2001): 434-445.

33. Susan Helper e Rebecca Henderson, "Management Practices, Relational Contracts, and the Decline of General Motors", *Journal of Economic Perspectives* 28.1 (2014): 49-72.

34. Benjamin Elisha Sawe, "The World's Biggest Automobile Companies", *World Atlas*, 13 de dezembro de 2016, www.worldatlas.com/articles/which-are-the-world-s-biggest-auto mobile-companies.html.

35. Chad Syverson, "What Determines Productivity?" *Journal of Economic Literature* 49, nº 2 (2011): 326-365.

36. Nicholas Bloom e John Van Reenen, "Measuring and Explaining Management Practices Across Firms and Countries", *Quarterly Journal of Economics* 122 (2007): 1351-1408; Bloom e Van Reenen, "Why Do Management Practices Differ Across Firms and Countries?" *Journal of Economic Perspectives* 24, nº 1 (2010): 203-224; Bloom e Van Reenen, "Human Resource Management and Productivity", em *Handbook of Labor Economics*, vol. 4, edição de Orley Ashenfelter e David Card (Amsterdã: Elsevier and North-Holland, 2011), 1697-1767; Nicholas Bloom et al., "The Impact of Competition on Management Quality: Evidence from Public Hospitals", *The Review of Economic Studies* 82, nº 2 (2015): 457-489; Nicholas Bloom et al. "Does Management Matter? Evidence from India", *Quarterly Journal of Economics* 128, nº 1 (2013): 1-51;

Nicholas Bloom, com Erik Brynjolfsson, Lucia Foster, Ron Jarmin, Megha Patnaik, Itay Saporta-Eksten e John Van Reenen, "What Drives Differences in Management Practices", *American Economic Review* (maio de 2019).

37. Jim Harter, "Employee Engagement on the Rise in the U.S.", Gallup.com, 19 de agosto de 2019, https://news.gallup.com/poll/241649/employee-engagement-rise.aspx.

38. Frederick W. Taylor, "The Principles of Scientific Management" (Nova York: Harper & Bros., 1911).

39. Charles D. Wrege e Richard M. Hodgetts, "Frederick W. Taylor's 1899 Pig Iron Observations: Examining Fact, Fiction, and Lessons for the New Millennium", *Academy of Management Journal* 43, nº 6 (dezembro de 2000): 1283-1291.

40. "NUMMI", *This American Life*, 14 de dezembro de 2017, www.thisamericanlife.org/403/transcript.

41. Um exemplo extremo disso está relatado em J. Patrick Wright, *On a Clear Day You Can See General Motors: John Z. DeLorean's Look Inside the Automotive* (Nova York: Avon, 1979). Ele diz que, durante a década de 1970 na General Motors, era uma grande honra que um executivo júnior fosse escolhido para controlar a apresentação de slides nas reuniões do conselho administrativo, mas a carreira dele poderia ser encerrada caso colocasse incorretamente um slide no projetor.

42. Ashley Lutz, "Nordstrom's Employee Handbook Has Only One Rule", *Business Insider*, 13 de outubro de 2014, www.businessinsider.com/nordstroms-employee-handbook-2014-10.

43. Robert Spector e Patrick D. McCarthy, *The Nordstrom Way to Customer Service Excellence for Becoming the "Nordstrom" of Your Industry*, 2ª ed. (Hoboken, NJ: John Wiley & Amp Sons, 2012); Christian Conte, "Nordstrom Customer Service Tales Not Just Legend", Bizjournals.com, 7 de setembro de 2012, www.bizjournals.com/jacksonville/blog/retail_radar/2012/09/nordstrom-tales-of-legendary-customer.html; Doug Crandall e Leader to Leader Institute, *Leadership Lessons from West Point*, 1ª ed. (São Francisco: Jossey-Bass, 2007).

44. Minha fonte principal para a análise que se segue é Christopher Smith, John Child, Michael Rowlinson e Sir Adrian Cadbury, *Reshaping Work: The Cadbury Experience* (Cambridge, UK: Cambridge University Press, 2009).

45. "Purchase Power of the Pound", Measuring Worth, www.measuringworth.com/calculators/ukcompare/relativevalue.php?use[]=NOMINALEARN&year_early=1861£71&shilling71=&pence71=&amount=8000&year_source=1861&year_result=2018dea.

46. Minha fonte para o trabalho de Trist e o debate sobre os desenvolvimentos nos EUA que se seguem é Art Kleiner, *The Age of Heretics: A History of the Radical Thinkers Who Reinvented Corporate Management*, 2ª ed. (São Francisco: Jossey-Bass, 2008).

47. Minha referência principal para a história a seguir é o livro *The Age of Heretics*, de Kleiner.

48. "About i3 Index", Covestro in North America, www.covestro.us/csr-and-sustainability/i3/covestro-i3-index.

49. Comunicação pessoal com a autora.

50. "Purpose with the Power to Transform Your Organization", *BCG*, www.bcg.com/publications/2017/transformation-behavior-culture-purpose-power-transform-organization.aspx; Alex Edmans, "28 Years of Stock Market Data Shows a Link Between Employee Satisfaction and Long-Term Value", *Harvard Business Review* 24 (março de 2016), https://hbr.org/2016/03/28-years-of-stock-market-data-shows-a-link-between-employee-satisfaction-and-long-term-value; Robert G. Eccles, Ioannis Ioannou e George Serafeim, "The Impact of Corporate Sustainability on Organizational Processes and Performance", *Management Science* 60, nº 11 (novembro de 2014): 2835-2857; Claudine Gartenberg, Andrea Prat e George Serafeim, "Corporate Purpose and Financial Performance", *Organization Science* 30, nº 1 (janeiro–fevereiro de 2019): 1-18.

51. "Edelman Trust Barometer Global Report" (2019), https://news.gallup.com/reports/199961/7.aspx.

52. "State of the American Workplace", Gallup.com, 16 de maio de 2019; "Edelman Trust Barometer Global Report" (2019), https://news.gallup.com/reports/199961/7.aspx; "Edelman Trust Barometer, 2019", Edelman, www.edelman.com/sites/g/files/aatuss191/files/2019-02/2019_Edelman_Trust_Barometer_Global_Report.pdf.

53. "The Business Case for Purpose", *Harvard Business Review* (2019), www.ey.com/Publication/vwLUAssets/ey-the-business-case-for-purpose/$FILE/ey-the-business-case-for-purpose.pdf.

Capítulo 5: Reestruturando as Finanças

1. Peter J. Drucker, *Managing for the Future: The 1990s and Beyond* (Nova York: Penguin, 1992).

2. John R. Graham, Campbell R. Harvey e Shivaram Rajgopal, "The Economic Implications of Corporate Financial Reporting", *Journal of Accounting and Economics* 40, nº 3 (2005): 32–35, fig. 5; John R. Graham, Campbell R. Harvey e Shivaram Rajgopal, "Value Destruction and Financial Reporting Decisions", *Financial Analysts Journal* 62, nº 6 (6 de novembro de 2006).

3. Board of Governors of the Federal Reserve System 2016, p. 130.

4. Lucian Bebchuk, Alma Cohen e Scott Hirst, "The Agency Problems of Institutional Investors", *Journal of Economic Perspectives* 31, nº 3 (jun-set 2017): 89–112.

5. Foi a maior queda em um único dia nos 17 anos de negociação da ação na bolsa. Você pode ver McMillon tentando explicar para Jim Crammer, do Mad Money, que às vezes é necessário ter um prejuízo em curto prazo para garantir o sucesso em longo prazo na noite do anúncio em www.youtube.com/watch?v=4adIq7iJHtc. Vale muito a pena assistir.

6. Dominic Barton, "Capitalism for the Long Term", *Harvard Business Review* (março de 2011): 85.

7. David Burgstahelr e Ilia Dichev, "Earnings Management to Avoid Earnings Decreases and Losses", *Journal of Accounting and Economics* 24 (1997): 99; John R. Graham, Campbell R. Harvey e Shiva Rajgopal, "The Economic Implications of Corporate Financial Reporting", *Journal of Accounting and Economics* 40, nº 1–3 (2005): 3–73.

8. Katherine Gunny, "The Relation Between Earnings Management Using Real Activities Manipulation and Future Performance: Evidence from Meeting Earnings Benchmarks", 2009, http://ssrn.com/abstract=816025 or http://dx.doi.org/10.2139/ssrn.816025; Paul M. Healy, "The Effect of Bonus Schemes on Accounting Decisions", *Journal of Accounting and Economics* 7 (1985): 85.

9. Joe Nocera, "Wall Street Wants the Best Patents, Not the Best Drugs", Bloomberg.com, 27 de novembro de 2018, www.bloomberg.com/opinion/articles/2018-11-27/gilead-s-cures-for-hepatitis-c-were-not-a-great-business-model.

10. Dados da Capital IQ.

11. Dados da FactSet.

12. www.sec.gov/Article/whatwedo.html#create; a SEC protege os investidores e ajuda a manter os mercados justos e eficientes. Ela supervisiona os participantes principais no âmbito de valores mobiliários, incluindo investidores, fundos mútuos, as bolsas de valores, os corretores e os operadores. A SEC tem a autoridade de agir para garantir o cumprimento do código civil perante empresas e pessoas físicas que violem as leis de valores mobiliários (por exemplo, informações privilegiadas e fraudes contábeis, entre outras).

13. Eugene Soltes, *Why They Do It: Inside the Mind of the White-Collar Criminal* (Nova York: PublicAffairs, 2016).

14. "ESG Sustainable Impact Metrics — MSCI", Msci.Com, 2019, www.msci.com/esg-sustainable-impact-metrics.

15. Alan Taylor, "Bhopal: The World's Worst Industrial Disaster, 30 Years Later", *Atlantic*, dezembro de 2014; Adrien Lopez. "20 Years on from Exxon Valdez: What Progress for Corporate Responsibility?" 29 de março de 2009, www.ethicalcorp.com/communications-reporting/20-years-exxon-valdez-what-progress-corporate-responsibility.

16. Mindy S. Lubber, "30 Years Later, Investors Still Lead the Way on Sustainability", *Ceres*, 23 de março de 2019, www.ceres.org/news-center/blog/30-years-later-investors-still-lead-way-sustainability. Faço parte do conselho da CERES desde 2017.

17. "GRI at a Glance", Global Reporting Initiative (GRI), www.globalreporting.org/information/news-and-press-center/press-resources/Pages/default.aspx.

18. "Sustainability and Reporting Trends in 2025", Global Reporting.org (2015), www.globalreporting.org/resourcelibrary/Sustainability-and-Reporting-Trends-in-2025-2.pdf.

19. "2018 Global Sustainable Investment Review", Global Sustainable Investment Alliance (2018), www.gsi-alliance.org/wp-content/uploads/2019/03/GSIR_Review2018.3.28.pdf; Renaud Fages et al. "Global Asset Management 2018: The Digital Metamorphosis", www.bcg.com; BCG, www.bcg.com/publications/2018/global-asset-management-2018-digital-metamorphosis.aspx.

20. "2018 Global Sustainable Investment Review"; Fages et al., "Global Asset Management 2018".

21. Veja, por exemplo, Christophe Revelli e Jean-Laurent Viviani, "Financial Performance of Socially Responsible Investing (SRI): What Have We Learned? A Metaanalysis", *Business Ethics: A European Review* 24, nº 2 (abril de 2015).

22. Mozaffar Khan, George Serafeim e Aaron Yoon, "Corporate Sustainability: First Evidence on Materiality", *Accounting Review* 91, nº 6 (novembro de 2016).

23. "Materiality", *Business Literacy Institute Financial Intelligence*, 23 de setembro de 2016.

24. Khan et al., "Corporate Sustainability (2016): 1697–1724; Eccles et al., "The Impact of Corporate Sustainability on Organizational Processes and Performance" (2014): 2835–2857.

25. A análise a seguir baseia-se extensivamente em Julie Battilana e Michael Norris, "The Sustainability Accounting Standards Board (Abridged)", HBS Case nº 419-058, março de 2019.

26. Jean fez parceria com diversos líderes de pensamento cruciais, incluindo Robert Massie, Bob Eccles e David Wood. Ela descreve sua decisão para fundar o SASB como muito orientada a um propósito. Em suas palavras: "Foi assustador não ter mais um salário fixo, mas realmente senti uma responsabilidade moral para levar essa ideia em frente porque havia nela o potencial de ter um impacto enorme nos EUA e no mundo todo."

27. Seguindo o regulamento da SEC, todas as empresas de capital aberto têm o dever de alertar seus investidores sobre quaisquer informações "relevantes", e essas são consideradas relevantes quando há "uma possibilidade substancial de que a divulgação do fato omitido teria sido visto pelo investidor razoável como tendo alterado significativamente o 'mix total' de informações disponíveis".

28. Khan et al., "Corporate Sustainability".

29. George Serafeim e David Freiberg, "JetBlue: Relevant Sustainability Leadership (A)", HBS Case nº 118-030, outubro de 2018.

30. "Bio", Sophia Mendelsohn, www.sophiamendelsohn.com/bio.

31. JetBlue, "2016 Sustainability Accounting Standards Board Report" (2017), http:// responsibilityreport.jetblue.com/2016/JetBlue_SASB_2016.pdf.

32. Serafeim e Freiberg, "JetBlue".

33. O grupo que cuidava do relacionamento com os investidores.

34. Serafeim e Freiberg, "JetBlue".

35. A principal referência para a análise que se segue é Rebecca Henderson, George Serafeim, Josh Lerner e Naoko Jinjo, "Should a Pension Fund Try to Change the World? Inside GPIF's Embrace of ESG", HBS Case nº 319-067, janeiro de 2019 (revisado em março de 2019).

36. Eric Schleien, "Investing: Buy What You Know", *Guru*, 9 de abril de 2007, www.guru focus.com/news/5281/investing-buy-what-you-know.

37. "Peter Lynch", *AJCU*, https://web.archive.org/web/20141226131715/www.ajcunet.edu/story?TN=PROJECT-20121206050322; Peter Lynch, "Betting on the MarketPros", PBS, www.pbs.org/wgbh/pages/frontline/shows/betting/pros/lynch.html. Se você tivesse investido US$1 mil no Magellan no dia em que Lynch assumiu, teria US$28 mil no ano em que ele saiu.

38. Steven Perlberg, "Mutual Fund Legend Peter Lynch Identifies His 'Three C's' of Investing in a Rare Interview", *Business Insider*, 6 de dezembro de 2013, www.businessinsider.com/peter-lynch-charlie-rose-investing-2013-12.

39. Kenneth R. French, "Presidential Address: The Cost of Active Investing", *Journal of Finance* 63, nº 4 (2008): 1537–1573.

40. De fato, 90% do GPIF e 86% de seus ativos em ações estrangeiras são investidos passivamente.

41. Sean Fleming, "Japan's Workforce Will Be 20% Smaller by 2040", *World Economic Forum*, 12 de fevereiro de 2019, www.weforum.org/agenda/2019/02/japan-s-workforce-will-shrink-20-by-2040/.

42. "The Global Gender Gap Report 2013", *World Economic Forum*, 236, http://www3.weforum.org/docs/WEF_GenderGap_Report_2013.pdf; "The Global Gender Gap Report 2017", *World Economic Forum*, 90, http://www3.weforum.org/docs/WEF_GGGR_2017.pdf.

43. O GPIF podia investir diretamente em títulos de dívida (bonds) e em fundos mútuos; 15% dos ativos de renda fixa do GPIF eram geridos internamente.

44. "The Benefits and Risks of Passive Investing", Barclays, www.barclays.co.uk/smart-investor/investments-explained/funds-etfs-and-investment-trusts/the-benefits-and-risks-of-passive-investing/.

45. Veja o *2018 Annual Report* do GPIF.

46. The Nikkei Telecon Database, acesso em dezembro de 2018.

47. O tamanho é classificado com base na capitalização de mercado.

48. "2018 Global Sustainable Investment Review", Global Sustainable Investment Alliance (2018), www.gsi-alliance.org/wp-content/uploads/2017/03/GSIR_Review2016.F.pdf.

49. A questão sobre se as empresas familiares têm uma performance melhor do que as que estão listadas na bolsa é altamente debatida, talvez porque seja difícil coletar informações financeiras detalhadas de muitas empresas familiares. Algumas fontes acreditam que elas têm mais probabilidades de abrir mão dos retornos de curto prazo em prol da resiliência de longo prazo, e que, em média, elas se saem melhor. Veja, por exemplo, "Why Family Businesses Outperform Others", *Economist*, https://execed.economist.com/blog/industry-trends/why-family-businesses-outperform-others. Outras evidências sugerem que elas se saem pior. Veja, por exemplo, Andrea Prat, "Are Family Firms Damaging Europe's Growth?" *World Economic Forum*, 12 de fevereiro de 2015, www.weforum.org/agenda/2015/02/are-family-firms-damaging-europes-growth/ e as inúmeras publicações de Nicholas Bloom e seus colaboradores, citadas anteriormente. Para obter mais informações sobre a governança de empresas familiares e seu papel em moldar uma economia mais ampla, veja Randall K. Morck, editor, *A History of Corporate Governance Around the World* (Chicago e London: University of Chicago Press, 2005) e Richard F. Doner e Ben Ross Schneiderm "The Middle-Income Trap: More Politics Than Economics", *World Politics* 68, nº 4 (2016): 608-644.

50. Robert S. Harris, Tim Jenkinson e Steven N. Kaplan, "How Do Private Equity Investments Perform Compared to Public Equity?" *Journal of Investment Management* 14 nº 3 (2016): 1-24; Robert S. Harris, Tim Jenkinson e Steven N. Kaplan. "Private Equity Performance: What Do We Know?" *Journal of Finance* 69, nº 5 (2014): 1851-1882.

51. A fonte principal da análise a seguir é o caso da Harvard Business School. Rebecca Henderson, Kate Isaacs e Katrin Kaufer, "Triodos Bank: Conscious Money in Action", HBS Case nº 313-109, março de 2013 (revisado em junho de 2013).

52. "About Triodos Bank", Triodos, www.triodos.com/about-us.

53. Triodos Bank, *Annual Report 2018*, www.triodos-im.com/press-releases/2019/triodos-investment-management-in-2018.

54. Na minha interpretação, o Triodos decidiu não financiar o fabricante de calçados.

55. Triodos Bank, *Annual Report 2018*.

56. Lorie Konish, "The Big Wealth Transfer Is Coming. Here's How to Make Sure Younger Generations Are Ready", CNBC, 12 de agosto de 2019, www.cnbc.com/2019/08/12/a-big-wealth-transfer-is-coming-how-to-get-younger-generations-ready.html.

57. As referências para esse fato e para muito do que se segue vêm do meu caso sobre a Mondragon: Rebecca Henderson e Michael Norris, "1Worker1Vote: MONDRAGON in the U.S.", Harvard Business School Teaching Plan 316–176, abril de 2016.

58. "The Development and Significance of Agricultural Cooperatives in the American Economy", *Indiana Law Journal* 27, nº 3, artigo 2 (1952), www.repository.law.indiana.edu/cgi/viewcontent.cgi?article=2352&context=ilj.

59. "The Development and Significance of Agricultural Cooperatives in the American Economy", *Indiana Law Journal*.

60. Leon Stein, *The Triangle Fire*, 1ª ed. (Filadélfia: Lippincott, 1962).

61. Steven Deller, Ann Hoyt, Brent Hueth e Reka Sundaram-Stukel, "Research on the Economic Impact of Cooperatives", University of Wisconsin Center for Cooperatives, 19 de junho de 2009, http://reic.uwcc.wisc.edu/sites/all/REIC_FINAL.pdf.

62. Tony Sekulich, "Top Ten Agribusiness Companies in the World", *Tharawat Magazine* 12 (junho de 2019), www.tharawat-magazine.com/facts/top-ten-agribusiness-companies/#gs.001anx.

63. "Leading U.S. Commercial Banks by Revenue 2018", *Statista*, www.statista.com/statistics/185488/leading-us-commercial-banks-by-revenue/.

64. Douglas L. Kruse, editor, "Shared Capitalism at Work: Employee Ownership, Profit and Gain Sharing, and Broad-Based Stock Options", National Bureau of Economic Research Conference Report (Gráfica da Universidade de Chicago, Maio de 2010).

65. Douglas L. Kruse, Joseph R. Blasi e Rhokeun Park, "Shared Capitalism in the U.S. Economy", NBER Working paper nº 14225 (Cambridge, MA: NBER, agosto de 2008).

66. Kruse et al., "Shared Capitalism in the U.S. Economy" (2008).

67. Kruse et al., "Shared Capitalism in the U.S. Economy" (2008).

68. Hazel Sheffield, "The Preston Model: UK Takes Lessons in Recovery from Rust Belt Cleveland", *Guardian*, 11 de abril de 2017, www.theguardian.com/cities/2017/apr/11/preston-cleveland-model-lessons-recovery-rust-belt. Veja também https://thenextsystem.org/learn/stories/infographic-preston-model.

69. Publix, "About Publix", acesso em janeiro de 2014, www.publix.com/about/Company Overview.do.

70. John Lewis Partnership, "About Us", acesso em janeiro de 2014, www.johnlewispartnership.co.uk/about.html.

71. "About Us", Mondragon Corporation, www.mondragon-corporation.com/en/about-us/.

72. Mondragon Corporation, *Annual Report 2018* (2018), www.mondragon-corporation.com/en/about-us/economic-and-financial-indicators/annual-report/.

73. "Mondragon Corporation, Winner at the Boldness in Business Awards Organized by the Financial Times", MAPA Group, 27 de março de 2013, www.mapagroup.net/2013/03/mondragon-corporation-winner-at-the-boldness-in-business-awards-organized-by-the-financial-times/.

74. Os críticos às vezes atacam dizendo que os funcionários-donos colocam-se em risco ao segurar tanto de sua riqueza na empresa, mas os pagamentos adicionais aparentemente mais do que compensam esse efeito. Veja, por exemplo, Peter Kardas, Adria L. Scharf e Jim Keogh, "Wealth and Income Consequences of ESOPs and Employee Ownership: A Comparative Study from Washington State", *Journal of Employee Ownership Law and Finance* 10, nº 4 (1998).

75. Uma conta de contribuição definida é a conta bancária na qual os funcionários e empregadores fazem os depósitos que futuramente serão usados como aposentadoria do funcionário; dados da ESOP Association. Analisado por NCEO, acesso em fevereiro de 2015, www.esopassociation.org/explore/employee-ownership-news/resources-for-reporters.

76. Kruse et al., "Shared Capitalism in the U.S. Economy?" (2008).

77. Colin Mayer, *Prosperity: Better Business Makes the Greater Good* (Oxford, Reino Unido: Oxford University Press, 2019); Lynn Stout, *The Shareholder Value Myth: How Putting Shareholders First Harms Investors, Corporations, and the Public*, 1ª ed. (São Francisco: Berrett-Koehler Publishers, 2012); Thomas Donaldson e Lee Preston, "The Stakeholder Theory of the Corporation: Concepts, Evidence, and Implications", *Academy of Management Review* 20, nº 1 (1995): 65–91.

78. Veja, por exemplo, Stout, *The Shareholder Value Myth*; Mayer, *Prosperity*; Leo Strine, *Towards Fair and Sustainable Capitalism* (Research Paper nº 19-39, University of Pennsylvania Law School, Institute for Law and Economics, setembro de 2019), https://ssrn.com/abstract=3461924.

79. Veja https://benefitcorp.net/. Tornar-se uma corporação benéfica é, de modo importante, diferente de tornar-se uma B Corp, que exige apenas que a empresa se comprometa a usar outras métricas além das financeiras. Veja https://bcorporation.net/.

80. "Benefit Corporation Reporting Requirements", Benefit Corporation, https://benefitcorp.net/businesses/benefit-corporation-reporting-requirements.

81. "State by State Status of Legislation", Benefit Corporation, https://benefitcorp.net/policymakers/state-by-state-status.

82. "Benefit Corporations & Certified B Corps", Benefit Corporation, https://benefit corp.net/businesses/benefit-corporations-and-certified-b-corps.

83. Esse dever é normalmente conhecido como a regra Ruvlon. Veja Leo E. Strine Jr., "Making It Easier for Directors to Do the Right Thing", *Harv. Bus. L. Rev.* 4 (2014): 235.

84. Stout, *The Shareholder Value Myth*.

85. Veja FAQ, Benefit Corporation, https://benefitcorp.net/faq.

86. "The Rise and Decline of the Japanese Economic 'Miracle'", *Understanding Australia's Neighbours: An Introduction to East and Southeast Asia* (Cambridge, UK: Cambridge University Press, 2004): 132–148.

87. O cross-shareholding [cruzamento acionário] foi compreendido como a demonstração de um desejo para desenvolver relações de longo prazo entre as corporações. Até a década de 1990, as empresas de seguro de vida eram um dos grupos acionistas mais significativos no Japão. Os bancos japoneses também tinham participações significativas em seus devedores.

88. Nishiyama Kengo, "Proxy Voting Trends in 2014 and Outlook in 2015", apresentação, Financial Services Agency, Tokyo, 9 de julho de 2013, www.fsa.go.jp/frtc/kenkyu/giji roku/20140709/01.pdf.

89. "GDP Growth (Annual %) — Japan", Dados do Banco Mundial, https://data.worldbank.org/indicator/NY.GDP.MKTP.KD.ZG?locations=JP; "United Kingdom", Dados do Banco Mundial, https://data.worldbank.org/country/united-kingdom.

90. "GDP Growth (Annual %) — Japan", Dados do Banco Mundial, https://data.worldbank.org/indicator/NY.GDP.MKTP.KD.ZG?locations=JP; "United Kingdom", Dados do Banco Mundial, https://data.worldbank.org/country/united-kingdom.

91. Jim Rickards, "Japan's in the Middle of Its 3rd 'Lost Decade' and a Recovery Is Nowhere in Sight", *Business Insider*, 23 de março de 2016, www.businessinsider.com/japans-3rd-lost-decade-recovery-nowhere-in-sight-2016-3.

92. Ito Kunio, "Ito Review of Competitiveness and Incentives for Sustainable Growth: Building Favorable Relationships Between Companies and Investors", Ministro da Economia, Comércio e Indústria (METI), agosto de 2014, acesso em junho de 2018, www.meti.go.jp/english/press/2014/pdf/0806_04b.pdf, p. 52.

93. Jake Kanter, "Facebook Shareholder Revolt Gets Bloody: Powerless Investors Vote Overwhelmingly to Oust Zuckerberg as Chairman", *Business Insider*, 4 de junho de, 2019, www.businessinsider.com/facebook-investors-vote-to-fire-mark-zuckerberg-as-chairman-2019-6.

94. Guest, CIO Central, "Sorry CalPERS, Dual Class Shares Are a Founder's Best Friend", *Forbes*, 14 de maio de 2013, www.forbes.com/sites/ciocentral/2013/05/14/sorry-calpers-dual-class-shares-are-a-founders-best-friend/#aa06d5012d9b.

95. "Supplier Inclusion", https://corporate.walmart.com/suppliers/supplier-inclusion.

96. Adele Peters, "Tesla Has Installed a Truly Huge Amount of Energy Storage", *Fast Company* 5 de junho de 2018.

97. "The Future of Agriculture", *Economist*, 11 de maio de 2016; "Jain Irrigation Saves Water, Increases Efficiency for Smallholder Farmers", *Shared Value Initiative*, www.sharedvalue.org/examples/drip-irrigation-practices-smallholder-farmers.

98. Brad Plumer, "What's Driving the US Solar Boom? A Bit of Creative Financing", *Vox*, 8 de outubro de 2014, www.vox.com/2014/10/8/6947939/solar-power-solarcity-loans-leasing-growth-rooftop.

Capítulo 6: Entre a Cruz e a Espada

1. Edward Balleisen, "Rights of Way, Red Flags, and Safety Valves: Business Self-Regulation and State-Building in the United States, 1850–1940", *Journal of Sociology* 113 (2007): 297–351.

2. David Batty, "Unilever Targeted in Orangutan Protest", *Guardian*, 21 de abril de 2008, www.theguardian.com/environment/2008/apr/21/wildlife.

3. Rainforest Rescue, "Facts about Palm Oil and Rainforest", acesso em fevereiro de 2015, www.rainforest-rescue.org/topics/palm-oil; Roundtable on Sustainable Palm Oil (RSPO), "Impact Report 2014", acesso em fevereiro de 2015, www.rspo.org/about/impacts.

4. World Wildlife Fund (WWF), "Which Everyday Products Contain Palm Oil?" acesso em fevereiro de 2016, www.worldwildlife.org/pages/which-everyday-products-contain-palm-oil.

5. Mark L. Clifford, *The Greening of Asia* (Nova York: Columbia University Press, 2015).

6. World Resources Institute (WRI), "With Latest Fires Crisis, Indonesia Surpasses Russia as World's Fourth-Largest Emitter", 29 de outubro de 2015, acesso em fevereiro de 2016, www.wri.org/blog/2015/10/latest-fires-crisis-indonesia-surpasses-russia-world%E2%80%99s-fourth-largest-emitter.

7. Raquel Moren-Penaranda et al., "Sustainable Production and Consumption of Palm Oil in Indonesia: What Can Stakeholder Perceptions Offer to the Debate?" *Sustainable Production and Consumption*, 2015, acesso em novembro de 2015, http://ac.els-cdn.com/S2352550915000378/1-s2.0-S2352550915000378-main.pdf?_tid=e5ebb192-8e24-11e5-803f.00000aacb35d&acdnat=1447872663_63b9570718954aefb715def91b9e8331.

8. Ruysschaert Denis e Denis Salles, "Towards Global Voluntary Standard: Questioning the Effectiveness in Attaining Conservation Goals. The Case of the Roundtable on Sustainable Palm Oil (RSPO)", *Ecological Economics* 107 (2014): 438–446.

9. George Monbiot, "Indonesia Is Burning. So Why Is the World Looking Away?" *Guardian*, 30 de outubro de 2015, www.theguardian.com/commentisfree/2015/oct/30/indonesia-fires-disaster-21st-century-world-media.

10. Avril Ormsby, "Palm Oil Protests Target Unilever Sites", *Reuters*, 21 de abril de 2008, https://uk.reuters.com/article/uk-britain-unilever/palm-oil-protests-target-unilever-sites-idUKL2153984120080421.

11. Unilever, "Sustainable Palm Oil: Unilever Takes the Lead", 2008, acesso em março de 2016, www.unilever.com/Images/sustainable-palm-oil-unilever-takes-the-lead-2008_tcm244-424242_en.pdf.

12. "Unilever PLC Common Stock", Nasdaq, www.nasdaq.com/symbol/ul/stock-comparison.

13. Aaron O. Patrick, "Unilever Taps Paul Polman of Nestlé as New CEO", *Wall Street Journal*, 5 de setembro de 2008, www.wsj.com/articles/SB122051169481298737.

14. Indrajit Gupta e Samar Srivastava, "A Person of the Year: Paul Polman", *Forbes*, 28 de fevereiro de 2011, www.forbes.com/2011/01/06/forbes-india-person-of-the-year-paul-polman-unilever.html#141d73761053.

15. É um ingrediente essencial em produtos como Doritos.

16. Também podem fazer surgir questões antitruste. A maioria das jurisdições permite alguma forma de cooperação no interesse público, mas todos os esforços setoriais autorregulatórios dão muita atenção a garantir que não violem a lei.

17. Edward J. Balleisen, "Private Cops on the Fraud Beat: The Limits of American Business Self-Regulation, 1895–1932", *Business History Review* 83 (mar-jun de 2009): 119– 120, via Academic Search Premier (EBSCOhost), acesso em janeiro de 2015.

18. A análise que se segue baseia-se majoritariamente em Christine Meisner Rosen, "Businessmen Against Pollution in Late Nineteenth Century Chicago", *Business History Review* 69, nº 3 (1995): 351–397.

19. "The House of Representatives' Selection of the Location for the 1893 World's Fair", US House of Representatives: History, Art & Archives, http://history.house.gov/HistoricalHighlight/Detail/36662?ret=True.

20. "Worlds Columbian Exposition", *Encyclopedia of Chicago*, http://encyclopedia.chicagohistory.org/pages/1386.html.

21. A análise que se segue baseia-se majoritariamente no maravilhoso artigo de Rosen, "Businessmen Against Pollution in Late Nineteenth Century Chicago".

22. "Overview", The Consumer Goods Forum, www.theconsumergoodsforum.com/who-we-are/overview/.

23. Ask Nestle CEO to stop buying palm oil from destroyed rainforest, Greenpeace, www.youtube.com/watch?v=1BCA8dQfGi0.

24. Greenpeace, "2010 — Nestlé Stops Purchasing Rainforest-Destroying Palm Oil", 2010, acesso em março de 2016, www.greenpeace.org/international/en/about/history/Victories-timeline/Nestle/.

25. Gavin Neath e Jeff Seabright, entrevistados pela autora, 28 de junho de 2015.

26. Greenpeace, "How Palm Oil Companies Are Cooking the Climate", 2007, acesso em março de 2016, www.greenpeace.org/international/Global/international/planet-2/report/2007/11/palm-oil-cooking-the-climate.pdf.

27. "No Deforestation, No Peat, No Exploitation Policy", Wilmar, acesso em fevereiro de 2016, www.wilmar-international.com/wp-content/uploads/2012/11/No-Deforestation-No-Peat-No-Exploitation-Policy.pdf.

28. "Cargill Marks Anniversary of No-Deforestation Pledge with New Forest Policy", Cargill, 17 de setembro de, 2015, www.cargill.com/news/releases/2015/NA31891862.jsp.

29. Roundtable on Sustainable Palm Oil (RSPO), "How RSPO Certification Works", acesso de fevereiro de 2016, www.rspo.org/certification/how-rspo-certification-works.

30. Environmental Investigation Agency (EIA), "Who Watches the Watchmen", novembro de 2015, https://eia-international.org/wp-content/uploads/EIA-Who-Watches-the-Watchmen-FINAL.pdf.

31. Rhett Butler, "Despite Moratorium, Indonesia Now Has World's Highest Deforestation Rate", *Mongabay Environmental News*, novembro de 2015, https://news.mongabay.com/2014/06/despite-moratorium-indonesia-now-has-worlds-highest-deforestation-rate/.

32. Mikaela Weisse and Elizabeth Dow Goldman, "The World Lost a Belgium-Sized Area of Primary Rainforests Last Year", World Resources Institute, 26 de abril de 2019, www.wri.org/blog/2019/04/world-lost-belgium-sized-area-primary-rainforests-last-year.

33. "Indonesia, Global Forest Watch", Global Forest Watch.

34. Terry Slavin, "Deadline 2020: 'We Won't End Deforestation Through Certification Schemes', Brands Admit", http://ethicalcorp.com/deadline-2020-we-wont-end-deforestation-through-certification-schemes-brands-admit.

35. Shofia Saleh et al., "Intensification by Smallholder Farmers Is Key to Achieving Indonesia's Palm Oil Targets", World Resources Institute, 26 de setembro de 2018, www.wri.org/blog/2018/04/intensification-smallholder-farmers-key-achieving-indonesia-s

-palm-oil-targets; Thontowi Suhada et al., "Smallholder Farmers Are Key to Making the Palm Oil Industry Sustainable", World Resources Institute, 26 de setembro de 2018, www.wri.org/blog/2018/03/smallholder-farmers-are-key-making-palm-oil-industry-sustainable.

36. Philip Jacobson, "Golden Agri's Wings Clipped by RSPO in West Kalimantan", *Forest People Programme*, 8 de maio de 2015, www.forestpeoples.org/topics/palm-oil-rspo/news/2015/05/golden-agri-s-wings-clipped-rspo-west-kalimantan; Annisa Rahmawati, "The Challenges of High Carbon Stock (HCS) Identification Approach to Support No Deforestation Policy of Palm Oil Company in Indonesia: Lesson Learned from Golden-Agri Resources (GAR) Pilot Project", *IMRE Journal* 7 (3), http://tu-freiberg.de/sites/default/files/media/imre-2221/IMREJOURNAL/imre_journal_annisa_final.pdf, accessed March 2016.

37. "Agriculture, Forestry, and Fishing, Value Added (% of GDP)", Dados do Banco Mundial, https://data.worldbank.org/indicator/NV.AGR.TOTL.ZS?view=chart.

38. "Employment in Agriculture (% of Total Employment) (Modeled ILO Estimate)", Dados do Banco Mundial, https://data.worldbank.org/indicator/SL.AGR.EMPL.ZS?view=chart.

39. "What Did Indonesia Export in 2017?" *The Atlas of Economic Complexity*, http://atlas.cid.harvard.edu/explore/?country=103&partner=undefined&product=undefined&productClass=HS&startYear=undefined&target=Product&year=2017.

40. "Agriculture, Forestry, and Fishing, Value Added (% of GDP)", Dados do Banco Mundial, https://data.worldbank.org/indicator/NV.AGR.TOTL.ZS?view=chart; "What Did Malaysia Export in 2017?" The Atlas of Economic Complexity.

41. Banco Mundial, "Program to Accelerate Agrarian Reform (One Map Project)", https://projects.worldbank.org/en/projects-operations/project-detail/P160661?lang=en.

42. Edward Aspinall e Mada Sukmajati, editores, *Electoral Dynamics in Indonesia: Money Politics, Patronage and Clientelism at the Grassroots* (National University of Singapore Press, 2016).

43. Jake Schmidt, "Illegal Logging in Indonesia: Environmental, Economic & Social Costs Outlined in a New Report", *NRDC*, 15 de dezembro de 2016, www.nrdc.org/experts/jake-schmidt/illegal-logging-indonesia-environmental-economic-social-costs-outlined-new.

44. Greenpeace, "Eating Up the Amazon", 2006, www.greenpeace.org/usa/wp-content/uploads/legacy/Global/usa/report/2010/2/eating-up-the-amazon.pdf.

45. Greenpeace, "10 Years Ago the Amazon Was Being Bulldozed for Soy — Then Everything Changed", 2016, www.greenpeace.org/usa/victories/amazon-rainforest-deforestation-soy-moratorium-success/, acesso em junho de 2018.

46. Greenpeace, "The Amazon Soy Moratorium", acesso em maio de 2018, www.green peace.org/archive-international/Global/international/code/2014/amazon/index.html.

47. Greenpeace, "The Amazon Soy Moratorium".

48. Kelli Barrett, "Soy Sheds Its Deforestation Rap", *GreenBiz*, 6 de junho de 2016, www.greenbiz.com/article/soy-sheds-its-deforestation-rap.

49. Matthew McFall, Carolyn Rodehau e David Wofford, "Oxfam's Behind the Brands Campaign" (Estudo de caso, Washington, DC: Population Council, The Evidence Project, 2017).

50. Greenpeace, "Slaughtering the Amazon", 2009, www.greenpeace.org/usa/wp-content/uploads/legacy/Global/usa/planet3/PDFs/slaughtering-the-amazon-part-1.pdf.

51. A carne bovina fornece menos de 2% das calorias do mundo. "Agriculture at a Crossroads", *Global Agriculture*, www.globalagriculture.org/report-topics/meat-and-animal-feed.html.

52. Hau Lee e Sonali Rammohan, "Beef in Brazil: Shrinking Deforestation While Growing the Industry", Stanford Graduate School of Business Case nº GS88, 2017.

53. Alexei Barrionuevo, "Giants in Cattle Industry Agree to Help Fight Deforestation", *New York Times*, 6 de outubro de 2018, www.nytimes.com/2009/10/07/world/americas/07deforest.html.

54. Holly K. Gibbs et al., "Did Ranchers and Slaughterhouses Respond to Zero-Deforestation Agreements in the Amazon?" *Conservation Letters: A Journal of the Society for Conservation Biology*, 21 de abril de 2015, https://onlinelibrary.wiley.com/doi/full/10.1111/conl.12175.

55. Gibbs et al., "Did Ranchers and Slaughterhouses Respond to Zero-Deforestation Agreements in the Amazon?"

56. Tom Phillips, "Bolsonaro Rejects 'Captain Chainsaw' Label as Data Shows Deforestation 'Exploded'", *Guardian*, 7 de agosto de 2019, www.theguardian.com/world/2019/aug/07/bolsonaro-amazon-deforestation-exploded-july-data.

57. Richard M. Locke, *The Promise and Limits of Private Power: Promoting Labor Standards in a Global Economy* (Cambridge, UK: Cambridge University Press, 2013).

58. Matthew Amengual e Laura Chirot, "Reinforcing the State: Transnational and State Labor Regulation in Indonesia", *ILR Review* 69, nº 5 (2016): 1056–1080.

59. Salo V. Coslovsky e Richard Locke, "Parallel Paths to Enforcement: Private Compliance, Public Regulation, and Labor Standards in the Brazilian Sugar Sector", *Politics & Society* 41, nº 4 (2013): 497–526.

60. Joseph V. Rees, *Hostages of Each Other: The Transformation of Nuclear Safety Since Three Mile Island* (University of Chicago Press, 1994).

61. John G. Kemeny, *Report of the President's Commission on the Accident at Three Mile Island: The Need for Change: The Legacy of TMI*, [the Commission]: For Sale by the Supt. of Docs., U.S. G.P.O., 1979.

62. Jennifer F. Brewer, "Revisiting Maine's Lobster Commons: Rescaling Political Subjects", *International Journal of the Commons* 6, nº 2 (2012): 319–343.

63. O Japão e a Alemanha praticamente fecharam seu setor nuclear após o desastre do tsunami em 2011, sugerindo que esse temor está bem fundamentado. Thomas Feldhoff, "Post-Fukushima Energy Paths: Japan and Germany Compared". *Bulletin of the Atomic Scientists* 70, nº 6 (2014): 87–96.

64. Bruce Barcott, "In Novel Approach to Fisheries, Fishermen Manage the Catch", *Yale E360*, janeiro de 2011, https://e360.yale.edu/features/in_novel_approach_to_fisheries_fishermen_manage_the_catch.

65. Os detalhes a seguir têm como fonte Clayton S. Rose e David Lane, "MELF and Business Culture in the Twin Cities (A)", Harvard Business School Case nº 315078, março de 2015.

66. Os invernos em Minneapolis são conhecidamente longos e muito frios.

67. Harvard Business School MELF Case C.

68. Art Rolnick e Rob Grunewald, "Early Childhood Development: Economic Development with a High Public Return", *The Region* 17, nº 4 (2003): 6–12; sua interpretação da literatura das ciências sociais sugeriram que os esforços para resolver o problema dariam uma provável taxa de retorno social ao redor de 16%.

69. Charles McGrath, "Pension Funds Dominate Largest Asset Owners", *Pensions & Investments*, 12 de novembro de 2018, www.pionline.com/article/20181112/INTERACTIVE/181119971/pension-funds-dominate-largest-asset-owners.

70. "World's Top Asset Managers 2019", *ADV Ratings*, www.advratings.com/top-asset-management-firms.

71. George Serafeim, "Investors as Stewards of the Commons?" Harvard Business School Working Paper nº 18-013, agosto de 2017.

72. Kelly Gilblom, Bloomberg.com, 11 de abril de 2019, www.bloomberg.com/news/features/2019-04-11/climate-group-with-32-trillion-pushes-companies-for-transparency.

73. O "+" representa as 61 "empresas de foco" adicionais que foram acrescentadas à lista seis meses depois porque serão significativamente afetadas pela mudança climática ou porque têm um papel especialmente importante a desempenhar em sua mitigação.

74. https://climateaction100.wordpress.com/.

75. "Power Companies Must Accelerate Decarbonisation and Support Ambitious Climate Policy", FT.com, 20 de dezembro de 2018.

76. "Proposal: Strategy Consistent with the Goals of the Paris Agreement", *Ceres*, https://ceres.my.salesforce.com/sfc/p/#A0000000ZqYY/a/1H000000bxTX/VMk1IZrSUtwbmXzkJ_DVFFsrtiQBpMuOiZMnzu7V7Y8.

Capítulo 7: Protegendo o Que Nos Fez Ricos e Livres

1. Yascha Mounk, *The People vs. Democracy: Why Our Freedom Is in Danger and How to Save It* (Cambridge, MA: Harvard University Press, 2018).

2. "Unlocking the Inclusive Growth Story of the 21st Century: Accelerating Climate Action in Urgent Times" (Washington, DC: New Climate Economy, 2018), https://newclimateeconomy.report/2018/wp-content/uploads/sites/6/2018/09/NCE_2018_FULL-REPORT.pdf.

3. Manuela Andreoni e Christine Hauser, "Fires in Amazon Rain Forest Have Surged This Year", *New York Times*, 21 de agosto de 2019, www.nytimes.com/2019/08/21/world/americas/amazon-rainforest.html.

4. Christine Meisner Rosen, "Businessmen Against Pollution in Late Nineteenth Century Chicago", *Business History Review* 69, nº 3 (1995): 351–397.

5. Pablo A. Mitnik e David B. Grusky, "Economic Mobility in the United States" The Pew Charitable Trusts and the Russel Sage Foundation, 2015); John Jerrim e Lindsey Macmillan, "Income Inequality, Intergenerational Mobility, and the Great Gatsby Curve: Is Education the Key?" *Social Forces* 94, nº 2 (dezembro de 2015): 505– 533; OECD, "A Family Affair: Intergenerational Social Mobility Across OECD Countries", *Economic Policy Reforms* (2010): 166–183.

6. Banco Mundial, *World Development Report 2018: Learning to Realize Education's Promise* (Washington, DC: Banco Mundial, 2018), doi:10.1596/978-1-4648-1096-1. License: Creative Commons Attribution CC BY 3.0 IGO. As crianças que não recebem um suprimento adequado de nutrientes básicos em seus primeiros dias de vida sofrem danos cognitivos e emocionais que não podem ser reparados posteriormente. Banco Mundial, *World Development Report 2018*.

7. F. Alvaredo, L. Chancel, T. Piketty, E. Saez e G. Zucman, *World Inequality Report 2018* (Cambridge, MA: The Belknap Press of Harvard University Press, 2018).

8. "Total Factor Productivity at Constant National Prices for United States", *FRED*, 11 de junho de 2019, https://fred.stlouisfed.org/series/RTFPNAUSA632NRUG.

9. Lawrence Mishel e Jessica Schieder, "CEO Compensation Surged in 2017", *Economic Policy Institute* 16 (2018).

10. Lyndsey Layton, "Majority of U.S. Public School Students Are in Poverty", *Washington Post*, 16 de janeiro de 2015, www.washingtonpost.com/local/education/majority-of-us-public-school-students-are-in-poverty/2015/01/15/df7171d0-9ce9-11e4-a7ee-526210d665b4_story.html.

11. Bryce Covert, "Walmart's Wage Increase Is Hurting Its Stock Price and That's OK", *Nation*, 23 de outubro de 2015, www.thenation.com/article/walmarts-wage-increase-is-hurting-its-stock-price-and-thats-ok/.

12. Walmart, *2018 Annual Report*, https://s2.q4cdn.com/056532643/files/doc_financials/2018/annual/WMT-2018_Annual-Report.pdf.

13. "Inaugural Addresses of the Presidents of the United States: Ronald Reagan", Projeto Avalon Project — Documentos sobre Direito, História e Diplomacia, https://avalon.law.yale.edu/20th_century/reagan1.asp.

14. A. Winston, "Where the GOP's Tax Extremism Comes From", [online] 2017, acesso em 18 de outubro de 2019, https://medium.com/@AndrewWinston/where-the-gops-tax-extremism-comes-from-90eb10e38b1c.

15. "Edelman Trust Barometer Global Report" (2019), https://news.gallup.com/reports/199961/7.aspx.

16. Philip Mirowski e Deiter Piehwe, *The Road from Mont Pelerin: The Making of the Neoliberal Thought Collective* (Cambridge, MA: Harvard University Press, 2009).

17. Theda Skocpol e Alexander Hertel-Fernandez, "The Koch Network and Republican Party Extremism", *Perspectives on Politics* 14, nº 3 (2016): 681–699.

18. Daron Acemoglu, Simon Johnson e James A. Robinson, "The Colonial Origins of Comparative Development: An Empirical Investigation", *American Economic Review* 91, nº 5 (2001): 1369–1401.

19. Cidades-Estado na Grécia antiga, como Atenas, eram exceções raras e notáveis.

20. Samuel Edward Finer, *The History of Government from the Earliest Times: Ancient Monarchies and Empires*, vol. 1 (Oxford, UK: Oxford University Press, 1997).

21. Brian M. Downing, "Medieval Origins of Constitutional Government in the West", *Theory and Society* 18, nº 2 (1989): 213–247; Daron Acemoglu e James A. Robinson, *Economic Origins of Dictatorship and Democracy* (Cambridge, UK: Cambridge University Press, 2005).

22. Diego Puga e Daniel Trefler, "International Trade and Institutional Change: Medieval Venice's Response to Globalization", *Quarterly Journal of Economics* 129, nº 2 (2014): 753–821.

23. Barrington Moore, *Social Origins of Dictatorship and Democracy: Lord and Peasant in the Making of the Modern World* (Boston: Beacon Press, 1993).

24. Marina Mazzucato, *The Entrepreneurial State: Debunking Public vs. Private Myths* (Londres: Anthem Press, 2013).

25. Jeffrey Masters, "The Skeptics vs. the Ozone Hole", *Weather Underground*, 10.226.246.28 (1974), www.wunderground.com/resources/climate/ozone_skeptics.asp.

26. *Chemical Week* (Nova York: McGraw-Hill, 17 de julho de 1975), impresso.

27. J. P. Glas, "Protecting the Ozone Layer: A Perspective from Industry", em *Technology and Environment*, editores J. H. Ausubel e H. E. Sladovich (National Academy Press: Washington, DC, 1989), www.wunderground.com/resources/climate/ozone_skeptics.asp.

28. CFCs são gases de efeito estufa especialmente potentes.

29. R. Schmalensee e R. N. Stavins, "The SO2 Allowance Trading System: The Ironic History of a Grand Policy Experiment", *Journal of Economic Perspectives* 27. nº 1 (2013): 103–122.

30. Sanjeev Gupta, Hamid Davoodi e Rosa Alonso-Terme, "Does Corruption Affect Income Inequality and Poverty?" *Economics of Governance* 3, nº 1 (2002): 23–45.

31. "Views on Homosexuality, Gender and Religion", Pew Research Center for the People and the Press, 18 de setembro de 2018, www.people-press.org/2017/10/05/5-homosexuality-gender-and-religion/.

32. "Views on Homosexuality, Gender and Religion", Pew Research Center for the People and the Press, www.people-press.org/2017/10/05/5-homosexuality-gender-and-religion; "Global Attitudes Toward Transgender People", *Ipsos*, www.ipsos.com/en-us/news-polls/global-attitudes-toward-transgender-people.

33. "Business Success and Growth Through LGBT–Inclusive Culture", US Chamber Foundation, 9 de abril de 2019, www.uschamberfoundation.org/sites/default/files/Business-Success-Growth-LGBT-Inclusive-Culture-FINAL-WEB.pdf.

34. "Frequently Asked Questions about Domestic Partner Benefits", Human Rights Campaign, www.hrc.org/resources/frequently-asked-questions-about-domestic-partner-benefits.

35. "Corporate Equality Index 2019", Human Rights Campaign Foundation, 28 de março de 2019, https://assets2.hrc.org/files/assets/resources/CEI-2019-FullReport.pdf?_ga=2.70189529.856883140.1563932191-499015526.1563932191.

36. "Corporate Equality Index 2019", Human Rights Campaign Foundation.

37. "LGBT People in the United States Not Protected by State Nondiscrimination Statutes" (Los Angeles: The Williams Institute, UCLA, March 2019); "Hate Crimes", FBI, 3 de maio de 2016, www.fbi.gov/investigate/civil-rights/hate-crimes.

38. Kent Bernhard Jr., "Salesforce CEO Marc Benioff Fights Back Against Indiana 'Religious Freedom' Law", *Business Journals*, 26 de março de 2015, www.bizjournals.com/bizjournals/news/2015/03/26/benioff-salesforce-fights-indiana-religious-law.html.

39. Jim Gardner, "Other Tech Giants Join Salesforce CEO in Slamming New Indiana Law", Bizjournals.com, www.bizjournals.com/sanfrancisco/blog/2015/03/indiana-gays-discrimination-salesforce-apple-yelp.html.

40. O resumo oficial da emenda sugere que ela "indica que a lei relacionada a adjudicar uma queixa ou defesa de que o decreto de um estado ou local ou outra ação onera substancialmente o exercício da religião de uma pessoa: (1) não autoriza um fornecedor a recusar, oferecer ou prestar serviços, locais, uso de acomodações públicas, bens, emprego ou moradia a qualquer membro ou membros do público geral; (2) não estabelece uma defesa a ela para uma ação civil ou criminal pela recusa de um fornecedor oferecer ou prestar serviços, locais, uso de acomodações públicas, bens, emprego ou moradia a qualquer membro ou membros do público geral; e (3) não nega quaisquer direitos disponíveis sob a Constituição do Estado de Indiana", www.documentcloud.org/documents/1699997-read-the-updated-indiana-religious-freedom.html#document/p1.

41. David Gelles, "The C.E.O. Who Stood Up to President Trump: Ken Frazier Speaks Out", *New York Times*, 19 de fevereiro de 2018, www.nytimes.com/2018/02/19/business/merck-ceo-ken-frazier-trump.html.

42. Matthew E. Kahn et al., "Long-term Macroeconomic Effects of Climate Change: A Cross-Country Analysis", NBER Working Paper nº w26167 (Cambridge, MA: National Bureau of Economic Research, 2019).

43. IPCC, "Summary for Policymakers" in *Climate Change 2014: Mitigation of Climate Change. Contribution of Working Group III to the Fifth Assessment Report of the IPCC*, editado por O. Edenhofer, R. Pichs-Madruga, Y. Sokona, E. Farahani, S. Kadner, K. Seyboth, A. Adler, I. Baum, S. Brunner, P. Eickemeier, B. Kriemann, J. Savolainen, S. Schlömer, C. von Stechow, T. Zwickel e J. C. Minx (Cambridge, Reino Unido e Nova York: Cambridge University Press, 2014).

44. Dimitri Zenghelis, "How Much Will It Cost to Cut Global Greenhouse Gas Emissions?" The London School of Economics and Political Science Grantham Research Institute on Climate Change and the Environment website, 27 de outubro de 2014, eprints.lse.ac.uk/69605; acessado em abril de 2016; Marshall Burke, Solomon M. Hsiang e Edward Miguel, "Global Non-Linear Effect of Temperature on Economic Production", *Nature* 527 (12 de novembro de 2015): 235–239, www.nature.com/nature/journal/v527/n7577/full/nature15725.html, acesso em junho de 2016.

45. "What Climate Change Means for Utah", EPA, agosto de 2016, https://19january2017 snapshot.epa.gov/sites/production/files/2016-09/documents/climate-change-ut.pdf.

46. "The Utah Way to Achieving 100 Percent Clean Energy", *Sierra Club*, 1º de julho de 2019, www.sierraclub.org/sierra/2019-4-july-august/feature/utah-way-achieving-100-percent-clean-energy.

47. Iulia Gheorghiu, "PacifiCorp Shows 60% of Its Coal Units Are Uneconomic", *Utility Dive*, 5 de dezembro de 2018, www.utilitydive.com/news/pacificorp-shows-60-of-its-coal-units-are-uneconomic/543566/.

48. "The Utah Way to Achieving 100 Percent Clean Energy", *Sierra Club*.

49. https://thesolutionsproject.org.

50. Helen Clarkson, "One Year on: U.S. Business Is Still Committed to the Paris Agreement", *GreenBiz*, 1º de junho de 2018, www.greenbiz.com/article/one-year-us-business-still-committed-paris-agreement.

51. Michael, "Trump Will Withdraw U.S. from Paris Climate Agreement", *New York Times*, 1º de junho de 2017, www.nytimes.com/2017/06/01/climate/trump-paris-climate-agreement.html.

52. Andrew Winston, "U.S. Business Leaders Want to Stay in the Paris Climate Accord", *Harvard Business Review* (27 de fevereiro de 2018), https://hbr.org/2017/05/u-s-business-leaders-want-to-stay-in-the-paris-climate-accord.

53. www.wearestillin.com/.

54. Adam Bonica e Michael McFaul, "Opinion/Want Americans to Vote? Give Them the Day off", *Washington Post*, 11 de outubro de 2018, www.washingtonpost.com/opinions/want-americans-to-vote-give-them-the-day-off/2018/10/10/5bde4b1a-ccae-11e8-920f-dd52e1ae4570_story.html?utm_term=.1bec742b2247.

55. opensecrets.org.

56. opensecrets.org.

57. Marianne Bertrand, Matilde Bombardini, Raymond Fisman e Francesco Trebbi, "Tax-Exempt Lobbying: Corporate Philanthropy as a Tool for Political Influence", NBER Working Paper nº 24451 (Cambridge, MA: NBER, 2018).

58. Veja, por exemplo, Nicholas Confessore e Megan Thee-Brenan, "Poll Shows Americans Favor an Overhaul of Campaign Financing", *New York Times*, 2 de junho de 2015, www.nytimes.com/2015/06/03/us/politics/poll-shows-americans-favor-overhaul-of-campaign-financing.html.

59. www.maketimetovote.org/.

60. Abigail J. Hess, "A Record 44% of US Employers Will Give Their Workers Paid Time off to Vote This Year", CNBC, 31 de outubro de 2018, www.cnbc.com/2018/10/31/just-44percent-of-us-employers-give-their-workers-paid-time-off-to-vote.html.

61. Tina Nguyen, "Reid Hoffman's Hundred-Million-Dollar Plan to GrowthHack Democracy", *Vanity Fair*, 15 de julho de 2019, www.vanityfair.com/news/2019/04/linkedin-founder-reid-hoffman-spends-millions-to-grow-democracy.

62. James Rickards, "Rickards: Warren Buffett and Hugo Stinnes", *Darien Times*, 5 de janeiro de 2015, www.darientimes.com/38651/rickards-warren-buffett-and-hugo-stinnes/.

63. Sanjeev Gupta, Hamid Davoodi e Rosa Alonso-Terme, "Does Corruption Affect Income Inequality and Poverty?" *Economics of Governance* 3, nº 1 (2002): 23-45.

64. Gerald D. Feldman, "The Social and Economic Policies of German Big Business, 1918-1929", *American Historical Review* 75, nº 1 (1969): 47-55.

65. David R. Henderson, "German Economic Miracle", *Library of Economics and Liberty*, www.econlib.org/library/Enc/GermanEconomicMiracle.html; Wolfgang F. Stolper e Karl W. Roskamp, "Planning a Free Economy: Germany 1945-1960". *Zeitschrift fur die gesamte Staatswissenschaft* 135, nº 3 (1979): 374-404.

66. Michael R. Hayse, *Recasting West German Elites: Higher Civil Servants, Business Leaders, and Physicians in Hesse Between Nazism and Democracy, 1945-1955*, vol. 11 (Nova York: Berghahn Books, 2003): 119-120.

67. Kathleen Thelen, *How Institutions Evolve: The Political Economy of Skills in Germany, Britain, the United States and Japan* (Cambridge, UK: Cambridge University Press, 2012).

68. Essa classificação exclui as cidades-Estados ricas, "Country Comparison: GDP—PER CAPITA (PPP)", Central Intelligence Agency, www.cia.gov/library/publications/the-world-factbook/rankorder/2004rank.html.

69. Banco Mundial, *World Trade Indicators*, 2017, https://wits.worldbank.org/CountryProfile/en/Country/WLD/Year/2017; "U.S. Exports, as a Percentage of GDP", *Statista*, www.statista.com/statistics/258779/us-exports-as-a-percentage-of-gdp/.

70. Klaus Schwab, "The Global Competitiveness Report 2018", *World Economic Forum*, 2018.

71. "Infrastructure", Germany Trade and Invest GmbH (GTAI), www.gtai.de/GTAI/Navigation/EN/Invest/Business-location-germany/Business-climate/infra structure.html.

72. Hermann Simon, "Why Germany Still Has So Many Middle-Class Manufacturing Jobs", *Harvard Business Review* (13 de julho de 2017), https://hbr.org/2017/05/why-germany-still-has-so-many-middle-class-manufacturing-jobs?referral=03759&cm_vc=rr_item_page.bottom.

73. Tamar Jacoby, "Why Germany Is So Much Better at Training Its Workers", *Atlantic*, 20 de outubro de 2014, www.theatlantic.com/business/archive/2014/10/why-germany-is-so-much-better-at-training-its-workers/381550/.

74. A Câmara de Comércio dos EUA afirma ser "a maior organização empresarial do mundo" e representar mais de 3 milhões de empresas, www.uschamber.com/about-us-chamber-commerce. Em 2017, a Câmara foi a organização que mais fez lobby no congresso norte-americano.

75. "Climate Change: The Path Forward", U.S. Chamber of Commerce, 27 de setembro de 2019, www.uschamber.com/addressing-climate-change.

76. R. Meyer, "The Unprecedented Surge in Fear About Climate Change" [on-line], *Atlantic*, acesso em 19 de outubro de 2019, www.theatlantic.com/science/archive/2019/01/do-most-americans-believe-climate-change-polls-say-yes/580957/.

77. "Global Battery Alliance", *World Economic Forum*, www.weforum.org/projects/global-battery-alliance.

78. "Strengthening Global Food Systems", *World Economic Forum*, www.weforum.org/projects/strengthening-global-food-systems.

79. Anand Giridharadas, *Winners Take All: The Elite Charade of Changing the World* (Nova York: Alfred A. Knopf, 2018).

80. "ICC Launches New Tool to Promote Business Sustainability — ICC — International Chamber of Commerce", ICC, 19 de janeiro de 2017, https://iccwbo.org/media-wall/news-speeches/icc-launches-new-tool-to-promote-business-sustainability/.

81. Asbjørn Sonne Nørgaard, "Party Politics and the Organization of the Danish Welfare State, 1890–1920: The Bourgeois Roots of the Modern Welfare State", *Scandinavian Political Studies* 23, nº 3 (2000): 183–215.

82. Tim Worstall, "Denmark Does Not Have A $20 Minimum Wage, Try $11.70 Instead". *Forbes*, 13 de agosto de 2015, www.forbes.com/sites/timworstall/2015/08/12/denmark-does-not-have-a-20-minimum-wage-try-11 70-instead/#17694b477814.

83. "Denmark Has OECD's Lowest Inequality", *Local*, 21 de maio de 2015, www.thelocal.dk/20150521/denmark-has-lowest-inequality-among-oecd-nations. Em contraste, a diferença nos Estados Unidos é de 18,8, com os 10% mais ricos ganhando 18,8 vezes a mais do que os 10% mais pobres.

84. Marc Sabatier Hvidkj, "How Does a Danish McDonald's Worker Make 20$/Hour, Without a Minimum Wage Law?" *Medium*, 30 de janeiro de 2019, https://medium.com/@marcsabatierhvidkjr/how-does-a-danish-mcdonalds-worker-make-20-hour-with out-a-minimum-wage-law-ea8bcbaa870f.

85. James Edward Meade, "Mauritius: A Case Study in Malthusian Economics", *Economic Journal* 71, 283 (1961): 521–534.

86. O PTM fez campanha pela independência em aliança com o Comité d'Action Musulman (um partido muçulmano) e com um partido declaradamente hindu, o Bloco Avante Independência.

87. Deborah Brautigam e Tania Diolle, "Coalitions, Capitalists and Credibility: Overcoming the Crisis of Confidence at Independence in Mauritius" (DLP Research Paper 4, 2009).

88. ZPEs são áreas designadas para permitir a fabricantes nacionais que compitam internacionalmente ao livrá-los de muitos impostos e regulações locais. Em 1962, uma missão visitante do Banco Mundial que buscava explorar a possibilidade de estabelecer algumas nas Ilhas Maurício concluíra: "Uma expansão industrial limitada pode acontecer principalmente para servir a exigências nacionais. [Mas] a falta de matérias-primas nacionais e de fornecimento de energia, o mercado local superficial, grandes distâncias e custos trabalhistas relativamente altos determinam limites definidos para o crescimento industrial. Obviamente, as condições que ajudaram Hong Kong ou Porto Rico a alcançarem sua proeminência atual não existem nas Ilhas Maurício."

89. Doing Business, "Training for Reform. Economy Profile Mauritius" (Washington, DC: Banco Mundial Group, 2019), www.doingbusiness.org/content/dam/doingBusiness/country/m/mauritius/MUS.pdf.

90. "Mauritius", Dados do Banco Mundial, https://data.worldbank.org/country/mauritius.

91. Coeficientes de Gini mais baixos representam menos desigualdade. Uma sociedade com um coeficiente de 0 seria perfeitamente igualitária. Uma com um coeficiente de 100 daria toda a renda para apenas uma pessoa; "Countries Ranked by GINI Index (Estimativa do Banco Mundial)", Index Mundi, www.indexmundi.com/facts/indicators/SI.POV.GINI/rankings.

92. *Human Development Indices and Indicators: 2018 Statistical Update* (Mauritius: UNDP, 2018), http://hdr.undp.org/sites/all/themes/hdr_theme/country-notes/MUS.pdf.

93. Minhas fontes para o que vem a seguir são uma entrevista pessoal com Daniella conduzida em agosto de 2018, minha experiência pessoal e o site da Leadership Now. Faço parte do Conselho Consultivo da organização.

Capítulo 8: Pedrinhas numa Avalanche de Mudanças

1. Hans Rosling, Ola Rosling e Anna Rosling Rönnlund, *Factfulness: Ten Reasons We're Wrong About the World — and Why Things Are Better Than You Think*, 1ª ed. (Nova York: Flatiron Books, 2018), 33.

2. K. Danziger, "Ideology and Utopia in South Africa: A Methodological Contribution to the Sociology of Knowledge", *British Journal of Sociology* 14, nº 1 (1963): 59–76.

3. Rosling et al. *Factfulness*, 53.

4. "Global Child Mortality: It Is Hard to Overestimate Both the Immensity of the Tragedy, and the Progress the World Has Made", *Our World in Data*, https://ourworldindata.org/child-mortality-globally.

5. Max Roser, "Economic Growth", *Our World in Data*, 24 de novembro de 2013, https://ourworldindata.org/economic-growth; Max Roser et al., "World Population Growth", *Our World in Data*, 9 de maio de 2013, https://ourworldindata.org/world-population-growth; "World Population by Year", *Worldometers*, www.worldometers.info/world-population/world-population-by-year/.

6. R. J. Reinhart, "Global Warming Age Gap: Younger Americans Most Worried", Gallup.com, 4 de setembro de 2019, https://news.gallup.com/poll/234314/global-warming-age-gap-younger-americans-worried.aspx; Steven Pinker, *Enlightenment Now: The Case for Reason, Science, Humanism, and Progress* (Nova York: Viking, 2018).

7. Rosling et al., *Factfulness*, 60. Mais formalmente, por Wp é um "Watt-Pico" ou a capacidade de um watt sob condições ideais.

8. *Better Business Better World* (Londres: Business and Sustainable Development Commission, janeiro de 2017), http://report.businesscommission.org/uploads/BetterBiz-BetterWorld_170215_012417.pdf.

9. "Renewable Energy Market Global Industry Analysis, Size, Share, Growth, Trends and Forecast 2019–2025", *Reuters*, 22 de fevereiro de 2019, www.reuters.com/brandfeatures/venture-capital/article?id=85223.

10. "Renewables 2018 Global Status Report" (Paris: REN21 Secretariat).

11. Silvio Marcacci, "Renewable Energy Job Boom Creates Economic Opportunity as Coal Industry Slumps", *Forbes*, 22 de abril de 2019, www.forbes.com/sites/energyinnovation/2019/04/22/renewable-energy-job-boom-creating-economic-opportunity-as-coal-industry-slumps/#747b8f823665.

12. *Energy Efficiency Market Report 2018* (Paris: International Energy Agency [IEA], 2018), https://webstore.iea.org/download/direct/2369?fileName=Market_Report_Series_Energy_Efficiency_2018.pdf; Publicação da OCDE, *World Energy Outlook 2017* (Paris: Organization for Economic Cooperation and Development, 2017).

13. "Agriculture at a Crossroads", *Global Agriculture*, www.globalagriculture.org/report-topics/meat-and-animal-feed.html.

14. Deena Shanker, "Plant Based Foods Are Finding an Omnivorous Customer Base", Bloomberg.com, 30 de julho de 2018, www.bloomberg.com/news/articles/2018-07-30/plant-based-foods-are-finding-an-omnivorous-customer-base; Jesse Nichols e Eve Andrews, "How the Word 'Meat' Could Shape the Future of Protein", *Grist*, 19 de janeiro de 2019, https://grist.org/article/how-the-word-meat-could-shape-the-future-of-protein/; Janet Forgrieve, "Plant-Based Food Sales Continue to Grow by Double Digits, Fueled by Shift in Grocery Store Placement", *Forbes*, 16 de julho de 2019, www.forbes.com/sites/janetforgrieve/2019/07/16/plant-based-food-sales-pick-up-the-pace-as-product-placement-shifts/#484fe50d4f75.

15. David Yaffe-Bellany, "The New Makers of Plant-Based Meat? Big Meat Companies", *New York Times*, 14 de outubro de 2019, www.nytimes.com/2019/10/14/business/the-new-makers-of-plant-based-meat-big-meat-companies.html.

16. Hannah Ritchie and Max Roserm "Crop Yields", *Our World in Data*, 17 de outubro de 2013, https://ourworldindata.org/yields-and-land-use-in-agriculture.

17. International Panel of Experts on Sustainable Food Systems (IPES-Food), "Breaking Away from Industrial Food and Farming Systems: Seven Case Studies of Agroecological Transition" (outubro de 2018); "Unlocking the Inclusive Growth Story of the 21st Century: Accelerating Climate Action in Urgent Times" (Washington, DC: New Climate Economy, 2018), https://newclimateeconomy.report/2018/wp-content/uploads/sites/6/2018/09/NCE_2018_FULL-REPORT.pdf.; Technoserve, *Eyes in the Sky for African Agriculture, Water Resources, and Urban Planning*, abril de 2018, www.technoserve.org/files/downloads/case-study_eyes-in-the-sky-for-african-agriculture-water-resources-and-urban-planning.pdf.

18. Food and Agriculture Organization (FAO), *The 10 Elements of Agroecology: Guiding the Transition to Sustainable Food and Agricultural Systems*, www.fao.org/3/i9037en/I9037EN.pdf; New Climate Economy, *Unlocking the Inclusive Growth Story* (2018).

19. Para saber mais sobre como fazer a diferença em sua própria vida para se conectar com outros leitores deste livro, visite, por favor, ReimaginingCapitalism.org [conteúdo em inglês].

20. Leor Hackel e Gregg Sparkman, "Actually, Your Personal Choices Do Make a Difference in Climate Change", *Slate Magazine*, 26 de outubro de 2018, https://slate.com/tech nology/2018/10/carbon-footprint-climate-change-personal-action-collective-action.html.

21. Steve Westlake, "A Counter-Narrative to Carbon Supremacy: Do Leaders Who Give Up Flying Because of Climate Change Influence the Attitudes and Behaviour of Others?" SSRN 3283157 (2017).

22. Gregg Sparkman e Gregory M. Walton, "Dynamic Norms Promote Sustainable Behavior, Even If It Is Counternormative", *Psychological Science* 28, nº 11 (2017): 1663-1674.

23. Hackel e Sparkman, "Actually, Your Personal Choices Do Make a Difference".

24. Karen Asp, "WW Freestyle: Review for New Weight Watchers Plan", WebMD, 10 de janeiro de 2018, www.webmd.com/diet/a-z/weight-watchers-diet; John F. Kelly e Julie D. Yeterian, "The Role of Mutual-Help Groups in Extending the Framework of Treatment", *Alcohol Research & Health* 33, nº 4 (2011): 350, National Institute on Alcohol Abuse and Alcoholism; Dan Wagener, "What Is the Success Rate of AA?" *American Addiction Centers*, 28 de outubro de 2019, https://americanaddictioncenters.org/rehab-guide/12-step/whats-the-success-rate-of-aa.

25. Ray Rothrick, "Rockefeller Family VC Funds Risky Fusion Energy Project", *Fusion 4 Freedom*, 22 de maio de 2016, https://fusion4freedom.com/rockefeller-vc-funds-risky-fusion-project/.

26. A Proforest é uma ONG que trabalha com grandes empresas para ajudá-las a fazer a transição para o fornecimento agrícola responsável. Veja www.proforest.net/en [conteúdo em inglês].

27. O relato que se segue usa como base as informações disponíveis em www.mothersoutfront.org/ [conteúdo em inglês].

28. "The Starfish Story", *City Year*, www.cityyear.org/about-us/culture-values/founding-stories/starfish-story, inspirado em "The Star Thrower", um texto de 16 páginas escrito por Loren Eiseley e publicado em 1969 na obra *The Unexpected Universe*.

29. "Organizing Toolkit", Mothers Out Front, https://d3n8a8pro7vhmx.cloudfront.net/mothersoutfront/pages/1218/attachments/original/1494268006/MothersOutFront_toolkit-Section_1.pdf?1494268006.

30. Dennis Overbye, "John Huchra Dies at 61; Maps Altered Ideas on Universe", *New York Times*, 14 de outubro de 2010, www.nytimes.com/2010/10/14/us/14huchra.html.

ÍNDICE

SÍMBOLOS

1worker1vote, 147, 253

A

Abordagem "jurisdicional", 183
Aceleração da desigualdade, 160
Acordo
    de Paris, 13, 191
    Stinnes-Legien, 223
Acordos cooperativos voluntários, 165
Administração
    científica, 103
    high road, 112
Aetna, 83, 90
    Christopher Ciano, 88
Amazon, 122
Amazônia, 179
American Sustainable Business Council, 147
Ane Goodall Institute, 130
Apple, 4, 9
Aquecimento global, 197
Associação
    Astronômica Americana, 257
    Brasileira de Supermercados, 181
    da Indústria Alemã do Reich, 223
A Terra Inabitável, 27
Autorregulação, 40, 160, 178, 190
    esforços globais de, 170
Avis, 147

B

B Corp, 38
Bem-estar social, 232
Ben & Jerry's, 49, 52
Bernie Sanders, 229
Bethlehem Steel, 104
Bill & Melinda Gates Foundation, 140
Biogrond Beleggingsfonds, 144
BlackRock, 9, 193
Blitzkrieg, 79
Bob Gibbons, xi
Bob Iger, 219
Bolha das empresas pontocom, 122
Boom econômico, 22
BP, 24
Brexit, 26
Brian Schatz, 64
Bryn Carey, 217
Business Roundtable (BRT), 10

C

Cadbury, 109
Câmara Internacional do Comércio, 160
Capitalismo
    de compadres, 25
    lucrativo, igualitário e sustentável, 4
CEMEX, 21
Charlie Krone, 114
Clayton Rose, xi
Clean Air Act (Lei do Ar Limpo), 208
CLP, 64
    Andrew Brandler, 67
Coca-Cola, 32
Codeterminação, 224

Colapso institucional, 8
Colleganza, 205
Combustíveis fósseis, 8, 13
Comoditização, 50
Condições trabalhistas, 77
Conhecimento arquitetural, 70
Conselho de Padrões Contáveis de Sustentabilidade, 129
Consenso de Washington, 202
Contabilidade moderna, 124
Controle econômico centralizado, 16
Cooperação
    crossetorial, 160
    pré-competitiva, 171
    sustentada, 185
    transetorial, 165
COP24, 219
Corley Kenna, 221
Corporações benéficas, 150
Corporate Equality Index, 211
Council of Institutional Investors, 10
Crise financeira de 2008, 64
Cultura corporativa, 124, 126
Curva de aprendizado, 65

D

Dairy Farmers of America, 145
Daniella Ballou-Aares, 238, 254
Daniël Povel, 143
Danone, 150
David Wallace-Wells, 27
Degradação ambiental, 8, 197
Desemprego, 8
desflorestamento contínuo, 160
Desigualdade
    econômica, 8
    entre os países, 22
Deutsche Bank, 214
Discriminação LGBTQ, 42
Douglas McGregor, 113
Doug McMillon, 121
DuPont, 208

E

Ecolab, 189
Educação moral e cívica, 245
Efeito carona (free rider), 158
Eileen Fisher, 150
E. L. de Mole, 78
Elinor Ostrom, 160, 185
Elon Musk, 219
Embargo ao petróleo, 18
Empresa
    high road, 35, 109
    low road, 35
Eric Holterhues, 141
Eric Trist, 112
Erik Osmundsen, 30, 48, 140, 249
Esforços cooperativos, 161
ESG, 126
Estagflação, 18
Exxon, 9

F

Facebook, 123, 153
Federal Reserve, 64
Franklin D. Roosevelt, 249
Frederick Taylor, 103
    carregamento de barras de ferro, 104
Freelancers Union, 253
Free rider (efeito carona), 158
Friedrich Hayek, 16, 200
Fundação do Aprendizado Inicial de Minnesota, 188
Fundo de Investimento de Pensões do Governo do Japão (GPIF), 133

G

Gallup, 102
Gary Herbert, 216
Gary Loveman, 89
Gases de efeitos estufa, 13
Gavin Neath, 161
General Mills, 95
General Motors, 99, 106
George Cadbury, 110

George Staley, 188
Gilead, 122
GM, 4
Google, 123
Grande Crash de 2008, 25
Grande Depressão, 17, 124
Greenpeace, 162, 170, 179
Greenwashing, 162
Greta Thunberg, 250
Grover Norquist, 199
Grupo de Trabalho da Soja, 180
Guerra Civil Inglesa, 206

H

Haighmoor, mina de carvão, 112
Hamdi Ulukaya, 44
Harper's Magazine, 73
Haworth, 130
HBS, xi
Henry David Thoreau, 259
Hiro Mizuno, 133, 191
Hugo Stinnes, 223
Hyman Minsky, 64

I

Inovação
    arquitetural, 69, 78, 90
    incremental, 77
    "radical" ou "disruptiva", 77
Instituições
    extrativistas, 203
    inclusivas, 203
Instituto Tavistock, 115
Inteligência artificial, 8
International Finance Corporation, 54
Investidores de impacto, 140, 155

J

Jacob Soll, 123
Jair Bolsonaro, 181
James Meade, 233
Jean Rogers, 128
Jeffrey Ballinger, 73

Jeremy Stoppelman, 212
Jerome Powell, 64
JetBlue, 130, 250
J. F. C. Fuller, 79
John Huchra, 256
John Lewis Partnership, 147
John M. Olin Foundation, 200
John Sterman, xi
John Woodman, 75
JPMorgan Chase, 10

K

KAF, 145
Karen Colberg, 95
Karthik Ramanna, xi
Katrina, furacão, 57, 60
Kelsey Wirth, 254
Ken Frazier, 214
Kickstarter, 150
King Arthur's Flour, 95, 140
Koch Industries, 200
Kodak, 4, 43, 77

L

Land O'Lakes, 145
Lannet, 13
    Flufenazina, 13
Larry Fink, 9
Leaders' Quest, 253
Lee Scott, 58
Lei
    de Energia Renovável da
        Comunidade, 216
    de Privacidade e Segurança de
        Instalações Públicas, 213
    de Restauração da Liberdade
        Religiosa (RFRA), 211
Lewis Powell, 238
LGBTQ, 210
Lipton, 250
Livre mercado, 196
Lucro a qualquer preço, 2
Lyft, 122

M

Manufacturing Council, 214
Mapas de relevância, 129
Marathon Oil, 24
Marcha das Mulheres, 240
Mark Bertolini, 83
Marks & Spencer, 21
Mark Zuckerberg, 153
Martin Luther King, 248
Martin Shkreli, 12
Max Levchin, 213
Memorando de Powell, 238
Merck, 214
Métricas ESG, 37, 132, 151
Michael Leijnse, 250
Michael Moore, 76
Michael Peck, 147, 253
Mike Pence, 211
Milton Friedman, 12, 200
    lápis de grafite, 15
MIT, xi, 81
Mobilidade social, 22
Momento Minsky, 64
Mondragon, 147
Mothers Out Front, 254
Motivação
    extrínseca, 90
    intrínseca, 90
Motorola, 43, 44
Mudança climática, 30, 64, 126, 197

N

Nasdaq, 122
National Cooperative Bank, 147
National Press Club, 76
Neal Lauridsen, 75
Negacionismo climático, 5
Nelson Repenning, xi
New Deal, 249
Niels Anderson, 229
Nigel Topping, 253

Nike, 38, 40, 70, 226
    questões trabalhistas da, 75
    Sustainable Apparel Coalition, 39
Nokia, 4, 43
Nordstrom, 107
NorgesGruppen, 32
Norsk Gjenvinning, 30, 48, 140
Norsk Hydro, 32

O

Objetivos de Desenvolvimento
    Sustentável, 247
OCDE, 246
Omidyar Network, 140
ONU, 27
    17 Objetivos de Desenvolvimento
    Sustentável, 27
Organizações
    "high road", 93
    "verdadeiramente humanas", 3

P

Participação acionária corporativa, 120
Paul Polman, 44, 163
PayPal, 213
Peabody Energy, 20
Peter Drucker, 120
Peter Lynch, 133
Phil Knight, 70, 80
Pierre Aeby, 142
Planejamento centralizado, 17
Poder do propósito, 92
Política livre, 196
Políticas ativas do mercado de
    trabalho, 231
Populistas autoritários, 8
Prêmio Nobel, 160
Primeiro decreto antifumaça,
    Chicago, 167
Procter & Gamble, 113, 124, 163
Produtividade, 104
Proforest, 253
Propósito compartilhado, 90

Protocolo de Montreal, 208
Publix, 147
Purdue Pharma, 13
    OxyContin, 13

Q

Quakers, 109

R

Rainforest Alliance, 54
Ralph Carlton, 95
Ray Dalio, 27
Redução de risco, 63
Reestruturação financeira, 159
Reid Hoffman, 221
Reinventar o capitalismo, 4
Reputação, 124
Responsabilidade social, 126
    critério de, 127
    relatórios corporativos de, 126
Revolução
    Americana, 206
    Francesa, 206
    Gloriosa, 206
Reynir Indhal, 140
Richard Fairburn, 54
Risco, 126
Robin Chase, 68
    Buzzcar, 69
    GoLoco.org, 69
    Veniam, 69
    Zipcar, 68
Rocky Mountain Power, 216
Ronald Reagan, 199
Root Capital, 54
Rosa Parks, 249
Rudolf Steiner, 141
Rudolph Matz, 168

S

Sara Horowitz, 253
Segunda Guerra Mundial, 5, 15, 17, 99
Segurança psicológica, 91

Seventh Generatio, 150
Shell, 126, 192
Ski Butlers, 217
Snapchat, 153
Sociedade Mont Pèlerin, 200
Solar City, 156
Sophia Mendelsohn, 130, 250
Summa Equity, 140
Sung Hwa Corporation, 73
Superfund, 128
Sustentabilidade, 52, 57, 177
Suzanne McDowell, 96

T

Taylorismo, 103
Teorias da motivação humana
    Teoria X, 113
    Teoria Y, 113
Tesla, 69
Three Mile Island, 183
Tim Cook, 212
Tim Harford, 78
Toyota, 4, 98, 99, 105
    sistema Andon, 101
Tri Alpha Energy, 253
Triodos Bank, 140, 145
Turing Pharmaceuticals, 12, 19
    Daraprim, 12

U

União Soviética, 16
Unilever, 44, 49, 53, 83, 140, 161, 162, 250
    Kericho, Quênia, 51
    Lipton, 49
    Michiel Leijnse, 49
    óleo de palma, 162
    Paul Polman, 56
    Plano de Vida Sustentável, 56
United Airlines, 147
United Steel Workers, 147

V

Valeant, 13
 Isuprel, 13
 Nitropress, 13

W

Walmart, 49, 58, 121, 122, 199
 Andy Ruben, 60
 David Glass, 58
Walt Disney Company, 23, 24
 Copyright Term Extension Act (CTEA), 23
We Mean Business, 253
WeWork, 123

Y

Yelp, 212

Z

Zipcar, 252
Zonas de Processamento de Exportação, 236

Rebecca Henderson é professora na Universidade John and Natty McArthur da Universidade de Harvard, onde também participa da Harvard Business School nas unidades de Administração Geral e Estratégia. Faz parte do quadro composto por 24 professores universitários de Harvard, é membro pesquisador do National Bureau of Economic Research e membro da Academia Britânica e da Academia Americana de Artes e Ciência. É especialista em inovação e mudança organizacional, e sua pesquisa explora até onde o setor privado pode desempenhar um papel principal no desenvolvimento de uma economia mais sustentável, enfatizando especialmente as relações entre propósito organizacional, inovação e produtividade em organizações de alto desempenho. Ela leciona "Reinventando o Capitalismo: Empresas & os Grandes Problemas" no programa de MBA da Harvard Business School. Faz parte do conselho administrativo da CERES, da Amgen e dos Idexx Laboratories e, em fevereiro de 2019, foi nomeada como um dos três "Diretores de Destaque de 2019" pelo Financial Times. Suas publicações incluem Leading Sustainable Change: An Organizational Perspective e Accelerating Energy Innovation: Lessons from Multiple Sectors, e seu trabalho vem sendo publicado em diversos periódicos acadêmicos, incluindo Administrative Science Quarterly, Quarterly Journal of Economics, Strategic Management Journal, Management Science, Research Policy, RAND Journal of Economics e Organization Science. Ela também toca violoncelo, não tão bem assim, mas com grande entusiasmo.

Projetos corporativos e edições personalizadas
dentro da sua estratégia de negócio. Já pensou nisso?

Coordenação de Eventos
Viviane Paiva
viviane@altabooks.com.br

Assistente Comercial
Fillipe Amorim
vendas.corporativas@altabooks.com.br

A Alta Books tem criado experiências incríveis no meio corporativo. Com a crescente implementação da educação corporativa nas empresas, o livro entra como uma importante fonte de conhecimento. Com atendimento personalizado, conseguimos identificar as principais necessidades, e criar uma seleção de livros que podem ser utilizados de diversas maneiras, como por exemplo, para fortalecer relacionamento com suas equipes/ seus clientes. Você já utilizou o livro para alguma ação estratégica na sua empresa?

Entre em contato com nosso time para entender melhor as possibilidades de personalização e incentivo ao desenvolvimento pessoal e profissional.

PUBLIQUE SEU LIVRO

Publique seu livro com a Alta Books. Para mais informações envie um e-mail para: autoria@altabooks.com.br

/altabooks /alta-books /altabooks /altabooks

CONHEÇA OUTROS LIVROS DA ALTA BOOKS

Todas as imagens são meramente ilustrativas.

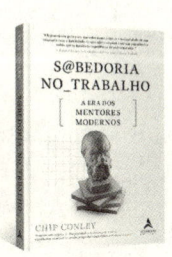

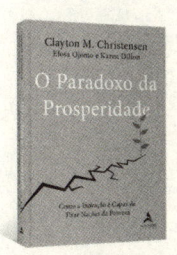

ALTA LIFE EDITORA ALTA NOVEL ALTA/CULT EDITORA

ALTA BOOKS EDITORA alta club